法と権力

1970年〜2005年

小田中聰樹

Toshiki Odanaka

現代人文社

法と権力

一九七〇年―二〇〇五年

小田中聰樹

まえがき

本書は、私が一九七〇年から二〇〇六年三月までの約三五年間に発表した時評的性格の濃い八八篇の小文を発表順に並べ、最後に回顧及び随想二篇をエピローグ風に加えて編んだものである（若干の字句修正は施した）。

小文の各テーマは、編集者の求めに応じたものや自分で決めたものなので、勢い私の専門（刑事訴訟法・裁判法）や好みを反映しており、そのため、その時代、その時期における「法と権力」と民衆との矛盾、葛藤、対立の重要なイッシューを網羅したものとはなっていない。それどころか逆に、極めて限定された分野のテーマを繰り返し扱う結果ともなっていて、こうして一書に収めてみると部分性が目立つ。

しかし、この部分性は、批判の関心や方法の継続性ないし一貫性と相俟って「法と権力」と民衆との矛盾、葛藤、対立のその時代、その時期のありようをかえって鮮かに写し出す結果となっているようにも思える。私としてはそこに本書を編むことの現代的意義を見出せるように考え、刊行することにしたのである。

もっとも、私の場合には、書いたものが論文的スタイルをとった場合でも、テーマの設定や分析、論証、論述のしかたなど全ての点において時評的性格を色濃く持っている場合が多い。その意味では、本書は、私にとっては、論文集の形をとった著作と重り合う同種同類のものとの意味合いを持つ。そうであるにつけ、本書の読者が既刊の論文集にも関心を向け参照して下さることを希望したい（巻末著者プロフィール参照）。

この春、私は専修大学を定年退職し、市井の研究者として暮らしていくことになる。思えば、私は物心ついた頃は戦時下にあり、国民学校で軍国少年としての教育を受けたが、敗戦を機として世界や日本を覆った平和、人権、反ファシズム（民主）、そして福祉（平等）の理念に深い共感、共鳴を覚え、民衆の立場を守る理論的イデオローグの役割を果したいと考え、懸命になって時代の課題に取り組んできた。その軌跡の一端は本書三一八頁以下で回顧している。

しかし、現在、日本や世界が直面している戦争、人権侵害、強権、そして弱肉強食の「現実」の深刻さ、もっと有り体にいえば人間破壊、社会解体のすさまじさを直視するとき、力が足りなかったとの思いを禁じ得ない。そうであればこそ、この厳しく困難な「現実」の中に潜み胎動し生育しつつある「もう一つの現実」を確かなものにする動きに、研究者として、あるいは一人の人間として余力を傾けたいと切に思う。その脈絡で、私は本書を過去三五年余の営みの回顧的意味合いにおいてではなく、その営みが「もう一つの現実」への「展望」と「希望」の種子を果たして用意し得たかという総括的意味合いにおいて位置づけたいと考えるのである。

そのような意味合いを籠めた本書を、私は、民主主義法学の建設と発展とに大きく貢献された渡辺洋三先生に捧げたいと思う。私は、六〇年安保闘争直後に法律家を志したあの時期に、先生の名著『法社会学と法解釈学』（岩波書店、一九五九年）や『法というものの考え方』（岩波新書、一九五九年）に接することがなければ、「法というもの」に理論的な関心を抱くことは勿論のこと、研究者を志すことも決してあり得なかったであろう。大学院時代に先生の「現代財産法の諸問題」を聴講させて戴き、その後研究者の道に入ってからも御著書や御論文のみならず学会（とくに民主主義科学者協会法律部会）や研究会等において、先生の鋭利且つ広い視野に立つ「現代市民法論」を直接・間接に御教示戴ける幸運に恵まれた。その民主主義精神の漲る理論は、今も私の学問的なよるべとも魂ともなっていることを強く感じる。病床にある先生にこの書物を捧げることにより、多年の御学恩に深く感謝の意を表したいと思う。

最後に、本書の刊行については、現代人文社の成澤壽信氏の積極的な御協力を得た。記して感謝申し上げる。

二〇〇六年三月一〇日

小田中聰樹

目次

一九七〇年―一九七九年

一九八〇年—一九八九年

一九九〇年―一九九九年

二〇〇〇年―二〇〇五年

1970年—1979年

一九七〇年

安保条約の実質的改定
一九六九年日米共同声明第五項の検討

〔日米安保条約第五項〕

総理大臣と大統領は、極東情勢の現状及び見通しにかんがみ、日米安保条約が日本を含む極東の平和と安全の維持のため果たしている役割をともに高く評価し、相互信頼と国際情勢に対する共通の認識の基礎に立って安保条約を堅持するとの両国政府の意図を明らかにした。両者は、また、両国政府が日本を含む極東の平和と安全に影響を及ぼす事項及び安保条約の実施に関し緊密な相互の接触を維持すべきことに意見の一致をみた。

〔解説〕

一　概要

本項前半部分では、安保条約のいわゆる固定期間満了を目前にして日米両政府により「安保堅持」の意図が公式に表明されたことによって、安保条約のいわゆる「自動延長」が確定的になった。本項後半部分では、「極東の平和と安全に影響を及ぼす事項」について日米両国の「緊密な相互の接触」が合意され日米間の広汎な軍事協議の恒常化が確約されたことによって、日米軍事複合体の形成の根拠がおかれた。

二　実質的大改定としての自動継続

(1)　本項前半において、日米両政府は「安保条約堅持」の方針を表明しているが、右の方針を確立するにさいして日米両政府は極東ないしアジアの情勢についていかなる認識をもっているのであろうか。われわれはまずこの点から本項の検討をはじめることにしよう。日米両政府の「安保条約堅持」方針の前提となっている主要な極東ないしアジア情勢認識を「共同声明」のなかに探してみると、つぎのようになろう。

その第一は、「朝鮮半島に依然として緊張状態が存在する」(四項)、という認識である。これはより具体的には、佐藤栄作総理大臣のナショナル・プレス・クラブ演説によるならば、「韓国に対し武力攻撃が発生し、これに対処するため米軍が日本国内の施設・区域を戦闘作戦行動の発進基地として使用しなければならないような事態」の発生する可能性がきわめて大きい、という情勢認識である。しかも、この「緊張」は「北朝鮮の基本政策及び現実の行動の両面」（日本共産党の「質問主意書」に対する政府の答弁書——以下「答弁書」という）に原因がある、との認識を日本政府はもっている。日米両政府の以上のような情勢認識が真に意味するところについては第四項の解説においてすでに詳細に検討されているが、それが単なる認識にとどまらず、じつは第二次朝鮮戦争開始、すなわちアメリカ軍による朝鮮民主主義人民共和国攻撃再開のプログラムがすでに実施目前に迫っていることの告白であることが注目されなければならない。このような朝鮮半島の情勢認識（じつは日米共同の武力攻撃計画）を基礎にして「堅持」される安保条約が、米軍の北朝鮮自由出撃のための日本基地自由使用を保障すべく、事前協議制度の実質的変更などの重大な変更をこうむらざるをえないのは当然のなりゆきといわなければならない。

その第二は、中華人民共和国の対外政策が「協調的かつ建設的」な方向をみせ始めている、という情勢認識である（四項）。この点は、第四項では微妙な表現で述べられているが、「ナショナル・プレス・クラブ演説」では、台湾地域に対する武力攻撃発生の事態は「予見されない」と断言している。

第三は、ベトナム戦争は当分継続し沖縄施政権返還予定時までに終結しない可能性もある、との情勢認識である。もっともその可能性は、「共同声明」では「万一」と表現され、愛知揆一外務大臣の「説明」のなかでは、返還時までに平和が実現しないことは「実際問題としてまず起りえない」と断言されている。しかしこれは「七二年沖縄返還」との関連でなされた政治的含みがつよいものとみるべきであろう。詳細な検討は第四項の解説に譲るが、一九六九年一一月三日に行なわれたニクソンのベトナム問題に関する演説などでみるかぎり、アメリカはベトナム戦争を早期に終結せしめようという意思をもたず、むしろベトナム戦争の「ベトナム化」をはかりつつ、依然としてベトナム戦争を当分継続しようとしていることは明白であることをここでも注目しておく必要がある。以上のようなベトナム情勢認識を基礎に「堅持」される安保条約が、沖縄施政権返還後にあってベトナムへの自由出撃のための日本基地使用を保障すべく、「極東」範囲の拡大や事前協議制度の実質的変更などの重大な変更をこうむらざるをえないのはこれまた当然のなりゆきといわなければならない。

右にみたような日米両政府の共通の極東ないしアジア情勢認識に加えて、日本政府は、「米国が極東地域内における諸防衛条約（米韓・米台・米比の各防衛条約、アンザス、東南アジア軍事機構、米タイ秘密軍事協定——筆者註）の義務を米国が十分に果たしうる態勢にあることが極東の平和と安全にとって重要である」との認識、および「現在の情勢の下においては、米軍の極東における存在がこの地域の安定の大きな支えとなっている」との認識を表明している（三項）。このような情勢認識が、のちに述べるような安保条約の「極東安保」化と日米共同作戦態勢強化とへの伏線をなしていることはいうまでもない。

さらに、日米両政府は、日本国民の沖縄祖国復帰要求がもはや無視しえない時期に達している、との認識をも表明している（六項）。しかし他方において前記のような極東情勢下では沖縄米軍の役割の重要性をも認めている（同項）。このような認識を基礎として、「極東の安全をそこなわない沖縄返還」を、したがって沖縄の核兵器を含む軍事基地の維持を実現しようとしている。このことは事前協議制度の変更を不可避とせざるをえない。

(2) 右のような情勢認識に立って、日米両政府は、「日米安保条約が日本を含む極東の平和と安全の維持のため果たしている役割」を高く評価することを明らかにしている。ここでとくに注目しなければならないのは、安保条約の役割が「日本を含む極東」の平和と安全との関係でとらえられ、安保条約の「堅持」へとつなげられている点である。この「日本を含む極東」というさりげない表現によって、じつは安保条約の目的の変更が行なわれているのである。

安保条約では、「日本を含む極東の平和と安全」（peace and security of the Far East including Japan）という用語は用いられていない。そこでは「日本国の安全」と「極東における国際の平和及び安全」とが区別されて記されていたのである（安保条約四条・六条）。このことは、「極東の平和と安全」即「日本国の安全」、という命題が安保条約では必ずしも採られていなかったことを意味するであろう。この点は旧安保条約でも同様であった。もっとも日本政府は、極東条項をもつ安保条約第六条（基地提供条項）について、「極東の平和と安全に寄与するということが、日本の平和と安全とうらはらになっている」（一九五九年一一月一六日衆院予算委における藤山愛一郎 外務大臣答弁）との統一解釈を明らかにしていたし、また最高裁も旧安保条約について砂川判決（一九五九年一二月一六日）において、米軍駐留の目的は「専らわが国を含めた極東の平和と安全を維持」することにある、との見解を表明していた（祖川武夫「安保条約の法的構造」法律時報一九六九年八月号参照）。しかし、佐藤＝ジョンソン共同声明（六七年）でも、依然として、「日本の安全と極東の平和と安全の確保のため」安保条約を「堅持」する旨がうたわれるにとどまっていた(五項)。

ところが今回の「共同声明」では第四項で、「極東の平和と安全は即ち日本の安全である」という命題を導くための前提として、「韓国の安全は日本の安全にとって緊要」であり、「台湾地域における平和と安全も日本の安全にとってきわめて重要な要素」であるとし、さらにはインドシナ地域をも「極東」に含める操作をしている。そのうえで第五項の「日本を含む極東の平和と安全」という用語によって「極東の安全」即「日本の安全」という命題を採用することを明らかにし、さらに第七項で「沖縄返還」との関連で、「日本の安全は極東における国際の平和と安全なくしては十分に維持できない」としていっそう明確なかたちで確認しているのである。

このような命題の採用によって安保条約の第一義的な目的は「日本国の安全」、すなわち「日本の自衛の米軍事力による補充」から「極東の安全」のための日米軍事協力へと変化したのであり、このことは、佐藤総理大臣が「ナショナル・プレス・クラブ演説」で公然かつ明確に確認しているところからも明らかである。安保条約はいわば「極東安保」に変化したのである。このようにして「極東安保」に変化した安保条約がいかにその侵略的・攻撃的性格をつよめむきだしなものにするかについては、すでに第三項の解説で詳細に検討したところであり、ここではくり返さない。

ところで、右のような「極東の安全」即「日本の安全」という命題採用の直接の法的効果は、事前協議制度の骨抜き、その実質的変更にあり、右命題はいわばその論理的前提をなすものであることが注目されなければならない(事前協議制度の骨抜き、その実質的変更については、第四項、第七項、第八項の各解説において詳細に論じられている)。しかもそれだけにとどまらず、自衛隊の海外派兵の論理的前提としても機能しうる点を見落としてはならない。

(3) 本項では、日米両政府の「安保条約堅持」の意図が明記されている。すでに佐藤=ジョンソン共同声明(六七年)においても右の基本方針がうたわれていたが、今回の「共同声明」において「堅持」がうたわれたことの意味は、第一に、両国政府に安保条約「改定」の意図のないことを明らかにし、第二に、いわゆる「自動継続方式」を採用することを明らかにしたことである。

周知のように、安保条約は解除条件付無期限条約であり、「十年間効力を存続した後は、いずれの締約国も、他方の締約国に対しこの条約を終了させる意思を通告することができ、その場合には、この条約は、そのような通告が行なわれた後一年で終了する」(一〇条二項)と規定されている。したがって安保条約は、一〇年間のいわゆる固定期間が経過したのちは、一方的になんらの理由・条件なしに終了通告によって通告一年後に終了するしくみとなっている。その固定期間は一九七〇年六月二二日午後一二時をもって満了する。

固定期間満了後の安保条約の処置について、自由民主党内には当初、安保条約第一〇条を改定して固定期間をさらに一定期間延長すべしとの「長期固定化」論が有力であり、一九六六年六月に発表された自由民主党安全保障に関する調査会の「わが国の安全保障に関する中間報告」(渡辺洋三・岡倉古志郎編『日米安保条約——その解説と資料』一四八頁以下に収録されている)では一〇年固定延長が提案されていた。しかし、アメリカ政府はむしろ「自動継続方式」の意向を固め、一九六七年三月に渡米した岸信介元総理大臣にそれを伝え、さらに同年五月にひらかれた第七回安全保障協議委員会において右の意向を有することを正式に明らかにした。それ以後は自民党内の「長期固定化」論は後退し、一九六九年にはいって「自動継続方式」にほぼまとまり、同年一〇月一四日にはそれが自民党の正式党議として決定された。

このようにして日米両政府が安保条約改定による「固定延長方式」を避けたのは、固定期間延長の点にかぎって安保条約を改定することは「片務的性格」に対するつよい不満・批判があるアメリカ国内情勢からみて困難であり、したがって完全な「相互防衛条約」への改定が必至となるが、そうなれば日本国内に反対運動がつよくなるだろう、との判断に基づくものであった。それと同時に、極東条項および事前協議制度の事実上の変更を通じて安保条約の実質的改定が可能であるとの見通しの上に立つものでもあったことはいうまでもない。

このようにして安保条約は「自動継続」されることが確定的となった。したがって、安保条約は、依然として無期限継続であることは変わりないとしても、少なくとも終了通告すれば一年後に効力を失うところの「不安定」な性格のものに変わるのである。このことは、日本国内の反安保運動に対して、安保終了通告をする政府を樹立して終了通告する、という安保条約廃棄への道筋に対して具体的展望を与えるものである。

他方、「自動継続」により生ずる安保条約の「不安定性」は、日米両国の支配者層にとって決して好ましいものではなく、日本国内の反安保運動の高揚を恐れてやむなく受け入れたものである。とはいえ、日米両国の支配者層は完全な相互防衛条約化の構想を依然としてつよくいだいており、安保条約の「不安定性」を「いつでも改悪できる」というダイナミックな性格としてむしろ逆用しようとするであろう。

なお、自民党の党議は、「相当長期にわたりひきつづき維持することが必要である」として、事実上の「長期化」を狙っていることを明らかにしている。
(4) 以上のようにして共同声明によって安保条約の「自動継続」が確定的となったが、しかし、それは単なる「自動継続」ではなく、大幅な実質的改定が加えられてのそれであることが注目されなければならない。いかなる点で改定が加えられたかは他項目の解説で詳細に論じられているのでここではその主要点を列挙するにとどめることにする。
第一は、安保条約の第一義的目的の変更である(前述。なお、第三項解説参照)。第二に、極東条項の変化であるが、これは「極東」の範囲の拡大と「極東の安全」即「日本の安全」という法的定式の挿入とをその内容とする(前述)。第三は、「極東の平和と安全に影響を及ぼす事項」についての恒常的な軍事協議の新設である(後述)。第四は、事前協議制度の変更である(第四項、第七項、第八項の解説参照)。

三　共同作戦態勢強化への布石

本項後半では、日米両国政府は安保条約の実施についてのみならず、「日本を含む極東の平和と安全に影響を及ぼす事項」についても「緊密な相互の接触」を維持することに意見が一致した、とされている。

そもそも安保条約第四条では、条約実施に関する「随時協議」と、「日本国の安全又は極東における国際の平和及び安全に対する脅威が生じたとき」の「脅威発生時協議」とが規定され、さらに第六条に関する交換公文で「事前協議」が規定されている。その協議機関としては「安全保障協議委員会」が設けられ、さらに、一九六八年一二月にはその常設下部機関として「日米軍事レベル協議委員会」(日米軍事専門家研究会同ともよばれる)が設置されている。今回の「共同声明」では、極東の安全に「脅威が生じたとき」一方から「要請」がなされた場合にとどまらず、極東の安全に「影響を及ぼす事項」について「緊密な接触」を、すなわち広汎かつ恒常的な軍事協議を、相互に確約した点において、安保条約第四条の改定を事実上行なったものであることが注目されなければならない。

この実質上の改定を侵略的・攻撃的性格の強化と「極東安保」への展開というコンテックスのなかで把握するとき、日米共同作戦態勢の質的強化・拡大のための日米統合司令部のごとき機関の設置の根拠を与えることがここで意図されていると考えられる。このことは単なる憶測ではない。日米共同作戦態勢は、在日軍事援助顧問団（ＭＡＡＧ－Ｊ）派遣（一九五四年以降）や前述したような「日米軍事レベル協議委員会」の設置（一九六八年）によってすでに機構的にも確立・強化され、三矢作戦計画（一九六三年）、フライング・ドラゴン作戦（一九六四年）、ブルラン作戦（一九六五年）などによって機能ずみのものであるが、さらに「極東安保」への動きと併行して、地上作戦の分業化と太平洋軍司令部のコンピューターによる指揮体制への参加によるミリタリー・コンプレックス・軍事複合体の確立がもくろまれているのである（一九六九年一〇月来日した米統合幕僚本部議長ホイーラー中将の提言）。しかも、すでに、地上作戦の分業化の点は「独力自主防衛」の構想として、一九七二年度からはじまる第四次防衛力整備計画（「四次防」）のなかで具体化されようとしている（朝日新聞一九七〇年一月三日朝刊）。なお詳細は本書〔『日米共同声明と安保・沖縄問題』〕第一部Ⅱを参照されたい。

（野村平爾編『日米共同声明と安保・沖縄問題』日本評論社、一九七〇年三月）

［補記］日米安保条約のその後の実態的変容と問題点（日米軍事一体化）とについては、全国憲法研究会編『憲法と有事法制』（法律時報増刊、日本評論社、二〇〇二年）等に詳しい。

一九七〇年

司法政策の最近の特徴と司法権独立をめぐる理論状況

一　憲法の枠組みを超えた攻撃

最近、といってもここ一、二年の司法政策の動向は、その特徴を露わにしつつあるように思われる。それを簡単にいえば、戦後司法の民主的側面を支えてきた制度的および運動的保障装置への攻撃を、現行司法制度の憲法的枠組みを超えて行なう方向を示し始めた点にある、ということになろう。戦後民主司法の保障装置に対する攻撃は、従来も具体的には、司法部の官僚的統制体制の確立、裁判批判ないし裁判闘争の排撃体制の確立、および権力法曹養成体制の確立を通じて行なわれてきたが、この一、二年は右の政策はその「近代化」「合理化」の装いをもかなぐり捨てて、司法権独立それ自体を侵蝕することをすら辞さない姿勢を明らかにし始めているとみることができよう。

すなわち官僚的統制体制強化の方向にとっていささかでも障害となるものは司法部から排除することすら敢て辞さ

ないのである。昨〔一九六九〕年六月の長谷川判事再任拒否事件は、官僚的統制強化の最大の武器である最高裁の人事権に対するささやかな抵抗すら踏みつぶそうとする司法政策側の強い姿勢を示した事件であったが、この再任拒否措置は既に憲法の枠組みを超えたとしか評しえない程のものであることは明らかである。

しかも注目すべきは、官僚的統制強化策の目指す方向を露わにしつつあることである。それは、行政権・立法権への癒着・従属である。この方向は、単なる「近代化」「合理化」の装いをもってしては到底達成しえないものであり、司法権の存立根拠そのものに関わるものである。それだけにこの方向を追求するためにとられている司法政策の形態は多種多様である。その二、三をあげれば、まず、平賀書簡にみられるような司法行政系統を利用して行なわれる裁判への直接的介入方式である。しかし、これは平賀書簡問題化で示されたように、裁判官内部からの強い抵抗を招くこと必至であり、余りにもリスクの大きい方法であるといわざるをえないだろう。次に裁判内容を評定し、その結果を信賞必罰的に人事に反映させていくという事後的抑制方式である。この方式は、昭和三〇年来実施されている裁判官考課表による監視体制に支えられ、しかも再任拒否という名の実質上の罷免権にすら裏付けられ、今後もかなりの威力を隠微な形で発揮していくであろう。また、違憲立法審査権ないし憲法判断の放棄ないし回避、および行政権への追随を、司法行政系統を通じて勧奨する方式である。それは、最高裁長官訓示の形をとるものから(例えば、昨〔一九六九〕年一〇月二七日行政事件裁判官会同における石田和外長官訓示)、学説の形をとるものまである(例えば、平賀健太「違憲審査と立法政策」兼子一博士還暦記念論文集『裁判法の諸問題(上)』所収)。

右はいずれも司法上層部自らによって行なわれているものであるが、最近では自民党や一部ジャーナリズムによる「偏向裁判」批判が大々的に始められている。しかも、自民党・一部ジャーナリズムによる攻撃は、単に裁判内容の批判に止まらず、青法協攻撃・青法協加入裁判官攻撃という正に思想攻撃＝アカ攻撃に展開しているのである。

しかも、重要なことは、司法部上層部がこの思想攻撃＝アカ攻撃に便乗する姿勢を露骨に示していることである。その具体例はいくつかあるが、「任官差別問題」と「局付判事補青法協脱退事件」はその顕著な事例というべきであろう。ここでは、裁判官が一市民として有する思想の自由・表現の自由・結社の自由に対する締めつけが、裁判官の政治的中立性確保に名を借りて、系統的に、執拗に、半公然と行なわれるに至っているのである。

二　青法協攻撃の論理と鈴木論文の特徴

既に述べたように、裁判官といえども一市民として思想・言論・集会・結社の自由をもつのであり、現行法上、僅かに立法府議員を兼ねることと「積極的に政治運動」をすることとが禁じられているにすぎない（裁判所法五二条一号）。これは、明治憲法下の裁判所構成法七二条が「公然政事ニ関スル事」「政党ノ党員又ハ政社ノ社員トナル事」を禁止していたものを、新憲法の思想・言論・結社の自由擁護＝基本的人権擁護の観点に立って自覚的に否定したものにほかならないのであり、このことは裁判所法制定経過に徴し明白である（その詳細はいずれ機会を得て明らかにしたい）。

そうであるとするならば青法協を一種の踏み絵として行なわれているアカ攻撃はいかにして正当化されうるのであろうか。より具体的には、裁判官の青法協加入に対する非難攻撃はいかにして正当化されうるのであろうか。

最高裁は、本〔一九七〇〕年三月二〇日の衆院法務委員会における矢崎最高裁人事局長答弁にも明らかなように、裁判官の青法協加入を公的には非難しない立場をとっている。従って、われわれは右の点についての最高裁当局の公的見解を知ることはできない。従って現実には半公然と採られている青法協会員裁判官への脱退工作や青法協会員修習生への任官差別の理由づけを推測するほかはないが、それは恐らく次のようなものであろう。

①裁判官は司法権独立を守るため政治的に中立でなければならない、②裁判官の政治結社加入は政治的中立性を破る、③青法協は護憲を名とする政治団体である、④従って青法協加入は政治的中立性を破るものである。

右の理由づけは、③の点即ち〈青法協は政治団体である〉との事実認識＝命題が誤りであるとすればもはや維持しえないものである。従ってこの点に関する事実に即しての検討も必要であろう。しかもその際に、この理由づけにおいて「政治団体」なる概念が意識的に曖昧に用いられている点が併せて厳しく検討される必要があるだろう。更には、政治的中立は「憲法からの中立」を包摂するものではないこと、従って憲法擁護は政治的中立性違反とは決してなしえないこと、憲法擁護を政治的とみうるのは正に自らが憲法破壊を志向する者のみであることが克明に検討論証されなければならないであろう。

しかし、より重大な問題が右の理由づけのうちの冒頭①②の部分に存在する。裁判官の政治的活動の自由、より具体的には言論・集会・結社の自由の問題である。

この点について一見精密な論理構成の下に理論づけを図

り、裁判官の青法協加入を非難したものに、現司法研修所長鈴木忠一氏の論文「裁判官の独立とその問題」（兼子一博士還暦記念論文集『裁判法の諸問題（中）』〔昭和四四年一二月刊行〕所収）がある。この鈴木論文は、単に青法協加入問題のみでなく、最近の司法政策の理論的正当化を、全面的に図った実践的意図に満ちたものであり、検討に値するものである。

鈴木論文の理論的特徴は次の諸点にあるといえよう。第一に、鈴木論文は司法権独立を司法部による司法権独占の単なる下位概念として矮小化して把握している。これは正に絶対主義的官僚司法の理論の再生版であるというべきだろう。

第二に、鈴木論文は、右の結果として、裁判官の独立を軽視する傾向をみせている。

第三に、鈴木論文は、司法権独立を司法権独占の下位概念として把握する結果として、国民による裁判批判・裁判闘争を司法権独立と対立的関係におき、これを激しく敵視している。

第四に、このようにして国民的裁判批判を峻拒する鈴木論文は、司法権独立の内容として裁判官の自己自身に対する規制（「内的独立」）を不当に過度に強調せざるをえない結果となっている。

第五に、鈴木論文は、この内的独立を、社会良識なるものへの迎合の線で把えようとしている。

第六に、鈴木論文は、この内的独立を、単なる自己規制に止まらず、官僚的統制強化容認の線で把えようとしている（監督作用の大幅な承認）。

第七に、以上の諸点をふまえたうえで、裁判官の青法協加入を暗に非難している。即ち、鈴木論文は、まず西ドイツの裁判官法に倣いつつ、「消極的に品位及び独立に対する国民の信頼を下降せしめない義務」を設定したうえで、「裁判官の独立と密接不可分の関係に立つ中立性、不偏性を保持すべき義務」を「客観的にも亦一般国民からその中立性を疑はれないように自らを持すべき義務」へと展開せしめ、そのうえで政治団体加入を暗に右義務違反として非難しているのである。

このようにしてみると、鈴木論文は、正に官僚司法的理論の全面的展開であり、しかもその理論的骨格をなしているのは絶対主義的官僚司法の理論であり、憲法が規定する民主主義国家における民主司法とはおよそ無縁のものといわなければならない。しかし重要なのは、このような論文が最近の司法政策を理論的に正当化すべき理論的チャンピオンとして登場しているという司法反動化の情況そのものなのである。

三　鈴木論文の致命的欠陥

ところで、鈴木論文は、果して裁判官の青法協加入攻撃の正当化に理論的に成功しているであろうか。

第一に、鈴木論文には巧妙な論理のすりかえがある。そもそも鈴木論文は、司法権独立の問題を司法に対する国民の信頼の問題と結びつけるべき理論的契機を全く持っていない、というよりも意識的に排除しているにも拘らず、突如として前述のような外見的にも中立性を保持すべき義務を国民的信頼保持を根拠に持ち出すのは、論理的なすりかえとの評を免れないだろう。

第二に、鈴木論文には戦後司法制度改革過程、とりわけ前述した裁判所法五二条一号の立案立法過程の無視（恐らく意識的な）がある。もしも鈴木氏が裁判所法に、ひいては憲法に忠実であろうとするならば、西ドイツの文献を繙く前に、内藤頼博氏の「終戦後の司法制度改革の経過」（司法研究報告書第八輯第一〇号）を丹念に検討すべきであったのであり、この点が欠けていることは鈴木論文の説得力を著しく稀薄なものにしているといわざるをえない。

第三に、鈴木論文がその多くを依拠する西ドイツにおいては、裁判官の政治活動の自由は法制上日本よりも大幅に認められているのである。鈴木論文が援用しているところの「裁判官は職務の内外に於て、また政治的活動に際して、その独立に対する信頼が危くされないように行動しなければならない」旨の西ドイツ裁判官法三九条は、西ドイツ連邦議会が、「公然たる政治活動は、民主主義の下においては、不偏性や職務遂行の清廉適正性に対する能力を侵害する疑いを基礎づけえない」との理由で、裁判官の積極的政治活動を禁じた日本の裁判所法五二条一号を意識的に否定して立法したものなのである。このような立法経過をふまえている西ドイツの学説が「一般的にその中立性を疑はれるやうな場合には裁判官は斯る団体に所属すべきではない」（鈴木氏）という一般論を展開するのに慎重なのも当然というべきであり、結社加入を問題とする場合も、訴訟を目的とする団体又はその他の方法で一面的利益の代表を目的とする団体への加入を問題とするに止めているのである。

第四に、鈴木論文には、裁判官の一市民としての言論・集会・結社の自由に対する考察が全く欠けている。これは、基本的人権尊重を根本原理とする憲法下の法理論としては致命的欠陥というべきであろう。鈴木氏は、少くとも、氏のいわゆる「中立性保持義務」と基本的人権との矛盾衝突を論じ、前者が後者を圧倒すべきことを論証する必要があったのである。

四　司法反動化を阻止するために

以上みたように、官僚的統制とアカ攻撃とによって裁判官の一体化を図り、しかも行政権・立法権（なかんずく行政権）への癒着・従属の方向を追求しつつある最近の司法政策は、裁判所内部の矛盾対立を深め、国民との矛盾対立を深めていかざるをえないのである。それは、正に司法部の存立基盤それ自体の否定に他ならないのである。

このような情況の中にあって、民主主義国家における司法権独立・裁判官独立の意義・内容を歴史的にも理論的にも明らかにすることが、司法反動化阻止の諸運動の一層の展開にためにも重要な現代的課題になっているといわなければならない。

（青年法律家協会機関紙『青年法律家』一九七〇年四月五日号）

一九七〇年

いわゆる任官差別問題について

司法制度の反動的再編成

一　最近、司法制度が一定の方向の下に急速度に再編成されつつあることは、今では周知の事実であるが、その特徴を簡単にいうならば、民主司法否定＝官僚的統制強化であり、反動的再編成ということになろう。このような司法部内の動きは、国内政治体制の反動化の一環をなすものであり、とりわけ実力的治安機構の強化、拡大と表裏一体の関係にあることはいうまでもない。

任官差別問題も正にこのような動きを端的に示す事件である。

二　最近、私は『刑事司法の動向と「法廷闘争」』（判例タイムズ二四〇号）において、次のように書いた。

「実力的治安機構の鎮圧力・情報蒐集力の増強を行ない、かつ鎮圧活動の枠を実質的に拡大するという当面の治安政策は一応達成されたが、今後は、日米共同声明による本格的軍事同盟体制を国内的に確立するために、実体法、手続法の全分野にわたる本格的な治安立法に焦点が置かれることが予測される。それは、非常事態法制定を含め、言論・結社・集団行動の大幅な取締りをめざすものとなろう。

このような状況にあって、裁判所は、大量、迅速裁判に止まらず、違憲立法審査権行使に対して極度に抑制的な裁判の体制を確立することを治安政策的観点からは強く要請されるところとなっている。

しかし、前述した如き新憲法下の司法の「民主的側面」と「裁判闘争」とは、このような治安政策的要請の貫徹を容易に許さないと思われる。それだけにまた、両者に対する対策も、種々の方面から、種々の形で（平賀書簡、「偏向裁判官」攻撃、「裁判闘争」と司法部の「民主的側面」との分断など）、進行しているのである。」

しかし、私は任官差別問題資料を読みつつ司法反動化政策が司法部内部に深刻な動揺、矛盾、対立をひきおこしつつある事実を指摘し強調すべきであったと反省しないわけにはいかない。司法部内の動きは、もっと緻密に分析されなければならないのである。

司法行政官僚のうち、地裁所長クラスを含む上層部は今や治安政策の要請に完全にといっていいほど屈伏ないし迎合したということができるであろうが、問題はそれ以下の部分であって、任官差別問題にみられる司法研修所裁判教官の動きには、任官差別政策の違憲性・不当性を意識しつつも、司法行政官僚上層部の壁にぶつかり動揺し、それにまきこまれようとしている裁判官の姿をみることができるように思われるのである。

三　任官差別反対運動は、現代日本における司法権独立の理論的把握の深化と司法部内の諸階層の動向の緻密な分析とを必要としている。これらの上に立って、動揺している諸階層に、司法権独立擁護・民主的司法の反動的再編成阻止・民主主義擁護・基本的人権擁護の理論的確信を生じさせ、運動を拡げていくことが要請されているように思われる。

（二二期青年法律家協会機関誌あゆみ五号、一九七〇年四月）

一九七〇年

論拠の薄弱な裁判長忌避

青法協攻撃の意図歴然

一九七〇年四月一八日、長沼ナイキ基地訴訟において国側（法務省）は、同訴訟担当の札幌地裁福島重雄裁判長に対する忌避申立てを行なった。

忌避申立ての理由は①福島裁判長は青年法律家協会（青法協）の会員である。②青法協は憲法擁護のための研究調査活動を表看板としているが、その実態は安保廃棄・自衛隊反対等の政治活動方針を打出している政治団体と目されるものであり、その運動の主要なものとして長沼事件の支援活動を行なっている。③裁判官が青法協に加入することは、裁判の公正さに対する国民一般の信頼維持の上において好ましくなく、まして国政に重要な関係のある訴訟にあって、その裁判官が反体制的団体に属することは、その裁判の公正について国民の疑惑を招くおそれがある。④従って反体制的な青法協の会員たる福島裁判長が国政に重大な関係がある長沼事件に関与することは「裁判ノ公正ヲ妨クヘキ事情アル」（民訴法三七条二項）、というものであった。

ところで、長沼ナイキ訴訟とは、昨〔一九六九〕年八月防衛庁が航空自衛隊ナイキ基地建設を予定している北海道長沼町馬追山の保安林解除の告示をめぐって、地元農民が農林大臣を相手どって告示の取消しと保安林解除の執行停止を求めた行政訴訟である。札幌地裁（福島裁判長）は、昨〔一九六九〕年八月二二日、保安林解除の執行停止の申立てを認め、本訴確定まで解除の効力を停止する決定を下した（この決定をめぐって当時の札幌地裁所長平賀健太氏が福島裁判長に対し書簡を送り、裁判干渉を行なうという事件が起きたことは国民の記憶に新しい）。しかし、右の決定は本〔一九七〇〕年一月二三日、札幌高裁（武藤英一裁判長）によって取消された。

一方、本訴である保安林解除取消し請求訴訟の審理も札幌地裁第一民事部（福島裁判長）によって進められ、三月一三日の第四回口頭弁論において、原告側が申請していた九名の証人のうち、元空幕長源田実氏を五月一五日の第五回口頭弁論に証人喚問することが決定され、同時に「三矢作戦」「ブルラン計画」「フライングドラゴン計画」など一四点の送付嘱託も決定された。このようにして、いよいよ自衛隊の実態審理が核心にふれようとした矢先に、福島裁判長の忌避申立てがなされたのである。

国側こそ政治的

忌避申立て理由を一言でいえば、福島裁判長は青法協会員である、の一点につきるが、この青法協とは一体いかなる団体であろうか。

青法協が設立されたのはいまから一六年前の一九五四(昭和二九)年四月であり、「平和」と「民主主義」を標榜する日本国憲法を擁護する目的で、二七九名(うち判、検事四名)の法律家を集めて結成された。その設立趣意書において「……何年もたたないうちに、再軍備が現実の課題となり、それと関連して、思想、言論、集会、結社の自由や団体行動の自由がふたたび否定しさられようとしています。もしもこのまま自由と人権が否定されていくならば、またあの暗い時代がくることはだれが見てもあきらかでありましょう」とあるのを読むとき、MSA(Mutual Security Agency: 相互安全保障本部)体制の確立=再軍備の急激な政治的動向の中にあって、鋭い危機意識の下に憲法擁護に結集した青年法律家の姿を見ることができる。

このようにして結成された青法協は、憲法・平和・民主主義の擁護を目的として、調査・研究・教育・啓蒙・立法批判・法運用批判などの活動をする団体として、今日に至るまで活動を続けてきたが、最近はとくに公害問題に本格的に取り組むなど地道な活動を展開しており、会員数も二三〇〇名余に達し、そのうち裁判官会員も三〇〇名を越えるに至っている。

このような青法協について、国側(法務省)は、さきに紹介したように、護憲を名とする政治団体である、との見解をとっている。しかしながら、この点についての国側(法務省)の論拠は薄弱との感を免れない。たしかに安保条約にしろ、自衛隊にしろ、それが政治問題であることは否定しえない。しかし、それと同時に、憲法九条が存在し、そしてそれが規範性を依然として失っていない限りにおいて、それは憲法問題であることもまた自明の事柄であり、この憲法問題について法律専門家が法理論的見地から一定の見解をもつことは当然のことというべきであろう。むしろ、安保条約、自衛隊が憲法問題=法律問題でもあることをことさらに無視しようとする国側(法務省)の態度こそ、まさに政治的との評を免れないというべきであろう。

公正とは憲法順守

ところで、現在、裁判官の結社の自由を制限する法令は全くない。裁判官は、一市民として思想・言論・集会・結社の自由をもつのであり、わずかに、立法府議員を兼ねることと、「積極的に政治運動」をすることとが禁じられているにすぎないのである（裁判所法五二条一号）。これは、「公然政事ニ関係スル事」「政党ノ党員又ハ政社ノ社員トナル事」が禁じられた明治憲法下とは全く異なった状況である。にもかかわらず、裁判の公正への国民の信頼を確保するためには裁判官は政治的中立性を保持しなければならない、との理由で青法協加入が非難され、忌避申立て理由とされている。

たしかに、裁判は公正であるべきであり、国民の信頼を得るようなものでなければならない。しかしながら、国民の立場からいえば、公正な裁判とは憲法に沿った裁判をいうのであり、そのような裁判をこそ国民は信頼するのである。そして憲法に忠実な裁判官をこそ、国民の人権を託するに足るものとして信頼するのである。こう考えてくると、政治的中立性を公正・信頼の唯一絶対の尺度に持ち出すのには問題があるといわざるをえないであろう。繰返して言えば、憲法に忠実か否か、が問題なのであって、政治的に中立か否か、が問題なのではないのである。

最近、『全貌』などで激しく展開されていた青法協攻撃が、自民党の一九七〇（昭和四五）年度活動方針の一つとなり、ついには最高裁もこれに歩調を合わせ、四月八日、裁判官の青法協加入は好ましくない旨の岸盛一最高裁事務総長談話を発表するに至った。今回の福島裁判長忌避申立ては、この動きを巧みにとらえたものといえよう。

しかし、忌避に関する従来の判例の厳しい態度からして、この申立てが裁判所によって認められることはまずないとみていいだろう。

それにもかかわらず、このような国側の忌避申立てが仮に裁判官を孤立させ、萎縮させたとするならば、国側（法務省）の忌避申立ては成功したということになろう。憲法に忠実であろうとする裁判官を孤立、萎縮させないようにすることは、国民にとって、おのれの人権を守るためにも今日極めて重要といわなければならない。

（エコノミスト一九七〇年五月五日号、署名S）

［補記］忌避申立は、札幌地裁（一九七〇年五月七日）及び札幌高裁（同年七月一〇日）によって却けられた。

一九七〇年

安保と政治反動
強化される治安体制

一　七〇年代安保の特徴

日米共同声明によって安保条約は大きく変質した。一九七〇年六月二三日以降の安保、すなわち七〇年代安保は、もはやこれまでの安保条約ではないのである。

このことは、とくに注目される必要がある。というのは、のちに述べるような国内の政治反動の動きは、安保条約の変質と関係しているからである。では安保条約は日米共同声明によって一体どのように変質したのだろうか。

安保条約は、日米共同声明によって、法的にも、日本防衛のためという防衛的性格のものから、極度に攻撃的な「極東安保」的性格のものに変質した。

このような変質は、安保条約の改定なしには本来不可能というべきであった。しかし、日米共同声明は、まず〈極東の安全は日本の安全である〉ことをくり返し強調して「極東安保」へと変質させた（しかも極東の範囲もインドシナ半島にまで拡大している）。そして、自衛隊の極東出兵の伏線を張り、また、アメリカ軍の戦闘作戦行動にフリーパスを与えた（事前協議制度の変質）。

また、日米共同声明は、沖縄の施政権返還をテコとして「本土の沖縄化」を実現しようとしている。これは、二つの面で顕著に表面化している。第一は、自衛隊による沖縄の防衛引受けであり、第二は核兵器持込みの包括的事前承諾である。

以上のような日米共同声明による安保条約の変質は、実は、アメリカの新アジア政策であるグァムドクトリンにそって行なわれたものである。と同時に、それは、アメリカの新アジア政策に忠実にそいながら、アジアへの進出をもくろむ日本独占資本の新しい路線でもあるのである。

二　国内政治の反動化の諸局面

以上のようにしても自衛隊の強化による独力防衛、極東出兵、アメリカ軍の自由出撃体制の保障、日本への核持込みなどの実現が日本の支配層の政治的課題となっているのであるが、そのどれもが日本国憲法に矛盾対立し、国民の広範で強力な反対運動に出くわさないわけにはいかないのである。

そもそも、安保条約の固定期間満了期を迎えて、日米支配層が安保条約をあからさまに改定できず、極めて不安定な自動延長方式を採用せざるをえなかったのは、日本国民の間に広範に強力にある安保反対・平和憲法擁護の動きを恐れたからであった。

だから、日米共同声明を付しての自動延長という欺瞞的方法で安保条約を実質的に改定してはみたものの、この七〇年安保の政治課題を実行に移すためには、まず国民の諸運動を弾圧しなければならない。日本の支配層にとって、治安体制の強化と国民的諸運動の分断がどうしても必要となるのである。

まず、警察力が著しく拡充強化された。機動隊の人員が増員され、その装備が強化されたことについては今さら改めて指摘するまでもないだろう。

しかも、警察だけではなく、自衛隊も治安出動の態勢を整備した。そして、単に治安出動の訓練を積み重ねただけでなく、昨〔一九六九〕年一〇月にはその訓練ぶりを「公開」して国民を威嚇することさえしたのであった。

このように、単に軍事、警察の機構が拡充強化されただけでなく、その活動のエスカレートぶりも驚くべきものがある。

その典型的なものがいわゆる過剰警備である。機動隊員の規制の程度をこえた暴行ぶりは周知の事実といっていいが、明文上の根拠もなしに行なわれているいわゆる検問なるものも国民の人権上けっして見逃すことができない違法、不当なものである。現行法上、所持品検査を合法化する規定はどこにも見当らないにもかかわらず、警察は、公然と行なっているのである。

また、警察の情報収集スパイ活動も恐るべきものになっている。ごく最近暴露された名古屋大学女スパイ事件はわたくしたちの記憶に新しいが、さらに記憶をたぐるならば、背叛社事件やよど号事件などでは警察のスパイ網がいわゆる新左翼と称される諸組織の奥深くまでくいこんでいるという事実を明るみに出したのであった。

これらの事実は、わたくしたちが現在まさに警察国家に生きていることを教えているといわなければならない。

ところで、このような違法・不当な警察力行使にとって、裁判所は一つの障害であることはいうまでもない。もし裁判所が国民の人権の擁護者の立場に立つならば、これら警察力の違法不当な行使をそのまま容認するわけがないからである。

だからこそ、財界・自民党・政府・最高裁は、一丸となって裁判所を治安権力にとっての障害とさせないために、裁判所を反動化させようとして、ありとあらゆる手段を弄しているのである。彼らが現在追求しているのは、治安権力に完全に迎合して国民の人権を抑圧して憚らない裁判所であり、このようにしてとりわけ昭和四三年以降に急ピッチで進められた治安体制強化の最後の仕上げを急いでいるというのが実情なのである。

それだけではない。日米共同声明の路線を遂行するために、平和憲法と真向から衝突するところの自衛隊の「合憲性」を裁判所に認めさせ、そのうえで、非常事態法を含む反憲法的治安立法を強行し、かつその「合憲性」を裁判所に認めさせようとして、違憲立法審査権を裁判所から事実上剥奪する試みすら行なわれているのであり、憲法に忠実であろうとする民主的裁判官に対する露骨なアカ攻撃もその一手段なのである。

三　民主主義か反動か

このようにして、七〇年代安保は、憲法の平和主義と真向から矛盾対立するばかりでなく、国民の基本的人権を大幅に奪い民主主義を破壊しつくすものである。

〈民主主義か反動か〉——問題は国民の前にこのように出されているのである。もちろん、〈民主主義か反動か〉という問題に対してならば、一にぎりの支配層を除く国民大多数は〈民主主義〉をためらうことなく選ぶだろう。だからこそ、このような問題設定が現実になされているにもかかわらず、問題の所在を蔽いかくすためにいろいろなイデオロギー操作が行なわれている。しかし、わたくしたちはごまかされてはならない。支配層は、まさに〈反民主主義、反人権、反平和、反憲法〉という反動政策を着々と実施しているのである。

としてみれば、わたくしたちが、七〇年代を迎えて何をなすべきかは、自から明らかであるといわなければならない。安保廃棄・民主主義擁護・憲法改悪阻止のために広範に結集して闘うこと——これである。

（東京都立大学職員組合機関紙「手から手へ」一一九号、一九七〇年六月）

一九七〇年

別件逮捕・自白強制・弁護人放置なぜ判断避けた

仁保事件上告審判決（最高裁一九七〇年七月三一日）

最高裁判所は、仁保事件上告審判決において原判決を破棄して第二審の広島高裁に差し戻したが、自白および間接証拠の信用性に疑いがあり、審理不尽、事実誤認があることを原判決破棄の理由とした。破棄、差し戻しという最高裁判決は予想されたもののうち、もっとも蓋然性の高いものと考えられてはいた。しかし原判決を破棄するにあたって、なにを理由とするかについての予測は、正直にいってむしろ困難であったといわなければならない。

仁保事件において最高裁が判断を求められていた主たる問題は、第一に違憲・違法な「別件逮捕勾留」が行なわれたか、第二に違憲・違法な弁護人選任妨害ないし放置が行なわれたか、第三に違憲・違法な強制・拷問・脅迫が行なわれたか、の三点の憲法問題であった。

しかし「別件逮捕勾留」の問題は、それが捜査実務に与える影響がきわめて大きい点から見て、また弁護人選任妨害ないし放置の問題は単に捜査官憲のみならず、第一審裁判所もまた右の事態に責任なしとしえない点からみて、いずれもこれを破棄理由とするには最高裁としてはちゅうちょするかもしれない、というのが私がいだいていた感じではあった。この私の感じは以上の限りではあたったが、すくなくとも自白の任意性についての判断は下すのではないかという期待ないし予測ははずれた。

たしかに判決のいうように審判の核心は被告人が犯人か否かにもあったことは否定できない。しかしながら、さきに指摘したような憲法問題を上告理由としているときに、それについて判断を与えることなしに事実認定の問題について判断を下すことには法的には疑問があるといわなければならない。

しかも、本件において自白の信用性が疑わしいと判断した最高裁は、なぜこのような自白がなされたかについて真剣に検討を加えるべきであったと思う。そうしてみれば、それが別件逮捕・勾留、国選弁護人選任妨害、さらには強制・拷問・脅迫という〝自白強取装置〟の生んだものであることを看取することは容易であったはずであり、捜査の司法的抑制について責任をもつ最高裁が審判すべき核心はむしろここにあったというべきであろう。

特に、別件逮捕勾留の問題についていうならば、本命とされているところのいわゆる本件〝仁保事件〟について逮捕・勾留を請求できるだけの証拠がない場合に、もっぱらあるいは主として本件についての証拠（主として自白）を集めることを目的として、すでにけん疑が相当程度に認められ、逮捕・勾留の必要性も一応そなえている軽い別件で逮捕・勾留する「別件逮捕勾留」が違憲・違法な捜査方法であることは学説はもとより下級審判例も一致して認めるところとなっている。

その理由をきわめて簡単にいえば次の三点である。第一に「別件逮捕勾留」は、事件の逮捕・勾留の理由（罪を犯したことを疑うに足りる相当な理由と、逮捕勾留の必要性）についての令状裁判官の判断を潜脱（法の精神を逸脱）するものであって令状主義の大原則を定めた憲法三三条に違反し、また拘禁の正当な理由を告げられる権利を保障した憲法三四条に違反し、ひいては適正手続きを定めた憲法三一条に違反する。第二に「別件逮捕勾留」はその期間満了後の本件による逮捕・勾留、別件起訴後の勾留をも、本件取り調べのためのものとして、いわば、本来的にあらかじめ見込んでいる点において、起訴前の逮捕・勾留についてきびしい時間的制約を定めた刑訴法二〇三条以下の規定を潜脱するものであり、違法である。第三に「別件逮捕勾留」は自白追求の手段とされている点において、逮捕・勾留の本来的目的（それは逃亡および罪証いん滅の防止という消極的なものであり、自白追求ではない）からいちじるしく逸脱、背馳するものであり、違法である。

このようにして、学説および下級審判例によって、その違憲・違法性が明らかにされているにもかかわらず「別件逮捕勾留」が捜査当局によって、公然に行なわれていることは周知の事実である。それだけに最高裁が、しかも捜査の客観的経過から本件の自白獲得の意図が明々白々に看取されうる典型的な「別件逮捕勾留」事件である仁保事件について、これを抑制するなんらかの判断を示す好機会となることが期待されたのであった。

しかし、この期待は予測されていたとはいえ満たされなかった。さらに最高裁は被告人岡部保氏の警察・検察の取り調べによる自白の任意性についても判断を下さなかった。被告人、弁護側が主張したような、なぐる、ける、冷水を浴びせる、深夜まで長時間調べる、空腹状態にして調べるなどの強制・拷問の事実の存否は不問にふされたのである。

また、弁護人選任妨害ないし放置の問題についても同様に避けた。ともあれ、最高裁は自白および間接事実の信用性に疑いがあることを理由に第二審判決を破棄したが、自判することなく原審たる広島高裁に差し戻した。この事件の一、二審の判決を検討すれば明らかなように犯行と岡部氏とを結びつけうるのは自白のみである。その自白が、信用しえないとなれば有罪判決を維持しえないことは明らかであり、従って最高裁判所としては差し戻しではなく、無罪の自判をすることも可能であった。わたしは、むしろ無罪の自判をすべきであったと思う。

なぜならば、本件の場合に原審に差し戻すことは、訴追側に証拠の再収集の機会を与え、有罪の再立証を許すこととなるが、これは裁判所が訴追側の証拠収集・立証の不手ぎわをカバーすることとなり、当事者主義の観点からみて、問題があるからである。

もっとも、差し戻して被告人に身の潔白を立証させる機会を与えたことにもなるとの見方もあろう。しかし、訴追側が訴追に失敗した被告人を一日も早く刑事手続きから解放することこそ人権擁護の観点からみて肝要というべきであろう。

（読売新聞一九七〇年七月三一日夕刊）

［補記］一九七二年一二月一四日、広島高裁は、第一審判決を破棄し、強盗殺人の点につき無罪を言い渡した（確定）。その中で広島高裁は、弁護権侵害の違憲性を否定し、また警察官作成の自白調書の任意性は否定したものの検察官作成分については任意性を認めた。さらに別件逮捕勾留の点についても違法性を否定し、別件起訴後勾留下の取調によって得た検察官の調書や録音テープの証拠能力についてのみ否定するという立場をとった。

一九七〇年

あまりに政治的な訴追委

司法権独立の尊厳を蹂躙

一九七〇年一〇月一九日裁判官訴追委員会は、「平賀書簡」問題に関連して訴追されていた平賀健太判事（前札幌地裁所長、現東京高裁判事）を「不訴追」、福島重雄判事（札幌地裁）を「訴追猶予」と決定した。

平賀判事を「不訴追」と決定した主な理由は、福島裁判官あての「平賀書簡」は左右いずれの批判にも耐えうる論理の通った裁判をしてもらいたいとの先輩としての老婆心から、職務熱心のあまり助言したもので、裁判権の行使に干渉したり、不当に影響を及ぼす目的で交付したものではなく、裁判官弾劾法第二条の罷免事由に該当しない、というものであった。

また、訴追委は、福島裁判官について、①「平賀書簡」は私信ではあるが、裁判官会議の審議の対象とする公けの書簡として処理する方向で進んでいたのに、裁判官会議非公開の原則に反し、東京の裁判官に書簡のコピーを送り公表されるに任せて容認し、また「平賀メモ」を、独断で公表した。②「平賀書簡」の真意を汲みとらず、一方的に裁判干渉の書簡と判断し、軽率に直接国民の審判に訴える挙にでた。③福島裁判官が青法協裁判官機関誌の編集を担当したこと、青法協は政治的色彩の強い団体であることを総合すると、国民一般から政治的色彩の強い裁判官ではないかと中立性を疑われるおそれなしとせず、しかも反省の色もみられない。④以上の点のうち、①の書簡とメモの公表の行為は裁判官弾劾法第二条第一号（「職務上の義務に著しく違反」）に該当し、②③の行為は同条第二号「裁判官としての威信を著しく失うべき非行があったとき」の威信を失墜したときに該当するが、しかしその著しい場合にはいまだ該当しない。⑤しかし、平賀書簡を裁判干渉の書簡と一応考えることも無理でないなどの事情を考慮し、訴追猶予とする、としている。

「書簡」の公表は当然

この決定は、平賀書簡問題の経過を知る大多数の国民に、司法権独立を侵害する不当きわまりない政治的なものであるとの印象を与えたといってよい。訴追委と国民との決定的対立点の第一は、「平賀書簡」を裁判干渉行為であるとみるか否かにある。この点については、国民的世論は一致して裁判干渉行為であるとしてきた。「平賀書簡」問題の全経過を辿るとき、この見解は全く正当であったといわざるをえないだろう。

すなわち、平賀裁判官は、昨〔一九六九〕年八月四日平田裁判官に長沼ナイキ訴訟の全問題点（自衛隊法違憲問題をも含め）についての詳細な「平賀メモ」を交付し、それが握りつぶされたことを知ると、八月一〇日、八月一二日予定の執行停止決定期日を延期させたうえで、八月一四日「平賀書簡」を福島裁判官の自宅に送りつけたのであった。しかも、この書簡の内容は、単に問題点の指摘ないし一般論に止まらず具体的かつ詳細な理由をつけて一定の結論まで出しているというものであった。

右のような簡単な経過をみただけでも、「平賀書簡」は、明らかに裁判の内容に強引に干渉しようとしたものであり、司法権の独立に対する重大な侵害行為であることは、誰の目にも明らかであったといわなければならない。だからこそ、国民的世論は、一致して「平賀書簡」を糾弾し、札幌地裁は「厳重注意」の処分に付し、最高裁も「注意」処分に付した。もっとも、単なる「注意」処分は余りに軽すぎるとの感があったが、これは問題の重大性に鑑み、裁判所の内部的処理にウエートをおかずに、むしろ裁判官弾劾法にその処理を委ねたものと考えることによって、辛うじて了承されていたといえよう。

したがって、「平賀書簡」が裁判干渉行為であることはもはや自明のことであり、訴追委に残されている問題は、訴追にふみきるか、訴追猶予とするかにすぎない、というのが国民および裁判所のほぼ一致した見方であったといえよう。

それだけに、訴追委の平賀裁判官を訴追するに及ぼずとの決定は、右のような国民・裁判所の見解と対立し、司法権独立の尊厳を蹂躙したものとの感を与えずにはおかない。

対立点の第二は、福島裁判官の「平賀書簡」公表容認行為を職務上の義務違反とみるか否かにある。この点について、国民はもちろんのこと、裁判所側も、まったく問題にしてこなかった。それだけに、今回の訴追委の職務義務違反との結論は、率直にいって全くのいいがかりであるとの感を国民に与えたことは否定できない。国民の立場からいえば「平賀書簡」のような裁判干渉行為は、裁判所内での内部的処理ではなく、むしろ国民の目の前で処理されることが望ましいのであり、従って、むしろ公表することこそ、司法権独立を守るべき裁判官の職務上の義務であるとさえいえるのである。

国民は監視を

訴追委と国民の対立点の第三は、裁判官の青法協加入が威信失墜行為に当るか否かにある。裁判官の政治団体加入の是非については、周知のように、見解の対立がある。裁判官の結社の自由を含む市民的自由の完全な保障こそ、裁判官の身分保障とともに裁判官の独立を全うならしめるものとの見解が、法律学者の間で有力に主張されている。これに対し政治団体加入に最も厳しい立場をとる最高裁も右の見解をあえて否定せず、もっぱらモラルの問題として加入すべきでないという見解を表明するに止まっていた。ところが、今回の決定は、青法協を政治的団体と一方的にきめつけて、しかも一気に法律上の問題にエスカレートさせたのである。これは、積極的な政治運動を禁ずるに止まる裁判所法五二条の明文に反し、さらには結社の自由を不当に奪う違憲の決定との批判を免れないであろう。

このようにみてくると、今回の訴追委の決定がいかに不当なものか、国民的立場からおよそ無縁のものかがわかるが、この決定は、自民党委員に公明党委員が同調した結果と伝えられている。最近、自民党・政府は、司法制度に対する関心を強め、最高裁をもまき込みつつ、激しい青法協攻撃を行なっているが、そのねらいは司法を政治（自民党）に従属させるところにあると指摘されている。今回の訴追委の決定は、国民的立場とは無縁な党利党略的立場で「平賀書簡」問題を処理したものであり、右の指摘の正しさを立証する結果となったといえよう。

（エコノミスト一九七〇年一一月三日号、署名S）

一九七一年

裁判官の政治的中立性

明治憲法下においては、裁判官は、「公然政事ニ関係スル事」、「政党ノ党員又ハ政社ノ社員トナル事」を禁じられており（旧裁判所構成法七二条）、その政治的自由は一般市民に比較していちじるしく制限されていた（もっとも、一般市民もその政治的自由を極度に抑圧された状態にあったのだが）。これは裁判官が「天皇ノ名ニ於テ」（明治憲法五七条一項）裁判するところの天皇の代理人である以上当然のことと考えられ、苛烈な天皇制司法の担い手を強く緊縛してきた。

戦後司法改革の過程で、右の規定をそのまま温存しようとする日本政府側の試みは失敗し、「積極的に政治運動をすること」を禁じるにとどまる裁判所法五二条一号が制定された。そして、裁判官は、「国民の一員として当然果すべき義務としての政治的行動……は、もとより積極的に政治運動をすることにあたらないし、単に特定の政党に加入して政党員となったり、一般国民としての立場において政府や政党の政策を批判することも、これにふくまれないものと解すべきである」（最高裁事務総局『裁判所法逐条解説』中巻、一九六九年六月、一七八頁）と解されてきた。

もっとも、何が「積極的な政治運動」にあたるか、ということについて、国家公務員法一〇二条およびこれにもとづく人事院規則一四―七に掲げられた行為が、だいたいこれにあたるとする説も有力だが（兼子一『裁判法』〈有斐閣〉一七九頁）、これに反し、もっと厳格に解すべきであるとのニュアンスをもつ主張もなされている（団藤重光教授の座談会「裁判官の政治的中立」ジュリスト四五三号三五頁における発言）。

しかし、いずれにしても、政治団体加入が現行法上何ら禁じられていないことは明白である。

ところが、最近、裁判官の政治的中立性なる理論をふりかざして、裁判官の結社の自由、さらにひいては思想の自由を制限・剥奪しようとする試みが相次いでいる。その理論は、「裁判は、国民の信頼の上に成り立つもので、裁判官は常に政治的に厳正中立であると国民全般から受けとられるような姿勢を堅持しなければならない」という一九七〇（昭和四五）年四月八日付最高裁公式見解に要約されている。

しかしながら、右のような「政治的中立性論」は、次の三点において、きわめて欺瞞的なものである。

第一に、その「政治的中立性論」は、その意図と役割が特殊に反動的な政治性をもち、それゆえに政治的非中立性理論にほかならないことである。このことは、政治的中立性を旗印にして、権力側が政治的に何を目論み、現にいかなる事態を惹起しつつあるかをみれば、あまりにも明白である。その政治的意図とは、日米軍事同盟体制強化と日本軍国主義復活のための反憲法的政治反動の強行に向けての裁判所の権力的再編成であるといえよう。

第二に、その「政治的中立性論」は、中立性を判断すべき基軸を理論的に全く用意しないばかりか、むしろ判断基軸の欠落によってこそ、その政治的効果が貫徹されうる態のものであることである。なるほど、政治的中立性という概念は、それ自体極度にあいまいな概念であるにしても、その判断基軸の問題を提起せずにはおかないはずのものであるが、その判断基軸として、いちじるしく反憲法的・反民主主義的な政治的基準をひそかに設定している権力側は、国民を欺瞞し、巧妙にその政治的意図を実現する「理論」とするために、判断基軸の問題を回避し、隠蔽しているのである。

第三に、その「政治的中立性論」は、裁判官の市民的自由に対して本来的に敵対的なものであり、したがってきわめて不当なものであるにもかかわらず、国民の司法に対する信頼の問題を媒介項として「公正らしさ」と結びつくことによって正当性を獲得したかのように装っていることである。この点は後述する。

以上のように、現在提唱されている「裁判官の政治的中立性論」は、幾重にも欺瞞的なものであるが、しかしながらまさにその欺瞞性のゆえにこそまた権力側にとってのイデオロギー的効用を一定程度に発揮してもいるのである。

「政治的中立性」という概念は、あいまいであり、多義的であるが、往々にして、いっさいの政治的イデオロギーから解放されていることを指すもの、として用いられている。しかし、このような政治的な「無立場」(小林直樹教授)ともいうべきものが、現実の政治力学のなかではそれ自体現体制維持的な政治的な立場であることは、指摘するまでもなく明らかである。このことを承認しつつもなお「政治的中立性」なるものを設定しようとするならば、もろもろの政治的なイデオロギー・立場の偏倚度を測定しうべき判定基準を設定せざるをえないことになろう。しかも、その判定基準は、政治的イデオロギー・立場とは次元を異にする異質のものではありえないから、それ自体、政治的たることをまぬかれない。このようにして、右の意味における「政治的中立性論」は破産せざるをえない。

また、「政治的中立性」は、主体たる裁判官の自主性を意味するものとして用いられることもある。しかしながら、この意味での「政治的中立性」は、裁判官が自主的に一定の政治的イデオロギー・立場をとることを拒否しえないから、裁判官の市民的自由を制限・剥奪すべき理論としては破産せざるをえない。

右のような、それ自体としては矛盾撞着にみち、およそ社会科学的概念として成立しえないところの「政治的中立性」は、裁判（官）に対する国民の信頼の問題と結びつくことによって自己の正当性を論証しようとしている。そして、その結びつきを可能にするものとして、「公正らしさ」なるものが持ち出されている。そもそも、国民は、憲法が基軸とする基本的人権・民主主義・平和主義を擁護すべき任務をもつものとして、裁判官に司法権を委託している。したがって、裁判官が国民の信頼を得ることができるか否かは、一にかかって、誠実にこの任務を果たすべく努力しているか否かにかかっている。

ところで、現実には、一方では憲法が基軸とする基本的人権・民主主義・平和主義に背馳し、これを侵害する政治的勢力があり、他方ではこれに反対しあくまで憲法の基軸を守り発展させようとする勢力が政治的レベルにおいても結集している。このような現実にあって、毅然として憲法の基軸を擁護する裁判官こそ、国民が托した任務の忠実な遂行者として信頼を得るであろう。もちろん、そのような裁判官は、憲法を守り発展させようとする勢力と合致することになる。しかし、それをもって非難されるべきいわれは全くない。憲法の基軸を侵害しようとする政治的勢力の反憲法的な政治的立場こそが非難されるべきなのである。

国民の信頼の問題は、右のような観点からとり上げられ、分析されなければならない。そうであるかぎり、「政治的中立性」なる概念は、いかに巧妙な媒介項を経ようとも、そのままの形では信頼の問題にとり入れられえないものであり、憲法の基軸に敵対的な、それゆえに反人権的・反民主主義的・反平和的な政治的イデオロギー・立場を抑制するという明確な意義と内容をもつものとして、しかももっぱら裁判批判のさいに用いられるべきものとして、その限度でのみ一定の役割を与えられるべきものであるにすぎないことになろう。

（別冊法学セミナー『司法の危機』一九七一年二月）

一九七一年

政治権力による再編成が問題の根源に
望まれる国民の裁判所

一　一昨（一九六九）年九月の平賀書簡事件以来裁判所の内外で次々と起った衝撃的事件は、十指に余るものがある。そのいずれもが、現在裁判所が直面している事態の深刻さを示すものであるが、とくに、本年四月の裁判官任官希望者七名に対する任官拒否、宮本康昭裁判官に対する再任拒否、阪口徳雄司法修習生に対する罷免、さらには自民党司法制度調査会の「司法制度改正意見」などによって、事態は新しい段階に入ったといってよいだろう。

この段階の特徴は次の三点に集約することができるであろう。第一に、石田和外最高裁長官を頂点とする司法行政首脳部の司法政策が、誰の目からみても憲法から大きく背馳するものであることが明らかとなったこと、第二に、右のような司法政策は、裁判所内外で強い批判と抵抗をうけており、破綻を余儀なくされつつあること、第三に、右のようにして窮地に立っている司法行政首脳部を救うために、政治権力が活発な動きを示していること、である。

二　任官拒否、再任拒否、さらには阪口罷免などに端的に示されている司法行政首脳部の司法政策は、何よりもまず、憲法に忠実な裁判官を、裁判所に「入れない」（任官拒否）、「孤立化」させる（青法協裁判官部会切り崩し）、「排除」する（再任拒否）ことを当面の主要目標としている。この政策が、裁判官の思想・表現の自由を侵害し、裁判官の身分保障を切り崩すという点で、憲法から大きく背馳するものであることは、今となっては誰の目にも明らかになっているといっていいだろう。

もっとも、司法行政首脳部は、裁判官に対する国民の「信頼」を根拠にして、「政治的色彩のある団体に加入する裁判官はその団体の活動方針にそった裁判をしたと疑われるから、政治的色彩のある団体に加入すべきではない」旨のいわゆる「政治的中立性論」を主張し、裁判官の市民的自由は制約されてもやむを得ない、との見解をとっている。

司法行政首脳部は、一方ではこれほどまでに「信頼」を強調しているのに、他方では、自ら憲法に背馳する人事を行なって、国民的な批判をうけているにもかかわらず、その批判を「ひぼう・中傷」と非難するのみで一向に省みるところがなく、そのために国民の信頼を失っている。司法への信頼を高めるための筈の司法政策が司法への信頼を失わせているという喜劇的な図に直面し、われわれはそのいうところの「信頼」とは実は「独善的権力主義」の婉曲名辞に他ならないのではないかとの疑惑をもたざるを得ないのである。

三　そもそも、「誰の」裁判を国民は信頼するかという問題は、全く異なった二つの発想に基づいて提起されうる。その第一は、その内容いかんに拘らず裁判を、従って「公正ならざる裁判」をも国民に信頼させるにはどうすればよいか、という発想である。この発想に基づく信頼論は、いかなる外観をとろうとも、その実は、憲法も国民も不在の独善的権力主義であり、「上からの信頼論」に他ならない。その第二は、あくまでも憲法に依拠し「公正な裁判」を追求し、その過程で裁判官の法理論、さらには法思想の変革を求めようとする発想であり、「下からの信頼論」といっていいだろう。

右にみた司法行政首脳部の信頼論がこのいずれに属するかは、石田最高裁判長の説くところにみれば一目瞭然である。

「国民が、裁判内容を納得し、心服することは理想であるが、しかしたとえ納得できない場合であっても、それが裁判所のした裁判であるがゆえに、その裁判の正しさを信頼すること――そのような信頼の基盤を欠く所に、真の法の支配はありえない」（石田和外「法曹倫理」法曹時報一九七一年一月号四頁）。

このような、独善的権力主義的な「上からの信頼論」に立脚する「政治的中立性論」が、一見妥当であるかにみえながら、実は司法を国民から切り離して特定の政治勢力に従属させるという「政治的」な役割を果しているのも、不思議ではないのかもしれない。皮肉な言い方をするならば、「上からの信頼論」とは信頼に値しない裁判を信頼させるための布石に他ならないのではないかと疑われてもしかたない。

このような「上からの信頼論」に対して、われわれは、民主主義憲法下における司法のあり方をさぐりつつ、「下からの信頼論」を対置する必要があるだろう。この場合基本的視点となるのは、「民衆の権利と自由を、きびしく擁護してくれるものだという具体的なくり返された教訓だけが、それ（信頼――引用者注）を養いそだてることができるであろう」（内田力蔵教授）という点であると思われる。

四　「上からの信頼論」に基づく司法政策はすでに現実

に破綻をきたしている。裁判所内にあっては、五〇〇名をこえる裁判官が宮本再任拒否を批判する声をあげている。また裁判所外にあっても、日弁連は一貫して強い批判的態度を堅持しており、広汎な国民とともに、法学者も批判的態度を表明している。司法行政首脳部は四面楚歌ともいうべき状況におかれているのである。

　このような事態にいたって、政治権力は活発な動きをみせ始めており、自民党司法制度調査会は、「司法制度改正意見」をまとめているといわれるが、この中で裁判官の政治活動を選挙権行使に限ろうとする案も検討中と伝えられる（一九七一年四月一五日朝日新聞朝刊）。

　もともと、司法問題の根源は、政治権力が裁判所を自分の意にそう方向に再編成しようとしたことにある（拙稿「最高裁にかかる圧力状況」中央公論一九七一年六月号参照）。しかも、この動きは、いま自民党内で急がれている憲法改正草案要綱作成作業（本年末の予定といわれる）と無関係ではない。いや、正確には、その一環であるというべきだろう。政治権力は、裁判所に対して憲法改正の露払い役を期待し、そのため着々と手をうっているとみなければならない。

五　このような現段階にあって、われわれ国民はいかなる裁判所をもちうるかは、ひとえにわれわれ国民にかかっていることが銘記されなければならないであろう。

（上智大学新聞一九七一年六月一日）

一九七二年

司法政策の今日的特質

一　司法政策の基調と推進主体

では私から、新・再任問題の背景となる司法政策の今日的な特質について、若干の問題提起をしたいと思います。今日的特質ということですので、この一年ぐらいの動きにみられる特質に焦点をあてながら、問題提起をしたいと思います。

さて、私の理解によりますと、近時の司法政策の基調は、主として裁判官の思想表現、結社の自由の規制、身分保障の空洞化、裁判官および司法部職員一般に対する官僚的統制の強化、法曹養成制度の改悪、そして違憲立法審査権行使の規制という点に焦点があてられてきているように思います。これにさらに付け加えるならば、裁判闘争の規制にもあるように思われます。

とりわけこの中でも、過去一年間の動きの焦点は、やはり裁判官の思想表現、結社の自由の規制と身分保障の空洞化であり、この両者は新・再任問題となって、依然として深刻な問題をわれわれに提示しています。

その司法政策を推進している主体は、いうまでもなく最高裁判所ですが、いままでそれを強力にささえてきたいろいろな諸集団があるわけです。自民党司法制度調査会とか、国会の訴追委員会、右翼団体・右翼ジャーナリズムといったような集団です。ところがこれら最高裁をとりまく諸集団が、この一年間の動きの中ではやや後景にしりぞいている点が、ひとつの特徴ではなかったかと思います。

ご承知のように、自民党の司法制度調査会は昨年の四月に司法制度改正意見を発表してから、その動きは鳴りをひそめておるかにみえますし、さらに国会の訴追委員会も、井上判事補に対する不訴追決定、さらには二一三名の青法協会員と目した裁判官に対する不訴追を決定しております。そういう動きなどは、それまでの自民党司法制度調査会、さらには国会の訴追委員会の動きなどからみますと、一歩しりぞいた印象を受けますし、さらに右翼団体、右翼ジャーナリズムの動きにおいても、ややその感が見受けられるように思います。そして、最高裁判所がいわば下駄をあずけられた形で、司法政策の推進者として前面にでており、新・再任問題につきましても、一手にその問題解決を背負った形になってきていることが、最近の特徴だと思います。

しかし、一つ例外があるわけです。それは、公安当局であります。公安当局については、平賀書簡事件ごろからすでにその活発な動きが注目されており、識者のあいだで憂慮されていました。現に宮本裁判官に対する再任拒否の問題にあたりましても、公安の動きが非常に活発であったということはいまでは周知の事実であります。この動きは依然として今日でも継続されておりまして、昨〔一九七一〕年秋の名古屋地裁判事補に対する公安調査庁の情報提供要請の事件などは、ひとつの例証でありましょう。

　ところで、最高裁の中での推進主体の問題があります。これは、最高裁における石田体制の評価とかかわるわけです。現在最高裁にあって、先ほど申し上げたような反民主主義的な司法政策を推進しているのは、石田和外最高裁長官を先頭とするあるグループではないかと思われますが、このグループの最高裁の中における勢力位置を正確に見きわめておく必要がありますし、さらにそれがどのような政治勢力に支えられているのかという問題についても、きめの細かい分析がそろそろなされてもいい時期ではないかと思います。

二　司法政策の内容的特徴

つぎに司法政策の内容的な特徴についてですが、やはり依然として思想・表現・結社の自由の規制、それとセットになった身分保障の空洞化というところに大きな力点がおかれており、さらにそれを支えるものとして官僚的統制の強化、法曹養成制度の改悪といった政策が徐々に進行しつつあると思います。

　なお、その官僚的統制強化の点につきましては、全司法労働組合の戸井田照世氏からあとで補足的な説明を加えていただくことになっています。

　さらにその特徴を各分野に分けて指摘いたしますと、制度面におきましては、未特例判事補の問題に注目する必要があるように思われます。つまり、「一人制審理の特例に関する規則」の制定問題です。この問題は、規則制定権の範囲の問題、その背景とねらいの問題、さらには憲法上、裁判所法上、訴訟法上の問題など、多くの問題を含んでいるわけです。とくにわれわれとして注目する必要があると思いますのは、この問題が、ひとつには若い裁判官に対する上からの官僚的な養成の強力なシステムを用意しようとするものであるということであり、きわめて巧妙な思想統制政策の側面をもっているという点であります。他面においてこれは、憲法問題として、職権の独立なき裁判官というものをつくり出そうとしている危険な点が指摘できます。

さらに司法行政の面でみていきますと、人事政策を通じて、憲法を守ろうとする裁判官に対する規制がますます進行しつつあります。いうまでもなく今年の再任問題にもその点がみられるわけですが、転所とか配属の問題なども注目されなければならないと思われます。さらには、いろいろな会同などを通じて、裁判官に対する最高裁の裁判指導がますます強化されてきている点にも、注意をはらう必要がありましょう。

なお、今年の再任問題・新任問題につきまして、私なりにその特徴を若干指摘しておきます。

まず手続の面ですが、昨年、国民の側から弁明の機会も与えずに再任拒否を強行したのは違法・不当であるという批判がなされましたが、今年はこの批判に対して一定の対応をするかのごときポーズを示しました。しかしそれにもかかわらず、基本的には何ら改善された点がみられないということ。それから実体的な基準面で申しますと、ひとつには青法協会員であるというだけでは再任拒否できないということを、最高裁はみずから認めざるをえないところに追い込まれたこと、これはプラス面ではないかと思われます。しかしながら、今年新しく生じた特徴ですが、金野判事補問題と関連しまして、最高裁の判例に反して違憲判決を繰り返すことが、あたかも裁判官の適格性に関係があるかのごとき議論が最高裁側からそれとなく出されているという点です。この点についてはわれわれとしても理論的な検討を深め、現在の裁判制度からみますとまったく成り立ちえないようなこの議論に対し、反撃を加えていく必要があると考えるわけです。新任問題については、のちの報告に譲りたいと思います。

以上のように、司法における思想統制、官僚統制はますます進行しつつあるとみるわけですが、さきにふれた未特例判事補の問題もそのひとつであり、さらには新任の判事補に対する研修の強化、あるいは司法研修所内における教育の変化といったものも、ますます顕著にこの様相を濃くしております。そして、これを側面から支えるものとして、裁判所内における「論争」があるわけであります。とくに中村治朗判事による論文――「青法協問題と裁判官の思想信条の自由及び言論結社の自由について」――は、ここで議論するに値すると思われます。ここでは詳しくは時間の関係上申し述べられませんが、中村論文は、青法協が護憲の立場にたつこと自体が現在では政治的な意味を持っているのであって、そういう政治勢力に属することは、裁判官としては好ましくない、といった論旨を展開しているのであります。

三　裁判内容の動向

以上のような司法行政面での反動化の状況の中にあって、裁判内容がどのような動きをみせているかということも、議論に値する問題であろうと思います。

これは、軍事問題、労働基本権の問題、公害の問題、治安の問題、教育の問題などそれぞれの分野に関してきめ細かく分析されなければならないわけですが、私の印象では、総じてきわだった反動化の傾向を示しているとは考えておりません。その原因についても、分析する必要がありましょう。

私なりに指摘しますと、まず第一に、裁判官の主体的な側面の問題があります。第二に、いうまでもなく当事者あるいは弁護人の訴訟活動、その背景となっている人権闘争なり裁判闘争、さらにはそれをささえている国民の民主主義的な法意識の問題などがあげられると思います。つまり、そういうようなものが司法反動化の中にあって、なおかつ裁判内容を、全体としては反動化するのを食い止めていると評価できるのではないか、と私は考えております。

四　司法政策の基本的動向

最後に司法政策の基本的動向の問題ですけれども、今後司法政策がどういう方向に動いていくのかということです。

いくつかの問題を提起いたしますと、第一には、違憲立法審査権の行使に対する規制が、やはりもう少し露骨な形で行政的な面に出てくるのではないかと予測されます。これは、すでに今年の金野判事補の再任問題にその波頭が出ているわけですが、これが今後もっと隠微な形で行なわれていくであろうことが予想されます。そしてこのことは、最高裁と下級裁裁判官とのあいだに、大きな矛盾を生ぜしめることになっていくでありましょう。そのことは、理論の面でもいろいろ錯綜した諸問題を生んでいくだろうと予測されます。

第二には、裁判内容に対する規制が強くなっていくだろうと思われます。これは先ほども裁判官会同などを通じて、裁判内容の規制が行なわれていることを指摘したわけですが、そういう会同、あるいは研修といったようなものを通じて、裁判内容の規制がますます強化されていくであろうと思います。

第三には、いま指摘した二つの方向に対して障害となるような職権の独立、身分の独立に対する空洞化政策が、ますます強まっていくだろうと思われます。一握りの司法官僚による支配体制が、石田体制とかそれと結びつく政治勢力の盛衰の問題からはある程度独立して強まっていくでしょうが、そういう中で、やはり司法官僚と政治勢力との癒着が客観的には強まっていく方向をとるだろうと思われます。

そのことは、おそらく国民と司法官僚の矛盾をますます激化せしめていくでありましょうが、それによる裁判官志望者の減少傾向――これは絶対的な減少と相対的な減少と二つ考えられますが、いずれにいたしましても減少傾向が出てくるのではないだろうか。すでにそのことは、今年現われているように思います。

このような矛盾の中にあって、裁判機構の思いきった官僚的合理化のプランの作成が迫られていくでしょう。このことは、ある意味では臨司（臨時司法制度調査会）意見書の承継という側面をもつと同時に、臨司意見書をも乗り越える形で、思いきった官僚的な合理化のプランづくりが進められていくでしょう。そのひとつの現われが、先ほどの「一人制審理の特例に関する規則」の制定の動きであるように思われます。

このような動向の中で、昨年だされた自民党司法制度調査会意見は、今後も決して軽視することができないのではないかと考えます。

（法と民主主義六八号、一九七二年六月。シンポジウム報告）

［補記］「一人制審理の特例に関する規則」制定の構想は、「地方裁判所における審理に判事補の参与を認める規則」となって実現された（一九七二年一一月）。

第九回司法問題法学者懇話会（一九七二年四月八日　於・青山学院大学）

第九回懇話会は、伊達秋雄氏（法政大学）が「司法をめぐる諸問題」について話題を提供する形で進められた。

伊達氏は、まず、下級裁判所の裁判官が自分の下した判決が最高裁によって破棄され、しかも同種の事件を再び担当することになった場合にいかなる処置をすべきか、について三〇年余にわたる裁判官の体験に則して、次のように述べられた。すなわち、最高裁の判決をよく検討し、学説・判例等について綿密慎重に検討し、その結果なお前回と同様の結論に到達するなら躊躇することなく同じ判決をすべきである。しかも、最高裁といえども、下級審の判例の動き如何とも関連し、みずから判例を変更した例もある（共犯者の自白に関する判例など）。

伊達氏の右の発言をきっかけとして、話題は最高裁判例の形成過程に及び、とくに最高裁調査官の役割について出席者から興味ある素材が提供された。また、これと関連し、事実認定が争われ全員無罪で落着した著名な事件においてほとんど記録をよまなかったと推測される裁判官が上告棄却（有罪判決維持）を最も強硬に主張した例などもだされ、事実認定におけるイデオロギー性の問題として興味がある旨が指摘された。

ついで話題は、最高裁の司法行政を通じての裁判方向の規制の問題に移り、潮見俊隆氏は各種の会同や研究会が重要な役割を果たしていることを集団公安事件裁判や公害裁判の実例に即して指摘された。これに関連し、伊達氏は、下級審裁判官のなかには最高裁の判決や会同決定を待望しそれに沿った裁判をしようとする傾向があることを指摘され、また、裁判官も中堅クラスになるに従って権力機構の一翼としての裁判所の役割について意識するようになり、変質していくことを指摘された。そして、新刑訴派の評価も右の点に関わることが清水英夫氏を始めとする出席者から指摘され、伊達氏も、その官僚的合理主義を強く批判された。

さらに話題は、司法行政の主体としての裁判官会議の問題、最高裁人事の問題などにも及んだ。

以上で伊達氏の話題提供に即した懇談は終わり、二四期司法修習生三名に対する任官拒否の事実経過について詳細な実情聴取を行なった。その内容は省略するが、最高裁が拒否理由とする「成績」なるものの実体を研修所教育の実態に即して明らかにし、あるべき法曹養成制度の観点から批判的に検討する必要が痛感される。

また、今春は、一四期裁判官全員が再任されたが、反面、金野裁判官の再任願い撤回という事実が発生し、再任問題は複雑な推移を辿った。この推移の中に、最高裁に対する国民的批判の成果と、それに対する最高裁の巧妙な対応とを、正確に見定める必要があろう。

それにつけても、今後とも法学者は、司法問題の推移を注意深く見守り、批判すべき点はたゆみなく執拗に批判をくり返すべきであろう。この意味で、この司法問題法学者懇話会は、あらゆる法学者が問題関心や理論的研究成果を自由に交換できる場として今後も持続されることが望まれるのである。

（法律時報一九七二年六月号）

〔補記〕司法問題法学者研究会の活動内容は、和田英夫・高柳信一編『現代の司法』（日本評論社、一九七二年）と題する一書に記録されている。

一九七二年

解けた〝原判決の矛盾〟

メーデー事件控訴審の判決理由を読んで

一　結論的にいって、東京高裁が騒擾（じょう）罪は成立しないと判断して第一審判決を破棄し、大部分の被告人に対し無罪を言渡したのは、全く正当であると考える。

二　第一審判決は、第一次衝突については、警官隊の強制力行使が違法であったことを理由に騒擾罪の成立を否定し、それに続く約三〇、四〇分後の第二次衝突については、そのきっかけをつくった警官隊の強制力の行使を適法と判断し、騒擾罪の成立を認めたのであった。

三　この原判決は、もともと、あまりにも明白な矛盾をもち、弱点をもつものであった。

例えば、第二次衝突の際の警察力行使を適法とした判断についてみるならば、第一に、原判決が自ら冒頭で強調した集団行動の権利について配慮をここでは払うことをせず、明白現在の危険の法理および警察比例の原則を安易に適用していた。

第二に、原判決は、一方では第二次衝突直前のデモ隊員の状態を「まさに一団となって警察官に対し積極的に暴行脅迫を加えようとする状態にあったものと断定しない」としながら、他方では「このまま放置するときは、その集団行動の勢いが一層拡大して行くことが必至であり公共の秩序を維持するため猶予することができない明らかでさしせまった事態に立ち至っていたものと判断できる」としていた。これは、明らかに矛盾であった。

第三に、原判決は、警官隊の強制力行使が警察比例の原則に違反していることに目をおおっていた。

第四に、原判決は、第二次衝突の発端をなした警察活動の適法性の判断に当たって、わずか三、四〇分前の第一次衝突の際の警察活動の違法性を全く考慮に入れず、両者を機械的に切離した。このことは、全く理解しがたいことであった。仮に、原判決がいうように第二次衝突直前にデモ隊が不穏な状況にあり、明白現在の危険があったとしても、その危険は、警官隊が第一次衝突の際の違法な攻撃によって自ら招いたものではなかったのか。警察側が、自ら発生せしめた危険によって後続攻撃の適法性を得るというのは、法理的にも疑問があった。

四　それだけではない。原判決は「共同意思」の認定に当たっても、矛盾した論理を用いていた。原判決によれば「警察官の排除行為があったならば数をたのみ、所携の棒や竿等を使用したりして警察官に自ら暴行脅迫を加えたり、または、他の者のなすこのような暴行脅迫を予見、支持認容しようとする相当数の者の（潜在的）意思」が警官隊の「排除」をうけるにおよんで「実動的のもの」になり「共同意思」が成立するにいたった、という。

しかしながら、そもそもこのような「潜在的意思」というものが群衆意思として存在しうるのであろうか。しかも、このような「潜在的意思」なるものは、とりもなおさず防御的、抵抗的性格のものにすぎず、攻撃的な「共同意思」とは質的に全く違うものでないのか。いわゆる「群衆暴徒論」をとらない限り、両者は全く違う。それなのに防御的、抵抗的な潜在意思を攻撃的な暴行脅迫の「共同意思」成立の前提条件とするのは、どのようにして可能なのであろうか。

五　それだけではない。たしかに、原判決は、右のような論法で、第二次衝突の際に警官隊との接触面にいた「数百人」については、暴行脅迫の共同意思を強引に認定した。しかし、認定されたのは「数百人」の共同意思にすぎない。この「数百人」は警官隊が規制活動を開始したときに、その付近にたまたま居合わせたデモ隊員にすぎなかった。その意味で、全デモ隊員の中から偶然的にくくられた群衆にすぎない。そうであるならば、このような「数百人」の共同意思を認定したことが、何故にその他の一万人余の共同意思を認定したことになるのだろうか。そもそも(第一審)が騒擾罪の成否を判断するに当たって共同意思を認定すべきだった集団は「一万人余」の集団の共同意思ではなかったのか。

六　結局のところ、原判決が認定した事実を客観的に読むならば、デモ隊は、基本的には、警官隊の違法な規制活動をうけ、算を乱して逃げた群衆にほかならなかった。それにもかかわらず、原判決は、なぜか騒擾罪の成立を認めようとした。そこに無理があり、右に指摘したような矛盾をはじめ、数多くの矛盾が生ずることとなったように思われる。

七　東京高裁は右に指摘したような原判決の疑問をほぼ解明しつくしている。本判決は、第二次衝突のきっかけをつくった警官隊の規制活動が、明白切迫の事態がないにもかかわらず行なわれたものであって、違法であると判断した。規制活動直前のデモ隊員は、物を食べたり、幼児を同伴したりするという平和な状態にあった、というのである。

また、本判決は、警官隊の違法な規制活動をうけて一体となってこれを防御し抵抗した「数百人」のデモ隊員に、積極的な暴行脅迫の共同意思は認められず、もっぱら防御的なものだ、と判断した。

さらに、本判決は、第二次衝突以後、随所で乱闘が行なわれ、騒然たる事態が生じたが、しかし、もはや集団としての同一性がなく、各個ばらばらに行なわれたにすぎないとした。

八　このようにして、本判決は、原判決の矛盾にみちた事実認定に対して、明快で矛盾のない事実認定を対置し、騒乱罪の成立を否定、原判決を破棄したのである。これは当然な結論であると私は考える。そして、あらゆる行きがかりを捨てて原判決の弱点を直視し、事案の真相の解明を短時間でなしとげた東京高裁に対し、高い評価が与えられてよいと考える。

九　それにしても、被告人にとって本判決への道のりは、余りにもけわしく困難なものであった。二十年余の間、平凡な市民が「被告人」という重い十字架に耐えぬいて、ついに騒乱罪不成立をかちとったのである。私は、このような本事件の特殊性を十二分に考慮し、検察側は上告を断念すべきであると考える。このことを検察に強く要望しておきたいと思う。

(毎日新聞一九七二年一一月二二日)

[補記]　控訴審の無罪判決は、検察側の上告断念により確定した。

一九七四年

刑法「改正」は「憲法滅ぶ」の道

一　異常な国家主義と治安主義

法制審議会は、五月二九日、現行刑法を全面的に改正する必要があるとして改正刑法草案を法務大臣に答申した。この答申をうけた法務省は、自民党などと折衝を重ねながら法務省原案をつくる作業をただちに始めるであろう。

ところでこの草案にたいする世論の反響は、非常にきびしく冷たい。ある新聞のコラムは、「新刑法出でて人権滅ぶ」とまで評した（五月二九日付読売新聞夕刊）。またあるパンフレットは、この草案は国民を「聞くな話すな」「集まるな動くな」と縛りつけるものだと批判している（日本民主法律家協会ほか編『許すな刑法改悪』）。

たしかに、この草案は、異常なほどに国家主義、治安主義、刑法万能主義、重罰主義の思想に満ち満ちており、民主主義運動と基本的人権にたいする敵意にあふれている。この草案の本質は、一言でいえば、戦後民主主義の担い手である民主主義運動の弾圧法であり、基本的人権の抑圧法である。

二　政治反動の年譜と「改正」作業

このような本質ないし特徴は、この草案にとって「母斑」ともいうべきものである。歴史年表とこの草案の作成経過とを重ねあわせてみるとこの点がはっきりわかる。

この草案の土台となった「改正刑法仮案」の基本方向を定めた「刑法改正ノ綱領」が作られたのは、稀代の悪法といわれる治安維持法が制定された年の翌年である（一九二六年）。そして治安維持法とほとんどまったく同じ思想にもとづいて「改正刑法仮案」が牧野英一、小野清一郎氏らによって作られたのは、太平洋戦争勃発の前年のことである（一九四〇年）。

これらの事実からもうかがえるように「改正刑法仮案」は戦争とファシズムの時代の所産であり、社会運動の徹底的弾圧をもくろんだものであった。

戦後、小野清一郎氏を議長とする刑法改正準備会によって刑法改正作業が再開されたのは、憲法調査会法が制定され小選挙区制法案が国会に提出されたその年であった（一九五六年）。刑法改正作業は、憲法改正を中心とする逆コースの動きの一環にほかならなかったのである。この準備会によって改正刑法仮案を基礎とする「改正刑法準備草案」が作られたが、それは六〇年安保闘争直後の政治的暴力防止法案が国会に提出された年であった（一九六一年）。この準備草案を土台として法制審議会が刑法改正作業にのりだしたのは一九六三年であるが、この年には憲法調査会によって意見書が発表されているのである。

そして、一九七〇年代に入って平和と基本的人権と生活を守る民主主義運動が支配層の政治的存立基盤をゆるがし始めたことについて支配層の危機意識が異常に高まっている現在、法制審議会はこの動きを抑えこむために改正刑法草案を答申したのである。

三　支配権力維持のための治安立法

この草案は民主主義運動弾圧法であり、基本的人権抑圧法であって、支配権力維持のための治安立法そのものにほかならない。

この本質は、騒動予備罪の新設によく表われている。現行刑法一〇六条は、多衆が集合して暴行又は脅迫した者は騒擾《そうじょう》の罪とすると規定している。騒擾罪とよばれるこの罪は、古くは凶徒聚集罪ともいわれ、戦前から農民一揆《いっき》、労働運動、小作人運動などの大衆的集団行動を弾圧するための強力な武器の役割を果たしてきた。戦後においても、メーデー事件をはじめ数多くの大衆的集団行動が騒擾罪で起訴されたことは、記憶に新しい。このメーデー事件は、警察がデモ隊に違法におそいかかって混乱状態をつくりだし、千二百名余を逮捕し、二百数十名を起訴にもちこんだ大弾圧事件であったが、このような恐るべき弾圧が可能だったのは、騒擾罪の構成要件がきわめて曖昧模糊としたものだからである。

ところが、この草案は、このような大衆的集団行動にとっての恐るべき騒擾罪の構成要件を厳格にするとか、廃止するとかするのではなく、逆にこの要件を一層ゆるめ（騒擾罪を騒動罪としている）処罰範囲を広げ（謀議参与者と扇動者とを新たに加え附和随行者のわくを広げている）、刑罰を重くし（附和随行者を一万円以下の罰金から二年以下の懲役に重くした）、ついには予備罪を新設しているのである。

この予備罪は、騒動罪を犯す「目的」で、二人以上「通謀」して多衆を「集合」させただけで成立するし、騒動罪の目的で二人以上通謀して「凶器を準備」しただけでも成立するのである（草案一七二条）。要するに、目的と通謀と集合または凶器準備があれば予備罪が成立するというのだから、これではデモや集会の主催者は、いつなんどき逮捕されるかわからない。

大衆的集団行動を刑罰で規制しようとする考え方は、このほかにも、多衆不解散罪の拡張、多衆傷害・多衆暴行、多衆脅迫、多衆恐喝、多衆損壊の新設などにも見られる。そして民主主義的運動抑圧の治安政策は、単に集団行動にたいしてのみならず、言論活動などのあらゆる運動形態にたいしても取り締まりの手を広げようとしているのである（名誉毀損罪のみなし規定の削除、公務員機密漏示罪、企業秘密漏示罪、外国元首侮辱罪など）。

四　ファシズム国家か基本的人権か

改正刑法草案は民主主義運動弾圧法であり基本的人権抑圧法である。

ところが、このような批判にたいし、この草案を作った側では「国家あっての個人であり、国家的な秩序と倫理の枠の中での人権である。しかも刑法は犯罪者の人権のみを尊重するわけにはいかない。乱用の危険はない」などと反論する（五月三〇日夜のＮＨＫにおける小野清一郎氏の発言など）。

この反論のなかにまず私たちは、国家主義の思想、人権軽視の思想をみいだすが、その根底には国民の基本的人権を尊重したのでは国家は成りたちえないという考え方があるように思われる。とすれば、私たちが問い返さなければならないのは、基本的人権を尊重したのでは成りたちえない国家とはいかなる国家か、という点である。答えは明らかである。一般にそのような国家はファシズム国家とよばれるのである。この草案が私たちに迫っている選択は、国家か個人かという抽象的なものではなく、ファシズム国家か基本的人権かという、より具体的な事柄なのである。

また乱用の危険はないというが、しかし乱用の危険は十分にある。

ふたたび騒動予備罪を例にとればその立案のプロセスがなによりもこの危険を雄弁に物語っている。「改正刑法仮案」にもなかったこの規定が草案に盛りこまれることが決定的になったのは、一九六八年一〇月一五日のことであった。当時「三派系全学連」を中心とする集団が暴力戦術をエスカレートしつつあったが、治安当局はこれを十二分に助長し、利用して騒擾罪の活用の機運を醸成し、一〇月二一日の新宿事件に騒擾罪を適用するとともに、その直前に騒動予備罪を草案に盛り込ませることに成功したのである。

このようなどす黒い経過をみるとき、私たちは治安当局が騒動予備罪を乱用する危険が十分にあることを知るのである。乱用の危険はもちろん騒動予備罪に限らない。

乱用の危険がないという反論の基礎には、権力機関に対する信頼の思想がある。改めて強調するまでもないことだが、近代刑法思想は権力機関にたいする懐疑ないし不信を出発点としており、刑法を「犯人のマグナカルタ」とするための理論を構成するための努力を積み重ねてきているのである。権力信頼の思想は、近代刑法の思想とはまったく無縁のものであり、民主主義の原理に反するものである。

五　反対へのねばり強い取り組みを

この草案は、一老学者の執念が作り上げたものではない。くり返しのべたように民主主義運動の弾圧をねらい基本的人権の抑圧をねらう支配層の治安政策の所産であって、司法反動、「君が代」、「日の丸」、靖国法案、小選挙区制の動きとまったく同じ根をもつものである。この草案にかける支配層の執念は根深いものがあり、甘い評価は許されない。

かりにこの草案が立法化された場合に、「人権滅ぶ」の事態が出現する危険は十分にある。そしてこの事態は「憲法滅ぶ」の事態を招くであろう。憲法不在の刑法は憲法を滅ぼすに至ること必至である。

私たちは、破防法、警職法、政暴法反対闘争などの歴史的経験に学びつつ、刑法「改正」反対に粘り強く取り組まなければならない。

（赤旗一九七四年六月二日）

〔補記〕改正刑法草案に基づく刑法「改正」の動きは、紆余曲折を辿った末、一九八〇年中葉に挫折した。なお本書五九頁、一三二頁、二七三頁参照。

いわゆる「公害罪」について

一九七四年

一　私は、今回の改正刑法草案に基づく刑法改正には反対である。しかし、その点の主張と論証は他の同趣旨の論稿にゆずり、本稿ではいわゆる「公害罪」の問題をとり上げることにする。ここにも、いわば「国民不在」の草案の本質が如実に表われているように思われるからである。

二　もともと「公害罪」立法問題は、立法政策上も立法技術上もかなり困難な種々の問題を包蔵している*。

*社会上生起している種々の公害現象のなかでどれを「公害罪」の対象として捉えるべきか、いかなる保護法益との関連で「公害罪」を立法することが妥当か（社会法益とするか個人法益とするか、人的法益に限るか物的法益をも含めるか）、形式犯とするか危険犯とするか、具体的危険犯とするか抽象的危険犯とするか、いかなる公害原因行為を可罰的行為として捉えるべきか、責任主体を自然人に限るべきか両罰規定による法人処罰をもなすべきか、公害原因行為者として末端の労働者や中級・下級の管理職のみが刑事責任を負わせられかねないという事態をいかにして防ぐか、排出基準遵守による公害惹起をどう処理すべきか、複合汚染をどうするか、因果関係の立証の困難さを推定規定によって解決するのに妥当かなど。

生活環境を汚染し、健康を破壊する公害原因行為が犯罪的行為であり、刑罰を課せられて然るべきことは何人も疑わない。それにもかかわらず、「公害罪」立法の当否については法律家の間でも意見が分れており、消極的意見も根強い。例えば西原春夫、庭山英雄、藤木英雄の諸教授は立法化に積極的であるが（井上祐司教授も好意的か）、平野龍一、芝原邦爾、真鍋毅の諸教授、戒能通孝博士は消極的である。さらに中田直人弁護士、真鍋正一弁護士なども消極的である。このようにして、公害問題の現場に比較的に近い法律家の間にむしろ消極論が強いという事実のなかに「公害罪」立法問題の複雑性・困難性が端的に示されている。

その理由は、「公害罪」を危険犯として構成しつつ公害の防止・抑止のための効果的な規定にしようとすれば、構成要件の曖昧化・漠然化（公害犯罪処罰法の法務省原案にあった「公衆の生命又は身体に危険を及ぼすおそれ」云々の規定を想起せよ）、法人処罰規定の設置、因果関係の推定規定の設置などに赴かざるをえず、したがって構成要件の明確化、個人責任の原則、「疑わしきは被告人の利益に」

などの刑法・刑訴法上の大原則を破ることにならざるをえない。かといってこの原則を破ることの弊害を恐れて刑法・刑訴法上の大原則を守ろうとすれば、公害の防止・抑止に効果的な立法は殆んど全く期待できない。ここに「公害罪」立法問題の深刻な矛盾と問題性があるからである。

しかも右の問題に加えて、仮に効果的な立法をしたとしても、強大な捜査・公訴提起の権限を背景に警察・検察が公害問題に余りに深く広く関与介入することにおいて公害問題の全般的推移にむしろ弊害をもたらす虞れがないかも問題である（民事責任の追及の障害となる虞れはないか、公害反対運動が警察・検察の捜査発動に依存する虞れはないか、行政面での公害対策の貧困・怠慢を蔽い隠すいちじくの葉の役割を果たすことにならないかなど）。

これらの問題は、昭和四五年の公害犯罪処罰法（人の健康に係る公害犯罪の処罰に関する法律）の立法の際に既に広く検討されたところであったが（拙稿「公害犯罪処罰法」法律時報一九七一年三月号参照）、今回の刑法改正草案はこれにどのような解決を与えようとしているのであろうか。

三　草案は、現行刑法第一五章「飲料水ニ関スル罪」の名称を「公衆の健康に関する罪」と改め、その内容も「公害罪」的規定を新設するなどして大幅に改めている。その主なものは次の通りである。

まず第一に、故意犯および過失犯として飲食物毒物混入罪（草案二〇九条二項、同二一五条一、三項）を新設している。これは、食品公害防止の観点から立案されたものであり、食品衛生法では食品公害防止を十全に賄い切れないことが立案趣旨とされている（第四小委員会議事録参照）。また第二に、故意犯および過失犯として、毒物等放流罪（草案二一二条、同二一五条二、三項）を新設している。問題があるのはこれである。これは、大気汚染、水質汚濁、土壌汚染、騒音、振動、地盤沈下、悪臭、放射性物質による公害、原子力公害などのうち、「公衆の生命・身体」に「危険」を生ぜしめる大気汚染、土壌汚染、水質汚濁を公共危険罪として道義的に非難する必要があること（放射性物質による公害や原子力公害は草案一七六条、同一七九条で賄えるので除く）、自然犯・刑事犯的特別法規の刑法典への吸収の方針に鑑み公害犯罪処罰法を吸収するのが相当であること（但し両罰規定・推定規定は刑法典の体系全体となじみにくいので除く＊）、工場・事業場における事業活動に伴う公害以外にも規制の対象を広げるのが相当であることなどが立案趣旨とされている（第四小委員会議事録参照）。

＊草案の毒物等放流罪は、公害犯罪処罰法とほぼ同一の構造を

もっているが、しかしこれとは違って、①産業公害の限定を外し、②投棄、散布をも処罰対象行為にとり入れ、③土壌汚染が入ることを明確化し、④故意犯とその結果的過重犯の法定刑を重くし、⑤過失犯と重過失犯を処罰することとし、⑥業務上過失犯の法定刑を重くし、⑦両罰規定を削除し、⑧因果関係の推定規定を削除している。

ところで公害犯罪処罰法は草案第一五章の立法化の際にこれに吸収され廃止されることになるかは、問題である。法制審議会刑事法特別部会第四小委員会の審議経過に即してみる限りでは、公害犯罪処罰法が毒物等放流罪に吸収され廃止されることを前提にして同罪の立案作業が進められたと解するほかはない（もしそうでなければ、全部吸収を主張する論者が、もし自説が容れられないときは公害犯罪処罰法存続・毒物等放流罪不規定説に同調するとしたことの意味を全く理解できないことになる＊）。

＊第四小委員会では、公害犯罪処罰法を吸収しないで特別法のまま存続させ毒物等放流罪も同法と両立しうるような自然犯として残すべしとの主張もあったし（しかしこの主張はそれ以上に具体的な主張としては展開されていないが……）、西原教授も両者は一般法・特別法として両立しうるとみる（平場・平野編『刑法改正の研究２』〔東京大学出版会、一九七五年〕二四六頁）。しかし、この見方は、理論的にはともかく立案経過には即していない。

四　右のような内容をもつ毒物等放流罪は、二で指摘したような矛盾と問題に解決らしい解決を与えず、むしろ実効性のある「公害罪」の立法化を放棄する方向をとったも同然のように思われる。

毒物等放流罪とほぼ同一の構造をもつ公害犯罪処罰法がいかに真の公害責任者に対する刑事責任を問うことに無力であり、公害の早期事前予防、抑止をはかる点において実効性を期待できないかについては、すでに批判的に検討したところであり、この批判の趣旨は毒物等放流罪についても妥当すると考えられる（前掲拙稿参照）。結論的にいって、「（具体的）危険」というかなり漠然とした、しかし事実上は被害発生に殆んど近接するであろう構成要件が選ばれたことによって、公害早期事前防止の機能は殆んど全く期待できないことになるであろう。また刑罰対象行為として放出、散布、流出等の行為類型が選ばれ構成要件化される結果、末端の労働者、下級中級の管理職層の刑事責任が問われることはありえても、企業経営の最高責任者の刑事責任が問われることは殆んど全くないこととなるだろう。このことは、今回の毒物等放流罪で法人処罰規定（両罰規定）が設けられなかったこととあいまって、企業活動の一環として行なわれている公害原因物質排出行為の真の責任の所在を隠蔽することになるだろう。それは同時に、企業活動に伴って行なわれている公害犯罪の抑止の機能を、著しく減退せしめることとなるのである。また、因果関係の立証の困難性の問題も、複合汚染の問題も放置されたままである。このようにして草案は、効果的な「公害罪」立証化を放棄し、断念しているとみざるをえないのである。

これは、一見するところ前述したような「公害罪」立法問題に包蔵されている深刻な矛盾に苦悩した揚句、第四小委員会が敢て実効性を捨てて刑法・刑訴法上の大原則を守ることに踏み切った結果のようにもみえる。しかしその審議経過を議事録に即して検討する限りでは、草案は、刑法・刑訴法上の大原則を守ることを口実にして、むしろ「公害罪」の骨抜き、ザル法化をはかったとさえ評しうると私は考える。このことは、公害犯罪処罰法と毒物等放流罪との関係を審議した経過の中に如実に現われている。私自身は、すでに触れたように、公害犯罪処罰法自体も実効性が殆んどないだけでなく、推定規定を設けた点などに問題があり、公害対策上も弊害をもたらすおそれがあると考えるものであるが、しかしその実効性のある立法を追求する立場を全く理解しえないものとは考えない。そしてその立場を誠実に貫こうとするならば、むしろ公害犯罪処罰法をそのまま存続させ、毒物等放流罪は規定しないとの案に到達するより他なかったであろう。公害犯罪処罰法の毒物等放流罪への全部吸収は前述のように刑法・刑訴法上の原則に牴触する点で難点があり、両罰規定・推定規定を除く一部吸収は実効性を一層減殺するものであって無意味かつ有害である。また両者を両立せしめるとの案も、結局は毒物等放流罪の新設を殆んど全く無意味なものにするからである。しかるに、草案は右の案を採らず、実効性の点で最も無意味な一部吸収の立場を採った。このことでも明らかなように、要するに草案は、実効性のある「公害罪」を立法化しようとする姿勢を欠いているのである。

それだけではない。草案は、企業秘密漏示罪を新設することによっても「公害罪」の実質的骨抜きを行なっているのである。

それでは草案が毒物等放流罪を「公害罪」として新設する狙いは一体何だというのか。公害犯罪が「道義的」に非難に値すると宣言すること自体に狙いがあるようにも見える。しかし、実効性のない刑罰規定に「道義的」な非難力があろうはずがない。それのみか、かえって「道義的」な責任の免責の護符の役割を果すことになりかねないのである。あるいはこの点にこそ、草案の真の意図があるのかもしれない。そうだとすれば、草案の「公害罪」立法は、公害問題の推移にとって、公害犯罪処罰法以上に危険な役割を演ずることになる虞れがある。

公害を真に効果的に防止・抑止するために刑事罰を活用しようとするならば、厳しく設定された排出基準の違反に対して直罰規定を徹底的に活用し適用するという地道な努力を積み重ねることこそが第一義的に重要なのである。

草案の「公害罪」立法の方向は、愚かなだけでなく有害だと私には思われる。

（法律時報一九七四年六月号）

一九七四年

世論への挑戦

改正刑法草案が発表されてから四カ月経った。この草案に対する世論の批判は、非常に厳しく、好意的な論評は殆ど見られないといってよい。一九七四年七月二〇日に開かれた日弁連主催「刑法改正阻止を国民に訴える集会」が約二〇〇〇名におよぶ各階層の参加を得たことに端的に示されているように、刑法改正反対の意見は、無視することのできない幅広い国民的世論となっているのである。

この事態に直面した法務省当局は、硬軟両様の積極的な世論工作に出ようとしている。このことを示すものとして識者の注目を集めているものに、刑法改正ＰＲ文書と読売新聞社説抗議事件とがある。

法務省は、八月二八日読売新聞社に対して、同月二〇日付社説「刑法改正と尊属殺規定の削除」について、刑事局長名で抗議し善処を申し入れた。この社説は、法務省が世論の批判に耳をかさずに法制審議会の答申した改正草案通りに刑法を改正しようとしていることと、尊属殺規定の改正問題を放置していることとについて厳しく批判し反省を求めたものであった。法務省当局は、この社説を誤解であり事実無視であるというのである。しかしながら、ことの経過を客観的に見る限り、読売社説の説くところは正しく、法務省の抗議は不当な世論抑え込み工作との感を強く与える。

法務省は、改正刑法草案に沿った刑法改正を異常な熱意をもって推進している。これは紛れもない事実であって、同省が九月に公刊したPR文書「刑法改正をどう考えるか」の内容そのものがなによりもこのことを如実に示していること、読売社説の指摘する通りである。

このPR文書は、草案内容をわかりやすく説明しようとしたものだというが、その内容は単なる説明でなく、批判に対する反批判であり、きわめて攻撃的性格の強いものである。このことは、草案に対する批判を誤解に基づくとか一面的な考え方に基づくとして一蹴しさる論法によく現われている。しかも、このPR文書の底を流れる考え方は、法制審議会以上に露骨な国家と企業の利益の擁護の思想であって、国家と企業あっての国民生活であるという考え方がこの文書の至るところに見られる（例えば同書二四頁）。この文書は、もはや単なる説明書ではなく、世論に対する挑戦の文書にほかならない。

ちなみに、このPR文書の内容は、自民党発行のパンフレット「法制審議会改正草案について」（昭和四九年六月発行）に酷似している。しかもその表現方法までがほぼ一致しているところをみると、自民党パンフレットの執筆者は実は今回のPR文書の執筆者と同一であるとしか考えられない。

このような文書が、批判的意見にも謙虚に耳を傾けると称する法務省当局によって執筆され、しかも厖大な国費を使って三万部も無料配布されているという事実は、重大である。もともと改正草案の立案過程には、刑法改正準備会による仮案審議、法制審議会の非公開、強引な審議方法などアンフェアな点が多々あった。今回のPR文書は、これらの点に加え、立案立法過程に汚点をつけ加えたものと評すべきであろう。

しかも、法務省は、右にみたような硬直した独善的姿勢を批判されたのに対して、これに抗議するという挙に出たことによって、その独善的姿勢を改める意思のないことを明らかにしたのである。このことは、法務省を含む治安当局の刑法改正への強い執念を改めて示すものである。このような硬直した独善的姿勢を改めさせるには、刑法改正に対する批判的世論を一層強化する以外にはない。

（法律時報一九七四年一〇月号、巻頭言。発表時は無署名）

［補記］本書五四頁の補記を参照のこと。

一九七五年

問われる最高裁のあり方

一 「憲法の番人」を放棄

最高裁判所の活動の実態を知るためには、二つの面を知らなければならない。一つは、その裁判の内容であり、いま一つは、司法行政の内容である。

まず裁判の面からみることにしよう。最高裁判所は、憲法八一条によって違憲法令審査権をあたえられており、「憲法の番人」と称されている。しかし、この権限を行使したことは、今までに三件しかない。すなわち、昭和三七年一一月三〇日の第三者所有物没収手続きに関する関税法の規定に対する違憲判決、四八年四月八日の尊属殺規定（刑法二〇〇条）に対する違憲判決、五〇年四月三〇日の薬局新設の距離制限（薬事法六条）に対する違憲判決の三件である。

では、日本には憲法違反の法律や行為が存在していないかといえば、決してそうではない。このことは、自衛隊の問題ひとつをとって考えてみても、よくわかるが、最近、最高裁判所で争われた三菱樹脂高野事件も、企業が労働者の思想信条の自由を踏みにじって恥じないという、恐るべき実態をよく示している。この事件は、東北大学を卒業して三菱樹脂に就職した高野達男さんが、思想信条を理由に、試傭期間が経過したところで首を切られたという事件である。このように企業が、特定の思想や信条を有する者を企業から排除することは、憲法二一条に違反するのではないか——高野さんはそう主張して、最高裁判所の憲法判断を求めた。ところが、最高裁判所は、昭和四八年一二月一二日、全員一致で、違憲ではないと判断したのである。

こうした例は、このほかにも、国家公務員の争議権を否定した全農林警職法事件判決（昭和四八年四月二五日）や、国家公務員の政治的活動の自由を制限した猿払《さるふつ》事件判決（昭和四九年一一月六日）など、枚挙にいとまがないほど多くある。最高裁判所は、決して「憲法の番人」たりえてはいない。

二 擁護せぬ司法権独立

では、司法行政の面ではどうか。その実態はこれまで、ほとんど国民の目にふれることがなかった。ところが、数年前から、とくに一般裁判官に対する人事行政の実態が明らかにされ、批判をあびるようになった。そのきっかけをなしたのは、昭和四六年四月の宮本康昭裁判官に対する再任拒否事件であった。最高裁判所は、宮本裁判官が憲法擁護のための法律家の団体に加入しているというだけの理由で、裁判官として不適格だとして排除したのである。この事件で表面化した司法行政の実態は、裁判官の思想信条に対する統制が最高裁判所によって、いろいろな形をとって陰に陽に進められていることを物語っている。このことはまた、最高裁判所が司法権（裁判官）の独立の擁護者でなくなっていることを示している。

三　偏る最高裁の構成

このように最高裁判所は、憲法の番人と司法権独立の擁護者の役割を、放棄しつつあるといっても、決していい過ぎではない。このことは、日本の民主主義と基本的人権にとって、実に憂慮すべき事態だといわなければならない。なぜ、このような事態が生じたのだろうか。それは、最高裁判所の裁判官が、政治権力を握っている特定の政治勢力に癒着《ゆちゃく》し、迎合しようとする傾向が強いことを、おもな原因としてあげることができよう。そしてこの傾向は裁判官の前歴と深く関連している。

たとえば、最高裁判所裁判官一五名のうち、検察官出身者は、村上朝一長官をはじめとして三人もいるし（村上、岡原昌男、天野武一）、行政官僚出身者が二人いる（下田武三、高辻正己）。また、最高裁の事務総長または事務次長として、政府や与党と緊密に接触することを日常業務とした経験をもつ者が、四人もいる（関根小郷、岸盛一、吉田豊、岸上康夫）。

このような偏った構成をもつ最高裁判所が、政治権力の意にさからうような憲法判断を、決してしようとしないことは、当然といえば当然である。そして現在の制度のもとでは、最高裁判所がこのような偏った構成になることを、事前に防ぐ方法がない。なぜなら、その任命権限が、内閣に完全にゆだねられているからである（憲法六条、七九条）。これは制度的な欠陥だというべきであろう。最近、日本弁護士連合会を中心に、内閣が最高裁裁判官を任命するにあたって、任命諮問委員会に候補者を選考させるという制度を、新しく設けようという動きが起こっている。この動きは、制度的欠陥を是正しようとする試みとして注目される。

四　機能せぬ国民審査制

このように、最高裁判所裁判官の不当な人事を、事前にチェックする方法はないが、しかし事後にチェックする強力な方法がある。それは国民審査制度である。すなわち、最高裁裁判官は、その任命後に初めて行なわれる衆議院議員選挙のさい、国民の審査に付され、その後も一〇年ごとに審査され、投票中、罷免を可とするものが多い場合には罷免されることになっている（憲法七九条二、三項）。この制度は、国民が最高裁裁判官の任命人事を直接的にチェックし、コントロールする強力な制度であるが、現実にはうまく機能していない。

（時事教養一九七五年五月号）

一九七七年

鬼頭問題を生んだ司法の土壌

一　罷免された判事補

いわゆる鬼頭問題といわれる事件には、三つの事件が含まれている。その一は、検事総長ニセ電話事件である。これは、鬼頭史朗判事補がロッキード疑獄事件の捜査に関連して、昨〔一九七六〕年八月四日、布施検事総長の名をかたって三木武夫首相に電話をかけ、中曾根康弘不逮捕、田中角栄起訴の指示をひきだそうとし、そのやりとりを録音テープに収めた。そして、この録音テープを読売新聞社に持ち込んで、三木首相の政治的失脚をねらった、といわれる事件である。

その二は、身分帳閲覧事件である。これは、鬼頭判事補が一九七四年七月二四日、網走刑務所に赴き、研究のためと称して、共産党の宮本顕治氏の身分帳を閲覧し、写真撮影やコピーなどの方法で資料として入手した。そしてこの資料を外部に流した、といわれる事件である。

その三は、大阪地検捜査介入事件である。これは、鬼頭判事補が一九七四年三月に、右翼雑誌の編集長と名のる男と一緒に大阪地検を訪れ、自由新報（自民党機関紙）が共産党代議士の名誉を毀損《きそん》した事件について、不起訴にするよう圧力をかけた、といわれる事件である。

これらの事件について鬼頭判事補は、身分帳の写真撮影は刑務所長の許可を得ておこなったものであり、またこの資料を外部に流した事実はないこと、ニセ電話の録音テープを読売新聞社の記者に聞かせたことはあるが、報道させる目的でやったのではなく、また自分はニセ電話の主ではないこと、大阪地検に行ったことはないこと、などを主張している。

最高裁判所は、ニセ電話の主を鬼頭判事補とほぼ断定しつつも、録音テープを読売新聞社に持ち込んだ点だけでも、裁判官としてふさわしくない非行であり、罷免する理由になるとして、昨年一一月一九日に訴追請求をおこなった。これをうけて裁判官弾劾裁判所は、今年にはいって審理を始めた。鬼頭判事補は、いろいろな口実を設けて出席を拒んだので、欠席のまま審理を進め、三月二三日に罷免の判決が下された。一方、検察当局は、官名詐称（軽犯罪法）の容疑で捜査していたが、三月一八日、鬼頭判事補をニセ電話の犯人と断定し、これを起訴した。

二　裁判所内の黒い影

鬼頭問題の大筋は、右に述べたとおりだが、これらの事件の背後関係に目を向けるとき、鬼頭判事補の奇怪な言動が浮かびあがってくる。その言動から、鬼頭前判事補と右翼、公安当局、政界との間につながりがあることは、じゅうぶんうかがわれるが、各種の報道の伝えるところを総合すると、その関係は、かなり奥深いものがあるようだ。

鬼頭問題に関連して、私がここでとくに指摘したいと思う点は、右翼的政治勢力や公安当局が裁判所内にも黒い影を及ぼし、それに連なる人脈を生みだしているという事実である。このつながりは、実はかなり以前から、断片的に表面化していた。たとえば、一九六七年秋に、「裁判所内の共産党員」と題する特集を組んだ右翼雑誌が、大量に各裁判所に配布されたことがある。また、裁判官の任用に当たって、公安当局の資料が用いられている形跡があるし、一九七一年に名古屋公安調査局の調査官が、ある裁判官に対し情報提供を求めたこともあったのである。これらの事実は、右翼的政治勢力や公安当局とのつながりが、司法行政当局のレベルから裁判官個人のレベルにいたるまで、かなり深く進行している事実の一端をのぞかせるものである。そして、今回の鬼頭問題は、もっと端的な形で、このつながりを国民の前に明らかにした。「この問題が明るみに出たら、私一人だけの問題ではすまなくなる」とか、「(名前を明かすと)身の危険がある状態」だとかいった鬼頭前判事補の奇怪な発言には、たんなる虚言、放言として聞きすごすことのできない重要な点が含まれているように、私には思われてならない。

三　根源は青法協攻撃

右にみたようなつながりは、いったい、どのようにしてつくられてきたのだろうか。そのくわしいことをここで述べることはできないが、一九六七、八年ごろから始められ、ついには宮本康昭判事補の再任拒否にまで及んだ〝青法協攻撃〟が、その大きなきっかけをなしたのではないか、と私は考える。最高裁は、憲法擁護のための研究、啓蒙を目的とする青年法律家協会に所属する裁判官を、偏向裁判官だとして、この新任や再任を拒否してきた。そして、この青法協攻撃を通じて、一般裁判官の思想統制をしてきた。このような方策は、裁判所の内部での熱心な協力者なしには、成功がむずかしいが、この役割を忠実に果たした裁判官が鬼頭判事補だったとみられるのである。

鬼頭判事補は、事件発覚後、六回にわたって最高裁の調査をうけているが、その最後の昨(一九七六)年一一月一八日の調査のさい、自分が青法協問題に深い関心をもち、青法協攻撃に尽力したため、他の裁判官などから「いじめられる」ことがあったのに、最高裁当局は何ら防衛措置をとってくれなかった、実はこのような事情が、事件の「背景」にあるのだ、と述べている。鬼頭前判事補のこのような不可解で、一見奇妙な発言のなかに、はしなくも彼と最高裁当局との、それまでの関係がのぞいている、といえなくもない。

このように考えてくると、鬼頭問題は、最高裁が進めてきた裁判官の思想統制策が生みだしたものだ、という見方も成り立つように思われる。その意味でも、鬼頭問題の根は深いのであり、鬼頭判事補ひとりを罷免して解決するような問題では、決してない。裁判所にとっていま何よりも必要なことは、司法行政をつかさどる最高裁は、うわさされるような政党、公安当局、右翼的勢力との癒着を断ち切って、みずからの姿勢をただし、司法の独立を守り、鬼頭前判事補のような奇怪な動きが、裁判所内で生ずる余地をなくすることであろう。

(時事教養一九七七年五月号)

〔補記〕鬼頭史朗判事補は、ニセ電話事件につき、一九七八年一一月二〇日渋谷簡裁より有罪判決を受けた。東京高裁も

一九八〇年二月一日控訴を棄却。最高裁一九八一年一一月二〇日決定も上告を棄却（確定）。

一九七八年

予断と偏見

最近、最高裁判所は、布川事件について被告人の上告を棄却した。これで桜井昌司、杉山卓男両氏の無期懲役が確定したわけだが、この決定には法律学を学ぶ者にとって見逃すことのできない問題が含まれているように思われる。

布川事件とは、いまから一一年前の一九六七年夏の夜に茨城県の布川町でおこった強盗殺人事件である。事件発生から四〇日以上もたってから、犯人として当時二〇歳をすぎて間もない桜井、杉山両氏が別件逮捕され、自白した。両氏の有罪の証拠は、この自白のほかには、犯行時刻に近い時刻に現場に近いところで両氏の姿を見たという「目撃」証言があるだけで、物証はない。

両氏は、第一審以来、一貫して無実を主張してきた。そして、自白は任意にしたものではなく、その内容も信用できないこと、また「目撃」証言も、日時や人物の識別の点などであやふやで信用できないこと、別件逮捕など違法な捜査が行われたことなどを主張し、争った。ところが最高裁は、上告してから四年半もたってから、口頭弁論も開かずに、被告人側の主張をしりぞけた。

わたくしは、両氏の無実の訴えに接し、清水誠氏（東京都立大学）らと布川事件法学者研究会をつくり、事件記録をよむなどして調査し、無実である疑いがきわめて強いと考え、最高裁に、口頭弁論を開き慎重で公正な審理をするように要望してきた。

しかし、いま最高裁の決定を精読し、わたくしたちの期待は裏切られたというほかはない。この決定はかなり長文でくわしいものであるが、捜査の実態を無視した予断と偏見が随処に読みとれるように思われるからである。

たとえば、両氏の自白は、奪取金額や配分額などについて、くいちがいがあり、しかもくるくる変転している。この点について最高裁は、故意に供述を変えて後に至って犯行を否認する足がかりにしようとしたのだと推認している。そしてその根拠として、自白の変転の都度、調書に記載されている被告人の弁解をあげている。ところが、これは、いいわけの体を全くそなえていない代物であり、しかも多少とも捜査の実態を知る者には捜査当局の作為のあとが容易にみてとることができる体のものなのである。

この決定には多くの裁判官や調査官の目が通っているのに、なぜこのようにずさんな「推認」がいとも無雑作に安易になされるのだろうか。万が一にも誤判の悲劇を生んではならないという厳しく張りつめた気魄がこの決定には感じられないのはなぜだろうか。

（受験新報一九七八年九月号）

［補記］二〇〇五年九月二一日、水戸地裁土浦支部は、第二次再審請求につき再審開始決定を出した。現在、即時抗告中。

一九七八年

背景をなす人権軽視の態度

「弁護人抜き裁判」特例法案

周知のように、必要的弁護制度に例外を設けようとする「刑事事件の公判の開廷についての暫定的特例を定める法律案」（いわゆる「弁護人抜き裁判」特例法案）（以下、本特例法案という）は、第八四通常国会ではついに成立せず、継続審議とされた。この法案の成立にかけた自民党、法務省及び最高裁判所の意気込みは、かなり強いものであった。それは、三〇日間の会期延長の狙いがいわゆる日韓大陸だな協定と本特例法案の成立にあったといわれたほどであり、また、世論工作もかなり大がかりに行われた。自民党と法務省は、各種のパンフレットやビラを作って大量に配布したり、法務省の参事官を動員して本特例法案の必要性を新聞や雑誌などでくり返し主張させた。また最高裁判所も、岡原昌男長官みずからくり返し本特例法案の必要性を説くという異例の行動に出た。本年初頭の裁判所時報紙上でのあいさつ、一九七八年五月二日の記者会見での発言、六月八日の全国高裁長官地家裁所長会同での訓示がその例であるが、なかでも記者会見での岡原発言は、最終的な違憲法令審査権をもつ最高裁判所の長としてあるまじき発言であるとして世論の厳しい非難をこうむり、訴追請求がなされたことは、記憶に新しい。

自民党・法務省・そして最高裁判所のこのような異常な熱意にもかかわらず、そしてまた成田空港管制塔襲撃事件の発生を契機として過激派対策強化論が強まるという特殊な社会的、政治的状況の進行にもかかわらず、ついに本特例法案の成立には至らなかったのである。

その原因としては、いろいろなものが考えられるだろうが、何といっても、日本弁護士連合会を中心とする在野法曹の強い反対、朝日、読売、毎日などマスコミ批判的態度、大方の刑事法学者の強い危惧の念、岡原発言問題を契機とする市民団体・労組等の反対運動の急展開などがあげられるであろう。

一　なおも続く三者の工作

このようにして継続審議となった本特例法案の成立に向けて、現在でも自民党・法務省・最高裁判所の工作が続けられている。例えば、瀬戸山三男法務大臣は、七月四日の全国検察長官会同で、本特例法案の一日も早い成立を期する旨の訓示を行っているし、また最高裁判所（刑事局）は、同月に「刑事事件の公判の開廷についての暫定的特例を定める法律案の背景について」と題する文書を作成して全国の刑事事件担当裁判官に配布して内部がためを行っている。この文書は、「無軌道な被告人及びその意をうけた弁護人の不当な行状」の例として、連続企業爆破事件と連合赤軍事件の裁判の例をあげ、法廷の混乱や審理ストップの原因が裁判所の「強権的訴訟指揮」にあるのではなく、弁護士会で有力な行き方にあることを主張している。その弁護士会の行き方とは、「弁護人は、自己の判断に固執すべきであって、裁判所がこれと異なる判断を示した後においても、直ちにこれに従う必要はない。しかも自己の判断を裁判所に押しつける手段は法的なものに限局されないというような行き方」だ、というのである。そしてこの文書は、本特例法案の立法を支持すべきことを明確に主張している。

いずれにせよ自民党・法務省・最高裁判所は本特例法案の成立に強い意欲をもっており、したがってこれが来るべき臨時国会か通常国会かのいずれかにおいて再び与野党の激しい攻防の対象となることは間違いないところであろう。では自民党・法務省・最高裁判所は、何故本特例法案の成立に対し異常な熱意をもやすのであろうか。

二 「弁護人抜き」に潜むもの

本特例法案の内容は、いわゆる必要的弁護制度（一定の重大な事件については弁護人が在廷しなければ開廷し審理することができないとする制度）の例外を新たに設けて、「訴訟を遅延させる目的」で行われた弁護人の解任や辞任、「正当な理由がない」弁護人の不出頭、裁判長の許可をうけない弁護人の退廷、退廷命令による弁護人の退廷の各場合で裁判所が「相当と認めるとき」には弁護人が不在のまま開廷して審理を行うことができるとするものであって、しかもその際に被告人が「弁護人の援助をうける意思」をもっているか否かは事実上は顧慮されない仕組みとなっている。

ではその立案理由はなにか。政府関係者の説明を総合すれば、最近一部の過激派事件の裁判で被告人・弁護人によって法を無視した裁判妨害が行われ、訴訟遅延が生じており、これを放置すれば司法の権威は地に落ち、法秩序が乱れる、というのが立案理由の骨子であるように思われる。

しかし、このように極めてあいまいで広い要件のもとに、被告人の「弁護人の援助をうける意思」の有無のいかんにかかわらず一方的に「弁護人抜き」の審理を行うことを認めることは違憲の疑いがきわめて強い。何故ならば、憲法は、被告人の劣弱な地位を強め、手続的正義を貫くために刑事弁護制度を極めて重視し、被告人に対して「弁護人の援助をうける権利」を保障しており(三七条)、この権利を被告人の意思如何にかかわりなく一方的に剥奪することを許していないと考えられるからである。

もっとも、右のような批判に対し本特例法案の推進論者は、本特例法案が必要的弁護の例外を認めようとしているのは被告人が右の権利を「放棄」ないし「放棄したと擬制」しうる場合であるから違憲の疑いはない、と主張している。しかしながら、この主張は、本特例法案の内容をよく検討すれば、根拠のない主張である。このことは、弁護人に対する退廷命令の場合ひとつをとってみても明らかであるといってよい。何故なら弁護人が訴訟指揮(たとえば発言禁止)に従わずに弁護活動(たとえば公訴棄却の主張)を続けて退廷を命じられ、被告人がその弁護活動を制止しようとしなかったという場合、被告人が「弁護人の援助をうける権利」を「放棄した」とか「放棄したと擬制」しうる合理的根拠があるとは到底考えられないからである。

権利の放棄とかその擬制の理論は、本特例法案を支えうるものでは決してない。むしろ、本特例法案の骨格をなしている考え方は、実は、「司法の権威」と「訴訟促進」のためには被告人の「弁護人の援助をうける権利」が「剥奪」されても已むをえない場合があるという緊急事態的な考え方であるといってよい。

三 欠落する人権擁護の姿勢

しかし、一般的にいって右のような緊急事態的思考による基本的人権剥奪の容認がいかに危険で有害なものであるかは、多言を要しないところであろう。事柄を本特例法案の問題に限ってみても次のような点で問題がある。

第一に、この種の考え方によって事態の正確で冷静な把握と評価が妨げられることである。現に、事態を冷静かつ客観的にみれば、現在ではいわゆる「過激派事件」の裁判においても自民党・法務省・最高裁判所が問題とし、立案理由とする異常事態なるものはみられない。このことは法務省関係者が国会で認めるところでもある。にもかかわらず、あたかも現在も異常事態が続いているの如き主張がなされることが少なくない。

第二に、この種の考え方によれば、被告人の権利の剥奪のために「司法の権威」とか「訴訟促進」とかがあたかも批判を許さない(又は検討の余地のない)絶対的観念であるかの如く措定される点である。被告人の基本的人権を剥奪して守られる「司法の権威」なるものが、基本的人権の擁護を任務とする民主主義司法にとって果して真の意味での権威たりうるかという当然の疑問があるにもかかわらず、である。

第三に、この種の考え方には剥奪しようとしている被告人の権利の重要性の認識が欠落していることである。近・現代の基本的人権のカタログの中で刑事手続上の人権の占める地位は極めて大きい。このことは、思想の自由を国家の刑罰権から守るについて刑事手続上の人権がいかに重要であり、必須、不可欠であるかを考えればおのずから明らかである。そして刑事手続上の人権が、弁護人の援助をまって始めて現実には行使可能となることを考えあわせるならば本特例法案の立法には躊いがあって然るべきである。ところが、この種の緊急事態的発想には、このような躊いがみられない。

このようにみてくると、本特例法案を支えているものは、まさにファシズム的発想であるといっても決していいすぎではないように思えてくる。その意味でも、本特例法案の今後の推移について国民的な関心と冷静な批判が注がれなければならない。

(東京大学新聞一九七八年一〇月九日)

[補記]「弁護人抜き裁判」特例法案は一九七九年に廃案となった。

1980年—1989年

一九八〇年

青少年をめぐるイデオロギー攻勢と少年法改悪

一　問題の重要性

はじめにお断りしておきますが、私は別に青少年政策についての研究を専門としてきているわけではありません。今日報告することになりましたのは、実は昨（一九七九）年の日本民主法律家協会第一二回司法制度研究集会において、「基調報告・八〇年代の司法政策と国民運動の課題」（『法と民主主義』第一四四号四頁以下）を報告するなかで、イデオロギー的な統合工作が八〇年代に進行するだろうという見通しを述べ、そのなかでとくに青少年に対するイデオロギー工作が焦点になるだろうと述べ、そして中教審答申が一九七〇年代の初めに出され、さらには最近、青少年問題審議会が「青少年の社会参加」という答申を出しており、これらの答申に注目すべきであると述べたからです。

そこで今日はこの報告とのかかわりにおいて、青少年政策を、私なりの観点からもう少し立ち入ってながめてみたい、そして問題を提起してみたいと思います。

ご承知のように、最近また非行が非常に増加し、かつ深刻化、問題化しております。一口にいって最近の非行問題は、繁栄の落し子であるとか、高度成長の産物であると言われております。そういう言い方に代表的に表れておりますように、一九六〇年代後半から、とりわけ顕著に展開された高度成長経済政策のなかで少年に関するさまざまの状況が変化し、そのなかで非行問題が深刻化してきたことは大方の論者が認めているところだと思います。

少年法「改正」の動きというものを経過的に見ますと、多少の前後はありますけれども少なくともこの非行問題の深刻化に対する対策というかたちで打ち出されてきているといえると思いますが、この少年法「改正」の動きは、一口にいって警察、検察を少年非行対策ないしは少年法の担い手たらしめるところに狙いがある、と捉えることができると思います。

そしてその底には、警察、検察が少年非行の取締りを通じて少年をとりまくいろいろな環境、たとえば家庭、学校、地域、職場に対する支配、管理、監視を強めていくという大きな戦略・路線が秘められているということもすでに指摘されています。

家庭、学校、地域、職場ということになりますと、これらは、社会における人間関係の基礎単位です。この基礎単位における基礎的人間関係に、だれもが関心を持っている少年問題を通じて、検察・警察が介入していく動きとして、少年法「改正」の動きを捉えることができると思います。

このことは、イデオロギー政策の問題としてみますと、少年問題というものを国民のイデオロギー的統合の要《かなめ》として捉えるという視点を警察、検察に与えるものであります。

かつてわが国の警察、検察は、思想問題を通じて、国民のイデオロギー的な統合の要としての役割を果たしてきました。戦前において、家庭、学校、地域、職場のすべてのところに、思想問題の専門家として警察、検察が大きな発言権を持ち、それがイデオロギー的統合の要としての役割を果たしてきたのでした。

いまは少年非行問題というものが思想問題と同様の位置づけをもって設定されつつあるのではないか。そういう意味において、青少年に対する警察、検察のイデオロギー工作を取りあげ批判することの重要性が浮かび上がってくるように思います。

一九七八年八月号の『法律時報』が「現代の非行と法」という特集をしたことがあります。このなかで若い刑事法研究者が少年補導の問題を取りあげて、かなり詳細に、一部の少年法「改正」反対論者に見られる警察・検察＝悪玉論に対する反駁を展開しております。

たとえばヤングテレホンコーナーなどを批判する者もあるけれども、しかし少年の身近に親身になって相談にのってくれる人がいない現状を踏まえるならば、非行化を防止する活動はだれかが、またどこかの機関かがやらなければならないし、警察がその必要性を感じて、敏感に対応するのは当然ではないか、と言っています。

しかし、このような論述が出てくるということの背景には、先ほど申したような、警察、検察による青少年取り込み工作、イデオロギー工作についての認識不足があるように思います。

二　少年法改悪の背景

そこで、少年法「改正」の動きを生み出したもの、そのイデオロギー的な背景について述べたいと思います。

少年法「改正」の動きは一九六〇年代から始まっているわけですが、七〇年代に入ると支配層からさまざまな青少年政策というものが打ち出されます。たとえば一九七一年に中教審の最終答申、さらに同じ年に社会教育審議会の「急激な社会構造の変化に対応する社会教育のあり方について」という答申が出されます。

また、一九七二年になりますと、青少年だけを対象にしたものではありませんけれども、経済同友会が「七〇年代の社会緊張の問題点とその対策試案」という文書を、さらに日本経済調査協議会が「新しい産業社会における人間形成――長期的観点から見た教育のあり方」という文書を打ち出します。

そしてこれにあたかも応ずるかのごとく、青少年問題審議会が一九七二年に「青少年に関する行政施策の基本的な考え方について」という答申を出します。また同じ年に警察庁が「七〇年代の警察――激動と変化への対応」という文書を出します。

これらを総合して見てまいりますと、青少年に対するイデオロギー攻勢が非常に組織的にさまざまな形をとってかけられてきていることがわかります。

これらの文書に現われている基本的な考え方は、家庭、職場、地域、学校という人間関係の基礎的な単位というものを、一九七〇年代以降の将来を見越して再編成するというものです。そして、国民ひとりひとりをその再編成された基礎単位＝「共同体」に完全に取り込んでいく、それへの帰属と忠誠とを求めるイデオロギーを打ち出し、それに取り込んでいく、というものです。

こういう考え方の流れの中で、少年法「改正」がどのように位置づけられているかと申しますと、まず「七〇年代の警察」のなかにはっきりと打ち出されていますように、家庭、学校、職場、地域という基礎単位＝「共同体」の統合の役割を果たすものとして警察が非常に積極的に位置づけられていることが注目されます。それが「市民警察」と呼ばれているものの中身です。

そして具体的には、たとえば少年警察の専門家の養成や補導・保護組織の整備などがうたわれています。また、処遇の適正化なども含めて、少年法「改正」の方向性が警察の立場から打ち出されています。

その後の七〇年代における少年警察の発展はまさしくこの方向に沿って進められています。とりわけ街頭補導の活発化、ヤングテレホンコーナーなどを含む少年相談の充実、学校・職場との日常的な連携の強化などを通じて、警察は、少年を媒介にしながら、家庭、学校、地域、職場に非常にキメの細かい取締りと操作の網の目をはりめぐらしつつあるというのが現実だと思います。

少年法「改正」は、そういう現実の少年警察の動きを追認し、さらにそれを拡大するという位置づけになっていると思います。

三　少年をとりまくイデオロギー状況

以上が報告の第一ですが、第二に少年をとりまく今日的なイデオロギー状況に触れたいと思います。この問題を取り上げる前に、一九八〇年代における統治政策とそのイデオロギーについて簡単に触れておきたいと思います。この点については昨〔一九七九〕年の日民協司法制度研究集会でも報告したのですが、その後あらためて見なおしてみますと、一九八〇年代における戦略ないしは基本的な路線として次のようなものが統治政策側によって設定され実施に移されていると思います。

経済的な側面から見ますと、第一に徹底した減量経営、第二に産業構造の転換、第三に地方の収奪（これは地方の重視ということにもつながっていきます）、第四に軍需の拡大化です。

このような経済政策に沿って、総合安全保障政策あるいは有事立法を含む政治の反動化、ファッショ化が追求されています。

また、このような政策を支えるイデオロギーとしてどういうものが打ち出されているかといいますと、この点については多くの文書が出されています。たとえば一九七九年八月に閣議決定されました「新経済社会七カ年計画」です。これは、単に経済政策だけではなくて、教育問題も含めたイデオロギー問題についても総合的検討を加えた非常に注目すべき文書であります。そのなかで、今日の報告と関連してみますと、「新しい日本型福祉社会」という構想ないし概念が打ち出されております。

この「新しい日本型福祉社会」とはどういうものかといいますと、文書では次のように述べられております。

「高度経済成長のなかで日本人は個人として、また職場においてその活力を十分に発揮してきたけれども、ともすれば家庭や近隣社会の人間的なつながりを見失いがちであった。今後日本人は生活における潤いのある人間関係を取り戻して、そのうえに充実した豊かな生活を築くことに努めるであろうが、その場合に、家庭づくり、近隣・地域社会づくり等、生活の各断面における条件整備を重視し、そのための施策の整合化、総合化を図る必要がある。そして健康でゆとりのある田園都市国家構想の施策の展開を図らなければならない。このようにして個人の自助努力と家庭や近隣・地域社会の連帯を基礎としつつ、効率のよい政府が適正な公的福祉を重点的に保証するという、自由経済社会の持つ創造的活力を原動力としたわが国独自の道を選択、創出する、いわば日本型ともいうべき新しい福祉社会の実現を目指すものでなければならない。」

このように個人の自助努力と、家庭や近隣・地域社会等の連帯ということに公的な福祉の重点を置くというのが、「日本型福祉社会」と彼らが呼んでいるものであり、ここから出てくるのは、家庭と近隣社会との連帯、そしてまた田園都市国家構想というものであります。

また「新経済社会七カ年計画」は、教育政策についても触れており、国民の生涯教育ということを打ち出していきます。

ところでこの文書に出てくる田園都市国家構想なるものについては、「田園都市国家構想」という文書があり、それがこの構想をくわしく述べております。この文書は一九七九年四月に大平正芳氏の私的な政策研究会である「田園都市国家構想研究グループ」が作ったものです。

それによりますと、「田園都市国家の道標」としていくつかが挙げられております。列挙いたしますと、新しい国づくり、街づくり、文化、人間と自然との調和、人と人との心の触れ合い、などであります。この「人と人との心の触れ合い」のなかに青少年問題が位置づけられておりますが、この点は重要ですので紹介しておきたいと思います。

「わが国の場合、近代化のなかで生じてきた多くの問題は、家庭、職場などの帰属集団の外側や帰属集団相互の境界領域に集中して現れているように思われる。たとえば成人しようとする前の青少年、社会参加を求める家庭婦人、転換期の中年層」等々で、「このような人たちに豊かな人間関係の安定と持続を可能にするような社会組織や制度面での新しい工夫が加えられる必要がある。」

そして家庭基盤の充実、日本型福祉、生涯教育というようなものが、その中に位置づけられていくわけです。

さらに、この構想には、個性ある地域社会、民間の自発性と活力の尊重、そして「世界に開かれた社会を目指して」という項目があり、地球時代に向けての共同体を形成していくことを打ち出しています。

このようなかたちをとって打ち出されている国家構想、社会構想の実態はどういうものかといえば、それは独占による地方収奪、あるいは地方の「都市化」といえると思います。

それと同時に注目しなければならないのは、この高度経済成長のなかで政治権力や独占資本の手によって破壊され、解体を余儀なくされた「共同体」を国家権力の手によって再編強化するという構想が非常に明確なかたちで打ち出されていることです。

いうまでもなく国家はいきなり国家であり得るわけではなくて、さまざまな共同体的なものの積み重ねが強固な国家にはどうしても必要なわけです。その共同体はもちろん社会の一つの基礎単位でもあるわけですが、この共同体を国家の側が取り込んでいくことが強固な国家を作るうえで必須の条件であります。この作業を、田園都市国家構想なるものが非常に明確に自覚的なかたちで打ち出している点は注目すべきであります。

またイデオロギー的に注目しなければならないのは、その「共同体」への国民の帰属意識を培養しようとしていることです。これがイデオロギー工作の焦点となっているのであります。

たとえば中教審が七九年六月に「地域社会と文化について」という答申をしております。これは地域を非常に重視し、民間の活力を利用しながら、地域社会における文化を発展させるべきことを打ち出したものでありますが、この地域社会の文化ということを、先ほど申したような脈絡のなかでとらえてみるならば、やはり一つのイデオロギー的性格を持っているということがいえると思います。

そのほか教育関係について項目だけ申しますと、一九七九年六月に中教審から「生涯教育に関する小委員会報告」が、一〇月には経済同友会から「多様化への挑戦」という文書が出ております。さらに関西の経済同友会から「教育改革への提言——二十一世紀への参画」が出ております。

一方、家庭の問題については、自民党が一九七九年六月に「家庭基盤の充実に関する対策要綱」を打ち出しております。今日のテーマに関連するものとして注目すべきは、家庭基盤の充実を打ち出すなかで、青少年対策、非行少年の問題に触れていることです。つまりこの対策要綱のなかで「少年の犯罪発生率の上昇傾向に対処するため、法務、警察機関により非行青少年の補導の強化を図る」ということを打ち出しているのです。

この文書は、家庭というものが社会の基本単位であってもっとも基礎となる生活共同体であるという認識に立って、家庭の再編成を図ろうとした綱領的な文書になっています。そのなかで非行青少年に対する対策として、警察、検察の補導が重視されているということは非常に注目されるところです。

以上のような動きに加えて、さらに青少年政策を真正面から打ち出したものとして注目すべきものに、青少年問題審議会が昨（一九七九）年七月に意見具申しました「青少年と社会参加」があります。この文書は今日の時点における青少年に対するイデオロギー政策を非常に集約的に特徴的に表わしたものだと思いますので、やや詳しくその内容を紹介しつつ、その特徴を探ってみたいと思います。

なぜ青少年問題審議会が今日の時点において社会参加という問題を青少年政策の問題として取り上げたかについて、審議会は四つ挙げております。第一に青少年の非行の増加、第二には青少年の異端的な傾向、第三には自殺の増加、第四には三無主義などに見られる逃避的な傾向です。この四つの憂うべき問題が起きているという認識であります。

その一方において、現代は転換の時代であるという認識に立って、この転換の時代にあっては青少年への期待が非常に大きいという観点から、先ほど申したような青少年に見られる四つの問題を積極的に解決する方策を打ち出すために、社会参加の問題を取り上げた、というのです。

そして社会参加ということを詳しく検討しているわけですが、注目すべきは、それを所属・帰属意識、役割分担、積極的な役割、そして奉仕というかたちで捉えようとしていることです。

ここでわれわれが注意しなければならないことは、社会参加ということが少年の所属する単位集団への帰属という型で捉えられ、そのイデオロギーに焦点が当てられているという点です。

このような帰属意識として捉えられた社会参加に欠けているのは、社会変革への参加という観点です。社会的な参加というのであれば欠落してはならない視点が、完全にドロップしているところに一つの特徴があると思います。これはまさしく「帰属のイデオロギー」であり、「従属のイデオロギー」であるといっていいと思います。

そしてこの観点から、青少年問題審議会は、家庭における青少年の社会参加、仲間集団への参加、学校における参加、職場における参加、さらには青少年団体、各種グループへの参加、地域社会等のコミュニティー形成への参加、公衆としての参加、国民としての参加、国際社会への参加というように各単位における参加の問題を論じています。「帰属のイデオロギー」がいろいろな具体的な問題を通して次々に打ち出されているわけであります。

四　警察――イデオロギー統合のカナメ

次に、国民統合のイデオロギーと少年警察ということを述べて最後のまとめにしたいと思います。右のように、現在、青少年をとりまく状況は、「共同体」の再構成、その共同体への青少年の権力的な帰属意識の培養であり、そのような「共同体」のイデオロギー的な統合の要をなすものとして、警察が考えられています。冒頭に述べました「七〇年代の警察」という文書をこの観点で読み直してみますと、この文書が非常に重要なものであることに改めて気づきます。

家庭、職場、地域、学校などの基礎単位をすべて管理し、掌握し、イデオロギー的にも統合するような立場に立ち得る機構は警察をおいてはないと思います。もちろんイデオロギーでありますから、警察だけではなくて、それを専門的に扱う機関がいろいろとあるわけですが、しかしなんといっても全国津々浦々、末端に至るまでの機構を有し、それについての触角を働かせ、イデオロギーの権力的な浸透をはかり得るのは警察機構ということになります。まさに警察は共同体の監視、規制、管理の役割を持つものとして位置づけられており、それが「市民警察」といわれているものの実体なのであります。

少年非行問題は、そういう警察の戦略のなかにあって非常に重要な位置を与えられており、少年法「改正」の持っている重要性というものをそういう観点から捉えることができると思います。

以上、不十分な点もあるかと思いますが、討論のなかで深めていただきたいと思います。

（法と民主主義一四六号、一九八〇年四月。シンポジウム報告）

［補記］少年法「改正」のその後の動きにつき本書一六〇頁、二二八頁、二八〇頁参照。

一九八〇年

相次ぐ再審開始とその背景

一　従来はまれな例外

最近、重大事件で再審が開かれることがめだつようになった。昨（一九九九）年だけでも、六月には財田川事件についての二度目の再審請求に対し高松地方裁判所が再審開始の決定を下したし、九月には免田事件についての六度目の再審請求に対し福岡高等裁判所が再審開始の決定を下した。また一二月にも、松山事件について仙台地方裁判所が、二度目の再審請求に対し再審開始を決定した。

もっとも、これらの開始決定に対し、検察側は不服を申し立てて争う態度を示しているので、再審が開始されるかどうかについての最終的な結論は、まだ確定していない。

このように、重大事件について裁判所みずからが誤判ではないかと疑い、積極的に再審を開いて裁判をやり直すようになったのは、ここ数年のことだといってよい。一九七六年に、弘前事件、加藤事件、米谷事件の三つの重大事件について、つぎつぎと再審が開かれ、どれも無罪となったのが、このような新しい流れの始まりだった。

それまでもいろいろな事件について再審が請求されてきた。しかし、その請求が認められることはきわめてまれで、一九六二年に吉田巌窟王事件で、吉田石松さんの五度目の再審請求が認められ、翌年無罪となったのは、当時としてはほんとうに例外的なできごとだった。

二　再審の考え方転換

ところが、すでに述べたように、この数年のあいだに様子が変わり、重大事件について再審開始の決定が下されることが決してまれなことではなくなった。これは、誤った裁判がなされたという被告人側の主張に対し、裁判所が謙虚に耳を傾け、その主張にかなり根拠があって有罪判決に合理的な疑いが生じたと考えられる場合には再審を開いて裁判をやり直すべきだ、という考え方をとるようになったためである。この考え方は、「疑わしいときは被告人の利益に」という刑事裁判の基本原則に忠実に従い、誤判に泣く者をできるだけ広く救済しよう、という思想にもとづいている。

それまで裁判所は、このような新しい考え方をとらなかった。有罪判決が誤っていることが、疑う余地がないほどに明らかであるときに限って、裁判をやり直すべきであって、有罪判決に合理的な疑いが生じた程度ではやり直すべきでないという考え方が裁判所では一般的だった。この旧来の考え方は、再審を開いて一度確定した有罪判決を動かすのは裁判の権威を低めるものであり、軽々しく再審を開くべきでない、という思想にもとづいていた。

再審についての二つの考え方の対立は、人権重視の考え方と裁判の権威重視の考え方との対立だといってよいが、人権重視の考え方のほうが憲法の精神にそっていることは、説明する必要もないくらい明らかである。

三　恐るべき人権侵害

誤った裁判によって無実の者に罪を着せ、刑罰を科すことは、許すべからざる大きな不正であり、実に残酷な人権じゅうりんである。誤判は、決して存在してはならない。ところが、誤判は現に存在する。この恐るべき事実に目をつぶることはできない。

松山事件がその例である。それは一九五五年、宮城県の松山町で起こった強盗殺人（一家四人殺し）と放火の事件である。この事件の犯人として、斎藤さんという青年が逮捕された。斎藤さんは、警察のいろいろな手段を使った取り調べに対して一度はウソの自白をしたが、のちに自白を撤回し犯行を否認した。しかし、斎藤さんは一九五七年、仙台地方裁判所で死刑の判決をうけた。この死刑判決は、仙台高等裁判所と最高裁判所でも維持され、一九六〇年に確定した。

では、この死刑判決の証拠とされたものは、いったい、何だったのだろうか。そのおもなものは、自白と掛け布団、ジャンパー、ズボンであった。しかし、自白には不自然で不合理な点が多く、警察に誘導されて無理やりしゃべらされた跡があるものであった。また、犯行時に斎藤さんが着用し、返り血がヌラヌラするほどについたとされるジャンパーとズボンには、いくら検査を加えても血痕の跡がみられなかった。さらに、斎藤さんが犯行後に家に帰って寝たとき掛け布団のえり当てに八十数群におよぶ血痕がついたとして、掛け布団が有罪の証拠とされた。しかし、実はこの血痕群も、掛け布団を警察が押収したときにはついておらず、その後につけられたものではないか、という深い疑いがもたれていた。

このように、有罪の証拠とされたものは、疑わしいものばかりであったのに、斎藤さんは有罪とされ、しかも死刑の判決を言い渡されたのである。有罪の証拠とされたものが、信用できないものであったことは、昨年の再審開始の決定で明らかにされた。しかし、もし有罪判決を下した裁判所が、捜査機関の主張をうのみにせず、有罪の証拠とされたものについて予断や偏見なしに公正に吟味し、しかも「疑わしいときは被告人の利益に」という基本原則に忠実にそって裁判したならば、どうなったであろうか。おそらく二〇年以上も前に斎藤さんは無罪とされ、その人生の大半を棒にふらずにすんだはずである。

四　再審規定の改正を

不幸にして、誤判は存在する。避けようとしても避けられない誤判だけでなく、避けようとすれば避けられたはずの誤判もまた存在する。このことは、松山事件だけでなく、弘前事件、加藤事件、米谷事件、財田川事件、免田事件なども示すところである。このほかにも再審を請求している事件は、現在、かなりある。

いったん誤判がなされれば、回復できないような損害を、被告人にあたえる。この損害は、のちに再審を開いて誤判を改めても、つぐなわれるものではない。万が一にも誤判を生じさせてはならない。裁判官、検察官、警察、弁護人など、裁判関係者は、そのために最大限の努力をすべきである。それと同時に、誤判をできるだけすみやかに発見してこれを改める再審制度も、じゅうぶん整備されなければならない。

再審についての新しい考え方は、再審制度の運用を変え、誤判を救済するのに大きく貢献してきた。しかし、その一方では、この考え方は裁判の権威を低めるものだとする反感や批判も根強くある。このような反感や批判にうちかって誤判に泣く冤罪者を救済する役割を再審制度がじゅうぶん果たすためには、再審に関する規定を改める必要がある。そうした声が、学者や弁護士のあいだに高くなっている。

（時事教養一九八〇年四月号）

一九八〇年

八〇年代の司法反動とその役割

一　一九七〇年代の司法反動

一九七〇年代には国際的にも国内的にも資本主義の経済的・社会的な矛盾が激化したのみならず、その政治的支配体制そのものが崩壊の危険にさらされるという体制的な政治的危機が進行した。

その危機の深刻さは、実はそれが人間存立の社会的基盤そのもの、ひいては人間そのもの（その生命、人格）の破壊に向かっているという点にこそあるのだが、支配層はむしろその危機の脱出ないし打開を政治的、経済的、社会的、文化的支配体制を反動的に再編し強化することに求めようとしてきたといっていい。すなわち軍事面においては、軍事力の増強（一九七三年四次防）、有事即応態勢の強化（一九七五年ごろから公然化した有事立法問題など）、米日韓の軍事的一体化（一九七八年日米防衛協力のためのガイドライン、日米共同演習の拡大強化など）の動きなどがみられた。また治安の面では、過激派対策の形をとって行なわれた警察力の増強と警察活動の拡大（警察職員数はここ一〇年間に約四割近く増加し、現在では約二五万人となっている）、治安法制の整備、拡大強化（一九七四年法制審議会改正刑法草案作成、一九七七年法制審議会少年法改正中間答申、一九七八年「弁護人抜き裁判」特例法案国会提出など）の動きがみられた。さらに労働の面では、官公労働者に対する労働基本権の規制、民間労働運動右傾化工作、活動的分子の排除、職場活動の規制などが進行した。さらに社会保障政策の後退、公害規制の後退、早期選別教育体制の確立と社会教育・企業教育の拡充強化によるイデオロギー教育の徹底、マスコミ操作の進展などの動きも顕著であった。

このような支配体制の再編・強化策は、巧妙な統治技術を通して打ち出され実施されているとはいえ、その内実において民主主義と基本的人権に敵対しファシズムに強く傾斜したものであり、違憲性の強いものであることは疑いない。そうであるだけに、これらの政策の「正当性」についての国民の「合意」をとりつけるうえで司法（裁判所）によせた支配層の期待は極めて大きいものがあったとみなければならない。

二　支配層は、司法（裁判所）に対し、右にみたような反動的な統治政策を補完・補整し「合法」化するのみならず、それを推進するという積極的な役割をさえ課そうとした。そのために、支配層は、財界、自民党、法務官僚、警察官僚、そして司法官僚が一体となって裁判所、裁判手続、裁判内容の反動的再編にのりだしたのであった。裁判官に対する思想統制および司法官僚制へのくみ込みの強化と裁判手続の強権化とが「青法協攻撃」「公正らしさ論」「裁判官の政治的中立性論」「訴訟促進」「裁判の効率化」などの権力的イデオロギーに粉飾されながら強行されていったが、この過程は法的には裁判官の独立と市民的自由の侵害、裁判所自治の形骸化、訴訟当事者の権利の後退・縮小などの現象として現われた。

また裁判内容の反動的再編の動きは、労働、治安の面でとくに顕著に展開された。全農林警職法事件最高裁判決（一九七三年）に始まった官公労働者の労働基本権に関する判例の後退、反動化はその最も代表的な例である。

三　もちろん、このような司法反動は、裁判所内外の各方面から強い批判と反対をうけた。青年法律家協会裁判官部会の健在や裁判官懇話会の持続と拡大などに端的に示されるように、司法官僚制と裁判官思想統制はいまだ完成していない。また弁護人抜き裁判特例法案阻止闘争の成功、少年法改悪反対闘争、刑法改悪反対闘争の拡大、裁判闘争などにみられるように、司法反動阻止のたたかいは司法反動の進展と完成を阻んできたといってよいであろう。

二　一九八〇年代の司法反動

一　一九八〇年代の統治政策の目標、内容、手段、そのイデオロギーがいかなるものかを今日の時点で予測し論定することはこの小稿では不可能であるが、一九七〇年代に展開された統治政策の到達点と矛盾点の把握を踏まえて考察するかぎりでは、米日韓を中心とする軍事同盟体制を、中国とも連繋する形で一層強化して反ソ包囲網を強め、これを背景に東南アジアに対する支配やさらには中近東における権益を確保していくことと、国内収奪を一層強化していくこととに統治政策の目標がおかれているように思われる。

そして、この目標を達成するための具体的方策として、第一に民主的な諸制度の形骸化の推進がなされるであろう。具体的には小選挙区制の実施、選挙の公営化、選挙運動の規制の強化、政党法の制定、企業ぐるみ選挙の推進、選挙運動に対する警察権力の介入・弾圧の強化などによる議会制民主主義の形骸化、中央官庁による支配の強化や地方自治体の公共部門に対する民間企業経営の導入などによる地方自治の形骸化などの追求が試みられるであろう。

第二に、基本的人権の形骸化、その実質的剥奪が推進されるであろう。具体的には、イデオロギー的操作による国民の権利意識の低下、権利保障の諸装置の改変・再編（司法外処理機関の発達、裁判所の反動的改編の強化）、弾圧による権利の剥奪・侵害（警察権力による弾圧、謀略、職場における職制や第二組合による人権侵害など）、治安立法による権利剥奪（非常事態法や機密保護法の制定、刑法、少年法、刑訴法の改悪、監獄法改正による代用監獄の恒常化）などの実現が追求されるであろう。

第三に、イデオロギー的な工作が推進されるであろう。具体的には、民主的運動に対する分裂工作の浸透、青少年の国や企業に対する「従属」意識の養成（一九七九年青少年問題審議会答申「青少年の社会参加」をみよ）、右翼的ジャーナリズムの養成をはじめとする情報操作体制の強化などがもくろまれるであろう。

二　一九八〇年代の統治政策の目標と主要な内容が右のように民主的諸制度と基本的人権とに対する「形骸化」と「直接的抑圧・侵害」とがないまぜにした極めて複雑で巧妙な形で行われるとするならば、そしてそれを現代日本型ファシズムと規定するならば、この現代日本型ファシズムに対して合憲・合法性を付与しこれを「正当」化することこそ支配層が一九八〇年代の司法（裁判所）に期待するところであるとみなければならない。

三　一九八〇年代の司法政策は、司法（裁判所）に右の役割を果たさせるべく、一九七〇年代のそれに優るとも劣らない反動的な内容と性格をもつものとして展開されるであろう。

まず第一に、裁判所内外における民主的抵抗勢力の排除と懐柔である。青法協所属の裁判官やこれに同調し庇護すると目する裁判官に対する差別、いやがらせは、一層徹底して行なわれるであろうし、一般裁判官に対する官僚的統制も一層強まるであろう。そしてそれと同時に、これら抵抗勢力に対する分裂・懐柔の工作も活発化するだろう。裁判所内の労働運動に対しても、弾圧と分裂・懐柔との巧妙なくみあわせのもとに政策がうちだされていくだろう。司法修習生に対する修習強化、規律厳格化、思想差別（青法協所属者ないしその同調者と目する者に対する裁判官任用拒否）は、さらに進展するだろう。それだけでなく、一九七〇年代において司法反動化阻止のたたかいのなかで重要な役割を果たした弁護士層に対する分裂・懐柔の工作が活発化するであろう。

第二に、裁判手続の強権化・合理化がさらに一層つよめられるであろう。最近法務省は刑事訴訟法について全面的な見直しの作業を始めたといわれる（本年三月五日付読売新聞）。このことは、「弁護人抜き裁判」の先取り的実施や違法な警察活動など（所持品検査や別件逮捕など）、一九七〇年代にみられた刑事手続の運用の反動化の定着（その立法的追認）と拡大がもくろまれていることを物語っているもので、極めて重大である。

第三に、裁判内容の統制の強化が推進されるであろう。これは、最高裁判例至上主義の確立による追随的イデオロギーの浸透（日教組四・一一事件東京地裁判決〔一九八〇年三月一四日〕をみよ）、裁判内容に対する司法行政当局による行政指導（各種の会同、協議会、研究会、研修などを通じてなされる）、裁判官送り込み人事、さらには裁判官に対する勤務評定などを通じてこれまでも行なわれてきたが、これからも一層強化されるであろう。

第四に、最高裁判所判例の反動化が深化するであろう。この傾向は一九七〇年代において労働、治安の分野においてはその基本的路線がしかれてきたとみられるが、軍事、社会保障、公害などをはじめ国民の権利と生活に密接に関わる重要問題についても国益ないし公益重視の観点を盛った判断を示すであろう。その判断の手法は、労働判例にみられる「国民全体の共同利益」や治安・刑事判例にみられる「法秩序全体の見地」というような不明確な一般概念の使用と利益衡量とをないまぜにした、それだけにその反動的性格が巧みにカムフラージュされたものとなるように思われる。

三　司法反動と民主主義司法

一　一九八〇年代における司法反動の内容を右のようにとらえるとき、われわれは、それが国家独占資本主義のもとでの政治反動の一環であるにとどまらず、現代日本型ファシズムという特殊な質をもった反動化の特殊な環としての位置を占めているという点を理解しうるように思われる。

この司法反動に対しわれわれはいかにして対抗しその完成を阻止すべきか。この点を論ずることはこの小稿ではできないが、さしあたり二、三の点を指摘して結びに代えたい。

第一に、権利闘争を再構築し、その基礎にたって裁判闘争を展開する必要があるということである。

第二に、一九七〇年代の司法反動化阻止闘争のなかで擁護してきた司法民主化の諸契機を再確認する必要があるということである。たとえば、裁判所労働者の運動と権利、司法修習生の運動、弁護士の運動と自治権、国民の最高裁判所裁判官審査権、国民の裁判批判と裁判監視の権利、訴訟当事者の訴訟活動の権利などを確認し、理論的にも運動的にも強固なものにすることである。

第三に、一九七〇年代に司法反動によって侵害され形骸化した司法民主化の諸契機、とりわけ裁判官の独立と自治と市民的自由を、民主主義を守りファシズムを阻止するという自覚的観点に立って再構築する必要があることである。いまほど民主主義司法論、民主的裁判官論が必要なときはない。

二　わたくしは、最近、「民主主義司法論序説——国民主権と司法を中心に」（鴨良弼先生古稀記念論集『刑事裁判の理論』一九七九年、日本評論社）、「司法権の独立について」（判例タイムズ三九九号、一九八〇年）、「伝統的裁判官像か民主的裁判官像か——樋口陽一著『比較のなかの日本国憲法』に対する若干の疑問」（社会科学の方法一九八〇年五月号）を書いたが、これは、以上のような問題意識にもとづくものである。本稿とあわせて参照されるよう希望しておきたい。

（労働法律旬報一〇〇一号、一九八〇年六月）

一九八〇年

少年法の岐路

一　少年非行問題の深刻化と少年関係法令の動き

近年、少年少女の非行が数のうえでも増大の傾向を示し、また非行の内容が万引き、自動車強盗、薬物使用、暴走族など「遊び型非行」の広がり、女子の非行の増大、学生生徒（とくに中・高校生）の非行の増加などの特徴を示すなど、問題がいよいよ深刻になっていることは、すでにみたとおりです。

このように深刻化する非行問題に対して家庭や学校などで教育的な観点から、その克服・解決のための努力がはらわれていますが、それと同時に、警察・検察・法務省など治安当局の側から非行取締り体制の強化の試みが系統的になされています。少年法を改正しようとする動きや青少年保護育成条例を制定、または改正しようとする動きがその例です。また、少年非行の防止・取締りのための組織が警察を中心に地域や職場や学校などに作られています。少年補導センター（全国約五五〇カ所）、これに所属するボランティアとしての少年補導委員（約七万人）、少年補導員（約六万人）、学校警察連絡協議会（小・中・高校の九割以上が加入）、職場警察連絡協議会などがそれです。また街頭補導や少年相談（ヤング・テレフォン・コーナーなどもあります）などもますます活発におこなわれています。

二　治安当局の非行対策の要としての少年法改正

治安当局が少年非行問題にたいしてとりくむ基本姿勢となっているのは、一口にいえば警察・検察の少年非行取締り・処理の権限の拡大強化であり、その実現の要《かなめ》とされているのが少年法改正です。

あとでくわしくみるところですが、一九七七年に法制審議会（法務大臣諮問機関）は、法務大臣にたいし、少年法改正に関する中間報告を答申しました。この中間報告は、治安当局のねらうところを盛りこんだものでしたが、法務省内では、この答申にそって少年法改正案づくりがおこなわれており、おそらく近いうちに法制審議会少年法部会に改正案が示されることでしょう。その審議を経たうえで政府は、機会をみて少年法改正案を国会に提出するものと考えられます。しかし、法制審議会の中間答申にたいする関係各方面の批判や反対はきわめて強いので、改正案が提出されてもそのまま成立するかどうか疑問です。いうまでもなく、少年少女の非行問題が正しい方針にもとづいて解決・克服され、少年少女が健やかに正しく育つことは、誰しもが強く願うところです。そうであるだけに、どうすれば少年少女の非行化をくいとめ、また非行に走った者を立ちなおらせることができるかについて知恵をだしあって賢明に対処することは必要であるだけでなく可能でもあるはずです。国民の間に広がっている強い反対を押し切って少年法改正を強行するような愚かなことは決してしてはならないのです。

三　現行少年法の基本理念と手続原則

治安当局が、少年法を改正しようとする動きを示したのは、ずいぶん前からのことで、一九五〇年代に始まっています。そして、この動きは一九六〇年代に入って本格化し、現行少年法の基本理念と原理の変更がくわだてられたのでした。現行少年法は、一九四八年に旧少年法に代わるものとして制定されましたが、その基本理念は、人格形成過程で少年・少女が犯した社会的逸脱行為である非行の処理について、警察、検察など行政権による治安的、権力的介入をできるだけ排除し、科学的、教育的、保護的、福祉的見地を優先しながら適切な処遇を施すことによって、少年少女が非行を真に克服し人格と精神的能力を健やかに正しく発達させることができるよう援助する、という考え方であるといっていいでしょう。

現行少年法は、このような基本理念にもとづいて、旧少年法（一九二二年制定）とはまったく違う手続原則をとったのです。すなわち、少年法が対象とする少年少女の年齢を二〇歳未満に引き上げると同時に（旧少年法では一八歳未満でした）、少年事件を独立の司法機関である家庭裁判所に扱わせることにしました（旧少年法では行政機関である少年審判所が扱っていました）。しかも全事件を家庭裁判所に送って保護処分の要否をまず判断させ、家庭裁判所が刑事処分が必要だと判断したときに検察官に事件を送るという手続原則（全件家裁送致主義、家裁先議制度）をとりました。そして家庭裁判所が科学的、教育的、福祉的見地から保護処分の要否と、その内容を正しく判断し選択することができるように家裁調査官制度を設けて心理学や教育学など人間行動科学の専門家による調査・判断を重視することにしました。また少年事件の審判に検察官が関与することを認めませんでした。それだけでなく検察官は、裁判所による保護処分の決定にたいして不服を申し立てる権限も与えられませんでした。

四　「人づくり」政策の展開と少年法改正の動きの本格化

このような基本理念と手続原則をもつ現行少年法は、

ヒューマニズムと科学主義にもとづく民主主義的性格の濃いものであるといっていいでしょう。そうであるだけに現行少年法は、治安当局を始めとする支配層の側からは治安政策の遂行にとっての障害であるとして攻撃され、制定直後から改正の危険にさらされてきたのでした。ことに一九六〇年代に入り「人づくり」政策の一環として青少年にたいする取締り、管理、掌握の政策がうちだされますが、そのなかに体系的な少年非行対策が盛りこまれました（一九六二年中央青少年問題協議会「青少年の非行対策に関する意見具申」など）。その対策の柱は警察、検察による少年非行処理の体制（組織と手続）をうちたてることであり、その障害となる少年法を改正することがそのねらいでした。

そしてこの方針にそって、警察による少年補導の体制と活動が強化されましたが、それとともに一九六六年には法務省によって「少年法改正に関する構想」がまとめられました。少年法改正の動きがいよいよ本格化したのです。

一九七〇年代に入ると、日本の社会的矛盾とひずみは大きな破綻を示しはじめました。青少年をとりまく社会的、家庭的、教育的環境は危機的な様相を露わにみせるようになります（家庭の崩壊や学校教育の荒廃など）。そして、それは間もなく少年非行問題の深刻化をもたらすのですが、このような状況のもとにあって、治安当局はもっぱら治安取締り的発想にもとづいて警察・検察の非行取締権限の強化、少年審判手続の刑事裁判化（検察官関与など）を追求し、この方向にそうように少年法を改正しようとしてのりだしました。一九七〇年に法務省は「少年法改正要綱」を作成して法制審議会にその可否を諮問したのです。

五　法制審議会の中間答申

法務省の作った「改正要綱」は、現行少年法の基本理念と手続原則を崩すものであるとして学界や弁護士会のみならず最高裁判所からも反対をうけました。ところが一九七五年に入ると、この対立を打開するためと称して法務省を中心に中間報告の試案がつくられました。そして一九七七年、これが最高裁判所の賛成を得て法制審議会の中間答申として可決されたのでした。

法制審議会の「中間答申」は、「現行少年法の基本的構造の範囲内で差し当り速やかに改善すべき事項」をまとめたものだとされていますが、しかしその内容をよく検討してみますと、現行少年法の基本理念とはまったく対立する考え方にもとづいてその手続的原則に根本的な変更を加えようとするものであることがわかります。

「中間答申」は、第一に、少年事件について一定の限度内で捜査機関に家庭裁判所に事件送致することなしに司法前処理する権限を与えようとしています。このように捜査機関に不送致の権限を与えることは、現行少年法の全件家裁送致主義について大きな変更を認めることです。これによってどのような結果が生ずるかといえば、捜査機関（警察）はこの不送致、司法前処理の権限を適切に行使するためと称して、少年少女の全生活環境、意識、人格にたいする捜査活動ないし調査活動をこれまでよりももっと活発に公然とおこなうことになるでしょう。その結果、わたくしたちの家庭、学校、職場、地域などにおける生活はたえず警察の調査と監視にさらされることになるでしょう。また警察は非行少年に関して司法前処理をするに当って教育的、福祉的な立場で考えるというよりはむしろ治安的、刑罰的な立場で考えようとするでしょう。その結果、非行に走った少年少女にたいして適切な教育的、保護的処遇が加えられないという憂うべき事態が生ずるように思われます。

六　少年審判の刑事裁判化の危険

「中間答申」は、第二に、少年事件の審判手続にたいして検察官が出席したり家庭裁判所の決定にたいして不服を申し立てて争うことを新たに許そうとしています。これによってどういう結果が生ずるかといえば、検察官が治安の維持者の立場から少年審判を監視し、その決定の内容に強い影響を与えるようになるでしょう。そして少年審判手続は刑事裁判的になり、その教育的、福祉的、保護的性格は弱くなることが憂慮されます。

また「中間答申」は、第三に、非行少年に加える保護処分を多様化し、弾力化しようとしています。例えば、現行少年法では保護処分の種類として保護観察、教護院等送致、少年院送致がありますが、「中間答申」は、短期保護観察、短期少年院送致、短期開放施設送致などの短期のものをふやそうとしています。このように短期の処分を設けることは一見、改善のようにみえますが、実はこれまでは審判不開始ないし不処分とされていた少年少女が短期とはいいながら処分に付されることが多くなるでしょう。また保護処分の期間が「情状」によって延長される点も問題です。

七　警察少年法か裁判所少年法か

このようにみてきますと、少年法改正問題の中心は、非行少年の処分に関する警察および検察の権限を拡大すべきか否か、の問題であるといっていいでしょう。そしてもし警察、検察の権限を拡大しますと、少年少女はもちろんのこと、国民の生活一般が警察の調査、監視のもとにおかれ、人権侵害の危険が生じますし、また少年非行の予防・克服にとって弊害をもたらす危険があるということが明らかになります。そうであるとすれば、少年法改正にたいして強い反対があるのは当然だといわなければなりません。

もっとも、少年法改正を阻止すれば、それで問題がなくなるわけではありません。前にもふれたように現行少年法のもとでも、警察は少年補導の組織を広げ、少年補導や少年相談の活動を活発にくりひろげています。そして警察はいまや少年非行に関する最も強力で中心的な専門機関となっています。その活動の全貌はとてもつかみきれませんが、その補導活動には少年少女の人権を無視し蹂躙《じゅうりん》している例や、少年少女の健やかな人格的発達を逆に歪めてしまう例がかなり多くあると思われます。

このような事態は、決して好ましいものではありません。何よりもまず少年非行については警察に委ねず、家庭、学校、地域がその克服のために積極的にとりくまなければなりません。また警察活動の行きすぎや人権侵害については、いろいろな方法でこれを改めさせなければなりません。

なお、現行少年法に手続的な不備（黙秘権の保障が弱いこと、事実の認定手続がルーズであること、国選付添人制度がないことなど）のあることも問題ですし、保護観察や少年院の実態にもいろいろな問題があり、解決を要求しています。

八　青少年保護育成条例の問題点

以上にみたような少年法改正の動きとならんで注目しなければならないのは、青少年保護育成条例の制定または改正の動きです。青少年保護育成条例（その正式の呼び名は各地で異なることがあり、例えば東京都では「青少年の健全な育成に関する条例」とされています）は、青少年の保護と健全な育成のために環境を整備し、青少年の福祉を阻害するおそれのある行為を防止することを目的として、地方自治体により条例の形式で制定されているもので、一九七八年度末現在、東京都をはじめ四二都道府県で制定されています。この条例の制定は一九五〇年代から始まったのですが、少年法改正の動きと歩調を合わせるかのように、じょじょに広がり、とくに最近では一九七七年ごろから制定の動きが再び活発化する傾向を見せるとともに、その改正の動きもかなり広がっています。

その内容は、各地の条例によって多少の相違はありますが、一般に有害図書類の指定および販売制限、有害興行の指定および観覧制限、有害広告物にたいする措置命令、有害図書類の自動販売機による販売の制限、みだらな性行為およびわいせつ行為の禁止、深夜連れ出しの制限、有害施設への入場制限などが規定されており、そのほかに催眠剤の販売制限をはじめいろいろな規制が盛り込まれているものもあります。

この種の条例のもつ問題点はいろいろあります。例えば、有害の基準として「青少年に対し著しく性的感情を刺戟し、またははなはだしく残虐性を助長し、青少年の健全な成長を阻害するおそれがあると認められるもの」（東京都）と規定されていますが、この基準はきわめてあいまいです。それだけに行政当局が恣意的に判断することを容易にするものといえますが、これは表現の自由や営業の自由などとの関係で大きな問題性をはらんでいます。また、たとえば青少年にたいするみだらな性行為やわいせつ行為を禁じ、これに違反した者を処罰する規定が設けられていることがありますが、合意のうえでなされる行為にたいしてまでこのような刑罰規定が一律に適用されることが妥当か否かには問題があると思われます。青少年にとって有害な環境が除かれるにこしたことはありません。しかし、それを刑罰権の拡大強化（これは警察権限の拡大強化を意味します）によって達成しようとするのは、言論の自由の制限など弊害を伴うだけでなく、むしろ問題の正しい解決にとって有害ですらあるのではないでしょうか。

少年非行問題の解決を警察に委ねてしまってはいけませんん。私たちが安易に警察に委ねればたいへんなことになります。非行問題の正しい解決は、家庭、学校、職場、地域において教育的、福祉的、保護的見地にたってはじめて得られるのです。いまいちばん必要なのは、この努力をつよめ、この流れのなかで少年法の運用をより正しい充実した方向に改善していくことなのです。

（『子ども白書・一九八〇年版』一一二頁以下、草土文化、一九八〇年七月）

［補記］法制審議会「中間答申」に基づく少年法「改正」の動きは、法案作成に至ることなく挫折した。

一九八〇年

金大中裁判への疑義

一　一九八〇年年九月一七日、韓国普通軍法会議は、金大中氏に対し死刑を言い渡した。また、文益煥氏ら二三名に対しても懲役二年から同二〇年の重い刑を言い渡した。判決言渡は、わずか六分間で終わり、その判決理由として述べられたのは、「被告人らに対する起訴事実のすべてを本裁判部は認める」「本判決での該当条文は起訴状に明示してある通りである」など数項目の極めて簡単な要旨にすぎなかった。そして今日に至るも、判決文は一般に公表されていない（一〇月一五日現在）。

国家保安法違反、反共法違反、内乱準備という重大な犯罪について、わずか一カ月ばかりの間に一六回もの公判を行なうというスピード審理の下に、審理らしい審理をすることなく、起訴状記載の事実をそのまま認め、ほぼ求刑通りの刑を言い渡したこの軍事裁判は、政治的にあらかじめ確定されている結論を形式的に追認するものとして仕組まれていたのではないかとの感を強くもたせる。この裁判は、金大中氏の政治的抹殺を狙う（いや、政治的抹殺のみならず生命そのものの抹殺を狙うというべきかもしれないが、今回の死刑判決の帰趨が未だ確定していない現時点では、政治的抹殺としておくのが穏当であろう）政治裁判にほかならないのである。

右のことは、全斗煥保安司令官による「粛正クーデター」に始まり光州事件に至る全事態の推移の中でこの軍事裁判を位置づけてみるとき、政治的、社会的にはいわば証明ずみのことであるといっていい。そして、政治裁判の本質は、この軍事裁判の手続のいたるところにわれわれにはとうてい理解できない点を数多く生ぜしめている。

二　まず、起訴に関する主な問題点を指摘するならば、第一に、起訴状（八月一九日統一日報掲載の日本語訳による）そのものが金大中氏に対する予断、偏見、憎悪、敵意を露骨に表明していることである。起訴状には、金大中氏の出生から今回の身柄拘束に至るまでの政治的活動が極めて詳細に記載されているが、それらは全て同氏が「北傀」（朝鮮民主主義人民共和国）の同調者であるという観点から前後の矛盾撞着もおかまいなしに繋ぎあわされ意味づけられている。これは、訴追当局の金大中氏に対する予断、偏見、敵意の表れとしてしか理解しえない体のものである。この種の敵意は、金大中氏身柄拘束の五日後に発表された戒厳司令部の「捜査中間結果」においては、「表裏不同のエセ政治人」などの表現を通じて表明されていた。また、検察側の論告も、金大中氏を「政権欲の化身」「金権政治、堕落政治家」と罵倒し、「欺瞞的な煽動政治家はこの国から永遠に追放されなければならない」と述べている。そして、今回の判決もこれに同調し、「北傀の主張と路線に積極的に同調する反国家行為を犯したばかりでなく、善良な学生たちを煽動、誤った方向に導いて個人の政治野心の達成の道具として利用し、国家と社会を混乱に陥れるようにした行動は許し得ない」(理由要旨)と述べて金大中氏に対する敵意を表明しているのである。

第二に、金大中氏の日本における言動(それは主として韓国民主回復統一促進国民会議日本本部=韓民統の結成活動である)が起訴状に詳細に記載されており、それが訴追の対象とされているかにみえる点である。周知のように、在日中の金大中氏が韓国に不法に拉致された事件に関し、日本政府と韓国政府との間に、「韓国側は、金大中氏について、在日、在米中の言動については責任を問わない。ただし、今後韓国にたいする反国家的活動をした場合は、その限りでない」旨の合意が存在するので(いわゆる政治決着)、韓民統結成に関する活動を国家保安法違反に問うことはこれに抵触することになる。そこで日本政府は、韓民統結成に関する部分は「背景説明」であって「訴因」(韓国には訴因という概念はなく公訴事実の概念・制度があるのみなので、正確には「公訴事実」というべきである)ではなく、したがって政治決着に抵触しない、との見解を示している。そして今回の判決も、この見解に平仄を合わせるかのように、「金大中被告の反国家団体関連部分については友好国家との外交上の考慮と国際関係を十分に検討した。この結果、被告が韓国民会議議長の身分を引き続き保持しながら国内で犯した犯罪事実だけを検察側が訴追しているので、国内法上の証拠に基づいて本件を判断した」旨を述べている(理由要旨)。果たしてこのような理解ないしこれに基づく処理が合意内容に抵触することなく成り立ちうるかどうかについては後述のように大きな疑問があるが、仮にそれが成り立つとしてもその場合には韓民統結成活動を記載した部分は不必要であるだけでなく背景説明としては異常に詳細にすぎ、裁判官に予断偏見を抱かせる虞れのある余事記載であるといわなければならない(韓国軍法会議法二八九条六項参照)。

第三に、金大中氏が韓民統の議長たる身分を韓国内で継続保持したことについて刑事責任を問い、国家保安法一条一号を適用したことは政治決着に反し不当であると同時に、法的にも疑義があり不適法・無効とすべきであることである。

①日韓両政府間の合意は、一般に政治レベルでの決着であると解されている。しかし、これを法的にみれば、韓国政府（訴追当局）が金大中氏の韓民統に関する活動（言動）について公訴権を放棄し、日本政府はこれと引き換えに韓国の公権力による主権侵害を不問に付し原状回復請求権を放棄したものとみるべきである（公訴権放棄は、わが国でロッキード事件の際に、一種の緊急処分としてコーチャン氏らに対し検察側の不起訴宣明を通じてなされたことがあった。東京地決昭和五三年九月二一日判例時報九〇四号一四頁参照）。もっとも、政治決着なるもののもつこのような法的な意味ないし効果が手続的に明らかにされているとはいい難いことは否定できない。しかし、日本に対する主権侵害行為を不問に付し原状回復を断念するという重大な処置に辛うじて見合うことができるのは、金大中氏の在日中の言動に対する公訴権の放棄でなければならない。合意にもられた韓国側の意思の内容をそのように解して初めて政治的な「決着」たりうるからである。

②それでは、公訴権の放棄の範囲はいかなるものと解すべきか。それは、前述の合意の文言からみて金大中氏の日本における言動、すなわち韓民統結成のための「準備」活動に限られるように一見みえる。韓民統が正式に結成され金大中氏がその議長に推戴された一九七三年八月一三日、同氏は韓国の自宅に傷だらけの姿で「帰国」していたのであり、議長への就任（ただし、推戴即就任だとして）とその継続・保持は「日本における言動」には該らないようにみえるからである。日本政府の見解および今回の判決は、このような考え方に基づいている。しかし、これは正しくない。議長推戴（就任）はもちろんのこと、議長職の継続・保持もまた公訴権の放棄の範囲に含まれると考えなければならない。その理由は、次のとおりである。

㋑金大中氏が議長に就任することは、起訴状によれば拉致前の八月四日の会合ですでに「確定」していたという。しかも、拉致事件が起こらなければ議長就任が日本においてなされたであろうことは確実であり、それが韓国内でなされたことは拉致によるものである。そうだとすれば、拉致事件の決着としての公訴権の放棄が韓国内における議長就任（正確には、議長に推戴されたこと）に及ぶべきことは、当然である。

㋺議長職の継続・保持の点についても、右とほぼ同様である。韓国内における議長職の継続・保持という事態も、不法な拉致事件がなければ絶対に生じえなかったことであり、この点も公訴権放棄の範囲に含まれると解しなければ政治決着の意味をもちえないはずである。この理は、仮に金大中氏が日本国内で議長に就任した後に拉致された場合になされたであろう政治決着ないし公訴権放棄の内容を考えれば容易に理解できるように思う。いわゆる政治決着、したがって公訴権放棄は、韓民統結成のみならず議長の就任・保持の点を含む「韓民統関係一件」に及ぶのであって、その但書部分は右一件以外の「反国家活動」を指すのである。また、議長就任の点について公訴権放棄がなされたとするならば、それと公訴事実を同一にする議長職の継続・保持の点にもその放棄の効果は及ぶとみるべきである（韓国軍法会議法二八三条二項参照）。

㈧なお、ここで注目しなければならないのは、金大中氏は、韓国拉致後に議長に推戴された事実はあるが、その就任を受諾した事実はないこと（このことは起訴状も暗に認めている）、むしろ逆に再度にわたり議長解除の要望を韓民統側に表明していたこと、韓国内で議長として活動を行なった形跡がないこと（起訴状が、金大中氏が韓民統の利益になる点を知りながらもその構成員と通信連絡したとしている点も、その具体的内容は、実は、議長解除を申し出たことや出獄祝いの電話を受けたことなどにすぎない）である。

第四に、不法極まる拉致事件がなければ少なくとも金大中氏が韓民統関係について国家保安法違反および反共法違反に問われて起訴されることはありえない。その意味で、この起訴は拉致という不法な人身拘束と不可分一体である。この点を考慮すると、この起訴が適正になされたとは言い難い。

以上の四点において、金大中氏に対する起訴には法的に疑義があり、その適法性、有効性には重大な疑問があるように思われる。

三　今回の軍事裁判には、右のほかにも、軍法会議の根拠をなす非常戒厳令の適法性の有無、弁護権の規制、残虐な拷問、みせかけの裁判公開（報道規制）、大法院判事の入れ換えなど、手続上の重大問題が多々ある。また実体的にも、起訴状＝判決の認定した事実（韓民統が反国家団体であるとする点や、金大中氏が国憲紊乱の目的で暴力による政府転覆を決意したとする点など）にも深い疑問がもたれる。その事実認定を支える適法な証拠があるかどうか疑わしいということもさることながら、一二項目にわたり起訴状が列挙している多数の内乱陰謀の事実なるものが、実は民主的政権の樹立をめざす正当な政治活動にすぎず、起訴状自ら「反政府斗争意識の鼓吹」にすぎないとせざるをえないものなのである。しかし、一政権の打倒を目的とする政治活動と国家の基本組織を破壊する内乱準備とは全く異なる行為である。このことは、国家と政府を峻別し、アメリカ独立宣言が力強く宣言するように基本的人権を抑圧する圧制的政府を改廃し新しい政府を組織する権利が人民にあることを承認する、近代憲法の要求するところである。政府打倒と国家破壊とを同一視することは、ファッショ的独裁体制の論理としてのみ可能であるにすぎない。

*

金大中氏に対する今回の軍事裁判は、あまりに露骨な政治裁判であり、裁判の名に値しない。わたくしたちは、基本的人権と人道の立場からこの裁判の帰趨を厳しくみつめ、批判しなければならない。

（法律時報一九八〇年一一月号）

〔補記〕金大中氏に対する死刑判決について、一九八一年一月二三日減刑の措置がとられた。

一九八一年

最近の改憲の動きと統治政策の分析

はじめに

昨〔一九八〇〕年八月の奥野誠亮法務大臣の一連の改憲発言を契機として、憲法改正の動きはにわかに活発化し新しい段階に突入したようにみえる。

つい最近の報道によれば、自由民主党の政策研究グループ「千代田会」（座長・小坂善太郎）は、本年一月二〇日の総会で、自衛隊が合憲である旨を国会で決議すべきだとの見解をまとめたという。小坂氏はその理由として、現状で改憲問題を推し進めることは再軍備問題とも絡んで国論を二分することになってコストがかかり、外交上も得策でないこと、世論の大多数が自衛隊を認めており、改憲問題の前にまず本質的な問題として「自衛隊合憲」について国会のコンセンサスを得る必要があること、裁判所の判断も自衛隊が合憲かどうかは統治権の解釈に属する問題だとしており、防衛力増強と改憲問題が論議の焦点となっているこの際にはっきりさせておくべきであることなどをあげ、自衛隊合憲を改憲問題とは切り離して国会の場で明確にすべきであることを強調した。また、民社党の佐々木良作委員長も、一月二九日の国会における代表質問およびその直後の記者会見で、同様の提案を行なった。

このような奥野法務大臣の改憲発言に始まり小坂氏や民社党の自衛隊合憲国会決議の提案に至る一連の動きは、憲法九条改正を中軸とする憲法改正に向けて政治的舞台づくりが本格化していることを示すものとみてよいであろう。後にもくわしく触れるところであるが、日米安保セミナー（一九八〇年八月）において三好修氏（日本安全保障研究センター所長）は、解釈改憲から明文改憲への道筋をかなり具体的に提示し、「八〇年代半ばまでに、最初の変更が首尾よくおこなわれ、いっそうの変更に有利な空気がつくり出されれば、憲法改正さえ可能となるであろう」と述べている（傍点引用者）。

今回の奥野発言に始まる一連の動きは、三好氏のいう「最初の変更」を行なうための巨大な政治的作業がいま着々と実施に移されつつあることを示しているように思われる。

このような状況の下にあって、次の諸点について検討し分析することが緊急に必要であるように思われる。第一に、最近の改憲の動きの特徴を分析し、改憲の内容のみならず、改憲に至る政治的な手順ないし道筋（戦略）とこれに沿って仕組まれつつある政治的・社会的・思想的な工作（戦術）についても分析することである。第二に、改憲の動きを生ぜしめている要因、すなわち日米安保体制と日本独占資本主義の動向について分析することである。第三に、改憲に先行し改憲を先取り的に実現するとともに改憲を用意するものとして着々と実施されつつある統治政策をイデオロギー問題をも含めて分析することである。第四に、このような分析のうえに立って、現代統治政策の質（その反動性、ファシズム性）を論考することである。この点の論考は、当然のことながら、統治政策とこれに抵抗する民主主義運動との矛盾・対立の分析・把握を踏まえて行なわれなければならない。

右の諸点に関する分析作業は、これまでにもかなり多くの論者によって行なわれており、刑事法研究者にすぎない私がこれらに新たにつけくわえうることはほとんどないといっていいが、治安政策と司法政策に焦点を当てながら私なりの考察をくわえてみたいと思う。

一　最近の改憲の動きの経緯（略）

二　最近の改憲の動きの特徴

一において詳細にトレースしてきたところからもわかる

ように、一九八〇年六月の衆参両院同時選挙後の改憲の動きは、これまでの動きとは種々の点で異なる特徴をもっているように思われる。

1　改憲主体の特徴

その特徴をまず主体の面からみることにしよう。

第一に、改憲に向けてのアメリカの圧力が安保改定と絡めるかたちできわめて露骨に強力にくわえられていることである。現在、アメリカが日本に対し日米共同作戦態勢の強化や軍事予算拡大（中期業務見積り一年くり上げ実施、軍事費対GNP比三ないし五パーセントなど）を強く要求し、日本がNATO諸国なみの軍事的役割を果たすべきことを迫っていることは、すでにみたところからも明らかである。そしてアメリカの支配層は、条約の双務化と条約地域の拡大を狙い安保改定のプランを策定しつつあるが、それだけでなく、安保改定、軍事力増強にとっての障害となる日本の憲法を改正すべきことを日本の支配層に公然と迫る動きを示している。このことは、すでに述べた一九八〇年八月の日米安保セミナーにおける出席者の諸発言からも窺えるが、本年ワシントンで開催される予定の第二回日米安保セミナーでは、安保改定と憲法改正が中心テーマとされて本格的論議が行なわれるものとみられている。

第二に、右にみたようなアメリカの要求に同調し、自主憲法期成議員同盟を中心とする自民党内の明文改憲勢力の活動がきわめて活発化していることである。周知のように自主憲法期成議員同盟（会長岸信介）は、一九五五年七月に結成され、「自主憲法」制定推進を目的とし、国会議員、前元国会議員を会員としてスタートした（その後地方議会議員と前元地方議会議員の加入をも認めている）。一九八〇年二月現在、加入国会議員数は二二一名（衆議院議員一六三名、参議院議員五八名。なお、前元議員三七名）を数えたが、一九八〇年六月の衆参両院同時選挙後には新たに六五名の国会議員の加入があり「総勢二七〇名を越す国会内最大の議員同盟」となっている（一九八〇年一〇月七日付自主憲議国第四〇〇号による）。鈴木善幸首相や奥野法相もそのメンバーの一人である。なお、一九六九年には、自主憲法期成議員同盟、国際勝共連合、神社本庁、新日本協議会などをはじめとする諸団体により自主憲法制定国民会議（会長岸信介）が結成され、自主憲法期成議員同盟と一体的な活動を展開している。

自主憲法期成議員同盟は、一九八〇年三月、改憲気運が国民の間に高まっているとして「憲法を改めて時代を刷新する」運動を展開することとし、全国三三〇〇の都道府県・市町村議会に対し改憲決議をするよう働きかけた。この働きかけは、宮崎県門川町議会、岡山県英田町議会、長崎県生月町議会、大分県別府市議会、青森県黒石市議会、青森県柏村議会、富山県舟津村議会、佐賀県三根町議会などの改憲決議を生みだした。地方議会を舞台とするこのようなスタイルの動きは、のちにくわしく検討するように元号法制化問題で初めて試みられて一定の成功を収めた。そして現在では、この種の動きは、靖国神社公式参拝要請(共同通信社の調べによれば、一九八〇年末で三〇県六八八市町村で決議されているという)、スパイ防止法制定要求(同調査によれば八県八九市町村で決議されているという)、そしてさらには改憲要請などにも拡げられており、改憲気運醸成の一翼を担っている。

奥野法相の一連の改憲発言は、このような動きの一環なのである。

第三に、自民党内の解釈改憲派と明文改憲派との間の戦術上の相違がきわめて小さくなりつつあり、それのみでなく、前者が後者の補完物であるという性格が露わになっていることである。このことは、明文改憲の必要性を説く奥野発言に対し、解釈改憲の立場にたつとみられる鈴木首相が、事実上は容認に近い態度を示したのみならず、自民党憲法調査会を再開させたことに表われている。これは、支配層が、一九八〇年一〇月二二日鈴木首相が自民党のある会合で語った「私どもは内閣として現行憲法を尊重、擁護し、自民党立党以来の自主憲法制定の努力をする、両面の対応が必要になってきた」との発言に端的に示されているような「両面作戦」を本格的に開始したことによるものである。

もっとも、自民党内には、改憲論が盛んに唱えられるという状況のなかで、改憲反対派により一〇月二一日「憲法を考える昭和の会」が結成されるなどの動きもみられる。また、のちにくわしくみるように世論の圧倒的多数が憲法改正に反対しているという現実(読売新聞の世論調査によれば、憲法九条について七一パーセントが改正せずの立場をとっているという。一九八〇年二月九日付読売新聞)をふまえて、自民党首脳部も明文改憲に直ちには踏み切れないでいる。とはいえ、われわれが注目しなければならないのは、明文改憲派と解釈改憲派との間に戦略・戦術上の実質的相違がほとんどなくなってきているという事実である。このことは、現憲法下で解釈改憲の積み重ねにより急速度で進められている軍事力増強の事実によく示されているところである。

現在、軍事力に関する憲法的制約ないし憲法的要請として、専守防衛、集団的自衛権否定、徴兵制否定、非核三原則、武器禁輸、海外派兵禁止などがあるが、これらはいずれも建前上は遵守されているものの、実際には大きく侵害され形骸化してきていることはこれまでみてきたところからだけでも明らかである。

たとえば、徴兵制について、政府は、一九七〇年以来憲法一三条および同一八条に基づき違憲だとしてきたが、最近では竹田発言を契機として違憲とする根拠から憲法一八条をはずす方向をとりつつある。もしそうなると、もともと政府は憲法九条を初めから除いているので、残る違憲の根拠は憲法一三条だけということになる。ところが、この条文には、「公共の福祉」に反しないかぎり、という限定がついている。したがって、憲法一三条は国防即「公共の福祉」という解釈によって容易に徴兵制合憲説の根拠に転化するものである。このようにして徴兵制合憲への道筋が徐々につけられつつあるのが現実である。

なお、政府は三月一〇日の閣議で決定した答弁書では徴兵制違憲の論拠の一つとして憲法一八条を引用する見解を維持するとしているが、右のような経過からみて変更の可能性が多いとみなければならない。

また、非核三原則についてみるならば、核兵器を持たず、作らず、持ち込まずの三原則のうちの核兵器持込みの点はすでに破られている疑いが非常に濃い。このことは、一月三〇日共産党によって公表された一九八〇年三月六日アメリカ上院軍事委員会兵力・要員小委員会公聴会におけるコマー米国防次官の証言によって明らかにされた。これによれば、山口県岩国の米軍海兵隊航空基地に配置されている海兵航空団兵器部隊（MWWU）が核兵器を装備しているというのである。また、横田基地にも、アメリカの核戦略攻撃機が本年二月一日から始まった米韓合同軍事演習「チーム・スピリット'81」の際にアメリカ本土から飛来し発着していることからみて、核兵器が持ち込まれている疑いが強い。

また、箕輪隆自民党副幹事長（党安全保障調査会会長代理）は、二月二五日の記者会見において、自衛隊制服組が非核三原則のうち核持込み禁止について強い不満をもっていることを明らかにするとともに、彼自身も同様の不満・疑問をもっていることを表明した。なお、竹田前統幕議長も退官直前の本（一九八一）年二月一六日、防衛政策に対する提言を行ない、そのなかで、非核三原則を批判した。

また、海外派兵禁止の点についてみれば、前述のように一九八〇年一〇月一四日の政府答弁書は、海外派兵の定義を「武力行使の目的をもって武装した部隊」を他国の領土、領海、領空に派遣することであるとし、このような海外派兵は違憲であるとする。しかし、「武力行使の目的をもたず、当該国の同意と単に平和的手段で日本人救出のために」

自衛隊を派遣することは憲法上許されるとし（一九八〇年一〇月一一日衆議院予算委員会における角田法制局長官答弁）、また、国連軍への派遣も停戦監視団のみならず平和維持軍（戦闘再発の防止、兵力引離し、国内治安の回復・維持など）への自衛隊の参加も違憲でなく、その際武器も携行しうるというのである（一九八〇年一〇月二八日政府答弁書など）。

さらに、集団的自衛の点についてみるならば、軍事行動、武力行使以外の方法によるものは憲法上許されるとされているが、最近では、その範囲が押し広げられている。たとえば、ホルムズ海峡の自由航行確保を名目とする国際合同船隊への参加も費用分担なら違憲でないという（一九八〇年一〇月二二日衆議院外務委員会における浅尾外務省北米局長答弁）。また、ペルシャ湾からマラッカ海峡を経て日本やアメリカに至るシーレーン（海上交通路）の防衛も、日本の船舶を自衛艦が護衛するかたちでなら個別的自衛権の行使として憲法上許されるとする（一九八〇年一一月四日参議院内閣委員会における鈴木首相答弁など）。

右にみたように、自衛隊の装備や軍事力行使に対する憲法的制約が憲法解釈の名のもとにほとんど取りはずされつつあり、これにともなって解釈改憲と明文改憲との相違は最近急速に埋められてきているのである。

このような現実を踏まえるならば、明文改憲派と解釈改憲派との間には、改憲および軍事力増強を実現するうえでの戦術上の一定の対立が存することは否定できないとはいえ、むしろ最近は両者の緊密な補完関係こそが改憲問題の主要な局面を形成しているとみるべきである。

第四に、民社党が解釈改憲の立場にたちつつ軍事力増強政策の積極的な加担者・推進者になったことである。このことについてはすでに述べたところであり、また後にもかなりくわしく触れるのでここでは説明しない。

第五に、官僚が総体として軍事力増強に強く傾斜し、これに対する官僚的な歯どめの論理や政策を失ってきていることである。たとえば、一九八〇年八月に発表された外交青書は初めて「適切な規模」の「自衛力の整備」を真正面からうちだした。これは、外務官僚が軍事力増強路線に踏み切ったことを表わしたものである。

また、大蔵官僚は防衛官僚に対する財政上の抑制力を失いつつあるかにみえる。一九八一年度防衛予算の要求（九・七パーセント増）は、要求増加率の上限（七・九パーセント）をはるかに上廻ったが、この事実は大蔵省が防衛庁を予算要求の段階でチェックする機能を失ってきているという事実を示すものとみられる。

さらに、防衛庁内部では、制服組幹部が外部の各種勢力と結びつき、軍事力増強の活動を活発に行なっているが、これに対し政府レベルでも内局レベルでも、コントールがおよばないという事態が生じつつある。自衛隊制服組幹部の軍事力増強、改憲の要求が公然となされ、これに対するシビリアンコントロールが無力化しつつあるという傾向は、一九七八年七月栗栖弘臣統幕議長により有事立法・奇襲対処を要求する発言がなされて以後急速に強まっている。制服組幹部は、基盤的防衛力構想に基づく防衛計画大綱の見直しと軍事力増強を求め、政治勢力や軍事研究グループなどと積極的に結びつき、そのブレーンとして活動したり、各種団体の会合やジャーナリズムを通じてプロパガンダを展開するなどしている。

今回の竹田発言はこのような自衛隊制服組幹部の動きの一つなのであるが、このような動きに対し、政府はこれを抑制する姿勢をほとんど全く示そうとしなかった。それどころか、個人としての発言は自由であるとして竹田発言を擁護しようとさえしたのである。そればかりでなく桜内自民党幹事長は、二月一六日、ある講演会において、竹田氏を国会の安保特別委員会に参考人として呼んで意見を聴く考えのあることを示唆した。鈴木首相も、二月二四日自民党内のある会合において、その旨を指示している、と述べている。このようにして、竹田発言を契機として懸案の自衛隊制服組幹部の国会出席が画策されている。

第六に、財界の軍事力増強推進の積極化である。この点については、のちにくわしく検討することにしよう。

2　改憲目標期を一九八〇年代なかばに設定

第二の特徴は、最近の改憲の動きが改憲実現の目標時期を安保改定と絡め一九八〇年代なかば頃に設定し、このことを公然と打ち出していることである。

このことを最もよく表わしているのは、前述した一九八〇年八月の日米安保セミナーにおける三好修日米安全保障研究センター所長の英文報告である。この報告は、安保改定の目標時期を一九八五年に設定するとともに、その障害要因となる憲法的制約をとり払うため「一九八〇年代半ばまでに」憲法改正を実現するという構想を提示している。この構想が三好氏個人のものでなく、日米支配層の共通のものになりつつあることは、自民党憲法調査会が一九八〇年一〇月一三日の会合で、三年後をめどに改憲の具体案をまとめる方針を固めたという事実や、奥野法相が週刊ポスト一九八一年二月二〇日号のインタビュー記事のなかで、一九八三年の参議院議員選挙において改憲の是非を問うことを提唱しているという事実に示されている。

もっとも、鈴木首相は、一九八一年二月一〇日衆議院予算委員会において、一九八三年の参院選挙で憲法改正を問うことは全然考えていない、鈴木内閣はそのような行動はとらない、と答弁している。しかし、その一方で鈴木首相が自民党憲法調査会の活動を再開させて改憲作業の積極化を図り、しかも三年後に具体案をまとめるという方針を了承していることとの関連で考えるならば、日本の支配層が一九八五年安保改定の大目標に向かって一方で解釈改憲を積み重ねつつ、他方で世論を誘導し改憲気運の醸成に成功した段階で明文改憲に踏み切るであろうことは十分に予測しうるところである。

3　改憲のための二条件とその対策——野党再編・国民世論の誘導

これまでに検討してきたところからも明らかなように、一九八〇年代なかば頃までに改憲を実現することが支配層の政治的戦略目標となりつつあるが、それが成功するかどうかは、第一に、改憲勢力が改憲発議に必要な各議院総議員の三分の二以上を占めることができるか、第二に国民投票で過半数を得ることができるか、の二点にかかっていることはいうまでもない。

(1)　そこで第一の条件を作り出すために目論まれ着々と実施に移されつつあるのが、小選挙区制導入、参議院全国区制改革、選挙運動規制などの選挙制度改革と、野党に対する取り込み・懐柔・再編成である。

参議院全国区制改革については自民党内では具体的な改革案がまとめ上げられており、また選挙運動規制については公職選挙法改正案が本年二月国会に提出されていることはすでにみたとおりである。

また、野党に対する取り込み・懐柔・再編成も、民社党の最近の動きに表われているように着々と実施されつつある。一九八〇年一〇月二四日の自民党・民社党党首会談、同年一一月の民社党の防衛三法賛成、一九八一年一月二九日の佐々木良作民社党委員長の自衛隊合憲決議提唱や二月四日塚本三郎同党書記長の竹田発言擁護、そして一九八一年度政策大綱に盛り込まれた防衛政策、一九八〇年一二月の公明党大会における佐々木民社党委員長あいさつのなかで打ち出された中道四党（民社党、公明党、新自由クラブ、社会民主連合）による新党構想や春日一幸同党顧問などを通じて密かに行なわれている社会党分裂工作などは、いずれも「一九八〇年代の真ん中どころ」（一九八一年二月一九日民社党大会における佐々木民社党委員長の答弁）に政界再編成を実現することをめざす民社党の基本的方向にそっているとみられる。

もっとも、民社党は、現在のところは解釈改憲の方向を追求し、この立場から明文改憲の必要がないという立場をとっている。このことは、昨年一〇月の自民党・民社党党首会談の際の防衛力整備の三条件のなかの「現行憲法は自衛力の整備を否定するものではない。したがって現行憲法のわく内でこれを進めること。」という条件や、一九八一年二月の同党の党大会で決定された八一年度運動方針のなかで「憲法を擁護」し「国民合意の安全保障政策を進める」とうたい、「現行憲法は独立国たる日本の自衛権と自衛力保持を否定していない」云々としていることなどで明らかにされている。しかし、民社党の軍事力強化方針はソ連脅威対抗論に基づき防衛計画大綱（一九七六年）の見通しをはじめ軍事力の拡大強化を大幅にめざすもので、自民党よりもさらに右寄りと評されるようなものである。

このような民社党の立場は、解釈改憲論の担っている現実の政治的役割を端的に示しているだけでなく、政治的情勢いかんによっては明文改憲賛成に転換する可能性をもつことが留意されなければならない。現に、民社党の「八一年度運動方針」は、解釈改憲の立場をとる理由として「改憲を強行せんとすることは、いたずらに国論の分断を招き、安全保障上、最も好ましくない事態をひき起す」という点をあげているのであり、政治情勢いかんによっては、国論の分断の危険がなくなるか九条存置こそが国論分断を招き安全保障上弊害をもたらすとして、明文改憲に移行する論理ないし発想を本来的にもっていることは明らかなのである。

右のような民社党の動きのなかで、公明党および社会党は、公民合意（一九七九年一二月）および社公合意（一九八〇年一月）を軸としながら「当面」は安保条約と自衛隊を容認する方向へと基本政策を大きく転換させた。この新しい基本政策は、一九八〇年一二月の社会党大会で決定された一九八一年度運動方針および同月の公明党大会で決定された「一九八一年基本政策」のなかでも明らかにされている。両党は、意識するとせざるとにかかわりなく解釈改憲を是認する方向へと一歩を踏みだしたようにみえる。

このように民社党を中心に安保条約、自衛隊の容認を軸としながら政界再編成の作業が進められ、解釈改憲の推進、ひいては明文改憲への地ならしが進められているが、政党レベルの動きの底流には同盟を中心とする労働戦線の右翼的再編成の動きがある。

(2) つぎに、改憲実現の第二の条件である一般国民の世論の問題についてみることにしよう。

読売新聞社が一九八一年一月に三〇〇〇人を対象とし二一〇二人から回答をえて行なった世論調査によれば、「あなたは本格的な軍隊を持てるように憲法九条を改正する方が望ましいと思いますか、改正しない方が望ましいと思いますか」との設問に対し、「改正する方が望ましい」とする者が一三・五パーセント、「改正しない方が望ましい」とする者が七一・二パーセントであり、世論の圧倒的多数が九条改正に反対していることを明らかにした。また、一九八一年度予算案における防衛費増について、支持する者三〇・五パーセント、支持しない者五三・一パーセント。海外派兵（国連の平和維持活動のための派遣）について、賛成する者二三・二パーセント、反対する者六〇・六パーセント。武器輸出について、賛成する者一〇・七パーセント、反対する者七四・九パーセント。自衛隊のあり方について、独力で防衛できるくらい強力なものにすべしとする者一八・五パーセント、現状より増強する必要があるとする者一五・一パーセント、現状程度がよいとする者三八・三パーセント、現状より縮小すべきだとする者一三・七パーセント、なくすべきだとする者一・六パーセント、という結果が出ている（一九八一年二月九日読売新聞）。

読売新聞は、右のような世論調査の結果について、①九条改正論は一割前後であること、②自衛隊是認・増強に重心が傾いていること、③武器禁輸政策が国民の間に定着していることなどの点がみられると分析し、「国民が……防衛問題を〝さめた目〟で見守っている」と結論している。

このような世論調査にも表われているように、国民の間には、九条改正、軍事力増強、海外派兵、武器輸出などに反対する意見が圧倒的に強いのである。

このような世論をいかにして改憲と軍事力増強の方向に誘導するかは、支配層にとって焦眉の課題であることはいうまでもない。前にみたように、一九八〇年八月の日米安保セミナーにおける三好修氏の英文報告が、国民の平和主義的志向を「強力な政治的指導性」により変えることによって「最初の変更が首尾よくおこなわれ、いっそうの変更に有利な空気をつくり出」して憲法改正を行なうという道筋を提示しているのは、右のような課題を意識してのものにほかならない。「強力な政治的指導性」に基づく「平和主義的な志向」の変更に向けて、日本の支配層は、アメリカの支配層と緊密な連繋を保ちつつ、政治的、イデオロギー的戦略を統治政策の全分野にわたってくりひろげている。これまで述べてきた一九八〇年六月の衆参両院同時選挙後の改憲論議の活発化は、まさに右のような巨大な政治的、イデオロギー的戦略の氷山の一角の現われにすぎない。そこで、つぎにこの点について検討をくわえてみたい。

三　続・最近の改憲の動きの経緯（省略）

（労働法律旬報一〇一五・一〇一六、一〇一九、一〇二三号、一九八一年二、四、六月）

一九八一年

裁判官不祥事件の根底に潜むもの

一　最近、鬼頭事件（一九七六年）、安川事件（一九八〇年）、水沼事件（同年）、接待ゴルフ事件（本年）など、裁判官の不祥事件が続発している。

もっとも、これらの事件は、一口に不祥事件といってもそれぞれ内容と性質を異にしている。鬼頭事件では、右翼、与党、公安筋と何らかの繋がりのあるとみられる裁判官が政治的謀略の一環として検事総長の名を騙って内閣総理大臣に偽電話をしたり、司法研究のためと称して宮本顕治氏の身分帳を閲覧し外部に流した。安川事件では、簡易裁判所の裁判官が担当刑事事件の女性被告人と職権を利用して関係を結んだ。水沼事件では、裁判官が出張先で泥酔のうえ宿泊先のホテルで宿泊客らに対し暴行を加えた。そして、今回の接待ゴルフ事件では、東京地方裁判所の民事二〇部（破産部）の二人の裁判官がゴルフ場の破産管財人から接待ゴルフの供応をうけたり、ゴルフセットや背広のプレゼントをうけたり、破産管財人が破産ゴルフ場の買収のために設立した会社に妻名義で融資したりした。

このように各事件の内容も性質も違うので、何故裁判官の不詳事件が続発するのか、どうすればそれを防ぐことができるのかについて一概に論ずることはできない。このことは十分に承知のうえで、しかし敢て指摘したいことがある。それは、これら不祥事件の続発が最近の裁判所内のある種の雰囲気、風潮と関連しているのではないかということである。

もっと正確に言えば、最近裁判官の間に訴訟促進、迅速裁判を至上とする能率主義、技術主義的傾向と、最高裁判所（ないし司法行政当局）への追随的、服従的傾向とが強まりつつあり、これにともない裁判のあり方、裁判官のあり方についての裁判官の考え方に大きな変化、歪みが生じつつある。このことが不詳事件続発の土壌を形成しているのではないか、ということである。

二　法曹界や学界ではもちろんのこと、一般にもかなり広く知られているように、最高裁判所（司法行政当局）は、一九六〇年代後半から一九七〇年代にかけて、司法統制（裁判官および裁判の統制）と司法合理化（裁判機構および裁判手続の合理化）とをめざしてさまざまの政策や措置を展開してきた。

例えば、裁判官に対する「政治的中立性」の要求（団体加入の制限）、若手裁判官に対する一種の思想教育（新任判事補研鑽、参与判事補制度など）、法務省との人事交流の活発化、日常的生活の規制の強化、裁判官会議の権限縮小、司法修習生の自主的活動の規制、各種の会同や研究会による裁判統制などは、司法統制を実現するためのものであり、これに従わない者に対しては再任拒否、不利益処遇、新任拒否などの制裁的措置がとられている。また、簡易裁判所や高等裁判所支部の整理統合、長期未済事件報告制度、交通事件など特殊事件の迅速処理方式、強権的な法廷警察権、訴訟指揮権、庁舎管理権の行使による当事者の訴訟活動の規制、傍聴の規制などは、司法合理化を実現するためのものである。

このような政策や措置は、裁判官の職権や身分の独立、その市民的自由、裁判官自治、公正な裁判を受ける権利、当事者の訴訟活動の権利（当事者主義）、裁判の公開（傍聴の自由）など、近代および現代において司法の基本的任務（人権擁護）を達成するために必須、不可欠の原理、原則とされてきたものを変容させ、形骸化し、侵害している。

そして、例えば、本来的な裁判官のあり方からみて疑問のある裁判官であっても、司法行政に対し協力的であるが故に重用され、いわゆるエリートコース的処遇をうける者がでている（鬼頭裁判官の例がそうであったようである）。これとは逆に、裁判官として人格、資質、能力がいかに優れていても、司法行政に対し批判的であり最高裁判所（司法行政当局）に対する忠誠度が低いと評価される者は、再任を拒否されたり、任地、報酬、担当事件など凡ゆる面で不利益をうけることを覚悟しなければならない（宮本裁判官の例など）。

三　このような司法政策の展開のなかで、裁判官の間に訴訟促進至上主義的、最高裁忠誠主義的な傾向が徐々に拡がり、それが裁判のあり方、裁判官のあり方についての裁判官の意識、思想、理論に対し見逃すことのできない大きな歪みを生じさせつつある。この憂慮すべき現実の全容についてここで論ずることは紙幅の関係で不可能であるが、次のことは指摘しておきたいと思う。

裁判官に対する評価の基準の中心が訴訟の迅速処理能力と最高裁判所の司法行政と判例への忠誠度とに置かれる結果として、基本的人権、平和、民主主義という人類の普遍的な憲法価値に即して事案の適正妥当な解決をはかるという司法（裁判および裁判官）の本来的な任務（あり方）が個々の裁判官の意識のなかでもほとんど無視されるか不当に軽視される傾向が出始めている。

このような傾向は、裁判ないし裁判官の実質的公正さの放棄の傾向といいかえることもできるが、この傾向は、裁判ないし裁判官の公正らしさ（公正さの外観）の重視の傾向と分ち難く結びついている。そして、実質的な公正さを事実上放棄しもっぱら形式的な公正らしさ（公正さの外観）によって国民の信頼を得ようとする意識、思想、理論は、裁判官の意識に対し二重の意味で歪みを生じさせ、裁判官にある種の荒廃、頽廃をもたらす危険をはらむ。

第一に、公正らしさ（公正さの外観）の自己目的的追求はいわば他人の目を気にする他律的裁判官を生むが、この他律的裁判官が最も気にするのは司法行政当局の目であり、当事者や一般国民の目ではない。

第二に、実質的公正さの放棄は、多くの裁判官にとって初心（良心）を抑圧し放棄することなしには不可能であるが、最高裁判所（司法行政当局）の司法行政に対する忠誠とひきかえに初心（良心）を一旦放棄した裁判官は、その忠誠さを示すためとめどなく積極的な司法行政協力者に変貌していく。

裁判官の間に拡がりつつあるこのような歪んだ風潮、傾向が、裁判官の不祥事件の温床、土壌となることは説明の要がないであろう。

四　現在続発している裁判官の不詳事件は、それぞれ個別的な特異なケースであるようにもみえる。しかし、先に述べたような風潮、傾向に照らしてみるとき、われわれはもっと深刻な裁判官の問題行動の多発という状況に早晩直面するであろう。

その兆しは見えている。前に示した不詳事件もその一つとみていいであろうが、裁判官の問題行動をもう少し広い視野で捉えてみれば、事態は既に深刻な様相を呈している。何故ならば、裁判官の間に浸透し、その意識と行動を捉えている訴訟促進、迅速裁判を至上とする能率主義的、技術主義的傾向は、裁判の場で当事者無視の事件処理の強行という事態をひき起こしているからである。ここでは、当事者の言い分をよく聞いて事件の適正妥当な解決をはかるという、裁判のプリミティヴな原則、方式がいとも無雑作に無視ないし軽視され、異常に強硬な訴訟指揮、訴訟運営が行なわれているのである。いわゆる人違い監置事件（一九七九年）もその例である。

この事件では、判決を言い渡し閉廷を宣告した後に傍聴人の間から「大資本の犬だ」などの抗議の声が上ったのに対し、裁判長が傍聴人の一人を拘束した。しかし、その発言者は、実は拘束された人の隣りに座っていた傍聴人であることは周囲の傍聴人や新聞記者のみならず発言者自身が認めるところであった。ところが裁判所は、人違いであるとする主張には一切耳をかさず、拘束した傍聴人に対し監置処分を言い渡した。この処分は、抗告審および特別抗告審でも認められた。それどころか、この人違い監置の処分を強行した裁判官は、本年二月、最高裁判所刑事局長に「栄転」しているのである。

衆人環視のなかで行なった事実誤認を認めようとしない裁判官の態度と、それを庇護しようとするかにみえる上級審および司法行政当局の措置は、われわれに対し、裁判官の不詳事件と同様に強い衝撃を与えずにはおかない。

そして、よく考えてみれば、裁判を受ける当事者とその背後にいる一般国民を眼中に入れない点において、人違い裁判と不祥事件とには実は共通、同根のものがひそんでいるように思われるのである。

五　もっとも、最高裁判所(司法行政当局)の司法政策によって醸成されつつある風潮、傾向にすべての裁判官が捉えられているわけではない。現在でも、司法行政当局の厳しい規制のなかで青年法律家協会裁判官部会の会員裁判官は、憲法に即しつつあるべき裁判像、あるべき裁判官像を求めて地道な研究活動を続けている。また一九七一年に始められた裁判官懇話会もほとんど連年のように二〇〇名以上の裁判官を集めて開かれ真摯な討論を重ねている。このことは、司法の将来に希望を抱かせるものであり、どんなに高く評価してもしきれないほどである。

とはいえ、裁判所のなかに生じている事態を具さに検討してみるとき、裁判のあり方、裁判官のあり方についての裁判官の意識が大きく変わろうとしており、それがさまざまな問題行動となって表れているという事実に気づかざるをえない。この事実は、裁判所内部でも心ある裁判官によって意識され、深く憂慮されている(第五回裁判官懇話会におけるA裁判官の発言(判例時報七九六号一五頁)、第七回裁判官懇話会における石松裁判官の発言など(判例時報九一五号一八頁)、第八回裁判官懇話会全体会報告(判例時報九九三号一三頁)など)。

六　最高裁判所は、安川、水沼両事件の直後に、最高裁判所裁判官会議の議に基づく長官訓示を発し、裁判官に対し自粛自戒を求めた(一九八〇年一〇月二七日)。今回の接待ゴルフ事件についても最高裁判所(司法行政当局)は深い衝撃をうけているといわれ、厳しい処置に出ることが予想される。

先にも述べたように、最高裁判所(司法行政当局)は、早晩、この種の不祥事件を含む、もっと多種多様な裁判官の問題行動に直面するであろう。それは、一片の訓示で防ぎきれるものではなく、まして監督や服務規律を強化することで解決できるものではない。

いま最高裁判所（司法行政当局）にとって何よりも必要なことは、司法本来の使命をなおざりにして司法統制、司法合理化を追求してきたこれまでの司法政策が裁判官の意識と行動にどのような変質、歪みをもたらし、それが裁判にどのような事態を生みだしつつあるかを、憲法と人権の理念に照らし虚心に検討し反省することであるように思われる。

それにつけても、最高裁判所（司法行政当局）に対し右のような態度に赴かしめるためにも、裁判官は、いまこそ裁判のあり方、裁判官のあり方について自主的な討議を広く行なうべきである。その率直で自由な自主的討議のなかからこそ、民主主義社会にふさわしい裁判官モラルが自ずと形成されるに違いない。

（法律時報一九八一年五月号）

一九八二年

軍国主義化の中の司法反動
人権保障機能の後退と行政追随

一　有事即応の国家体制づくり

現在、臨時行政調査会は今年の夏に基本答申をするため作業を急いでいるが、この作業が総合安保、日本型福祉社会、国際社会貢献などの「理念」のもとに国民生活を切り下げ軍事力を増強し有事即応のファッショ的国家体制をつくることをめざしていることは誰の目にもはっきりしてきた。

このような軍国主義化の追求は、アメリカの世界戦略にそい日米軍事一体化をめざすものである。このことは、「日米防衛協力のための指針」（一九七八年）、日米共同声明（八一年）、日本有事に関する「日米共同作戦研究」（同年）、さらには本年一月にスタートした極東有事研究などがよく示している。

一方、軍国主義化にとって大きな障害となっている憲法を「改正」するための準備が政府・与党によって着々と進められている。昨（一九八二）年一〇月、自民党憲法調査会は憲法前文の改正案づくりの作業を始めたし、自主憲法期成議員同盟も第一次改憲草案をまとめた。また同月には国民的な改憲運動組織として「日本を守る国民会議」が結成され、すでに昨年末までに三五の都道府県にその地方組織が生まれている。

また、有事即応の国家体制づくりにとって不可欠な有事立法、治安立法も、スパイ防止法案や刑法改正案の本年三月国会提出準備など、着々と進められている。スパイ防止法につき自民党は昨年四月法案要綱を作成ずみである。また刑法改正について法務省は、あたかも改正刑法草案に大幅に修正を加えて世論の批判にこたえるかのような態度を示しながら公務員機密漏示罪をはじめとする国家主義的、治安主義的傾向のつよい規定や保安処分を設けようともくろんでいる。

一見批判に応えようとするかのような法務省の態度は、自民党や財界などからのプレッシャーを「予定」する擬装作戦的なポーズの色合いがこいように思われる。

右のような改憲、行政改革、有事立法・治安立法などにみられる統治政策の展開は、司法のうえにも大きな影響を及ぼし、その動きを規定している。

二　臨調第二部が司法まで検討

現在、臨時行政調査会第二部会は、行政組織の改革に関し一一項目におよぶ主要検討課題をとりあげているが、そのなかに「行政府と立法府及び司法府との関係」という項目がある。このことは臨時行政調査会が行政府との関係という角度から司法制度上の問題についても検討していることを示しているが、その基調が行政に対する司法の抑制の排除にあることは容易に推測できる。

広く知られているように、一九六〇年代から一九七〇年代にかけて、憲法の基本理念に立脚した裁判例が軍事(七三年長沼訴訟第一審判決など)、労働（六九年都教組事件最高裁判決など)、教育（七〇年第二次教科書訴訟第一審判決など)、公害（七一年から七三年四大公害訴訟判決)、社会保障（六〇年朝日訴訟第一審判決など）をはじめ各分野で続々と出された。これらの裁判例は、民主主義運動、平和運動、人権闘争の発展を反映するものであり、反動的な統治政策の進展を阻むうえで重要な役割をはたした。

それに対して支配層は、良心的な裁判官に対する思想攻撃をおこない、最高裁判所の裁判官構成を反動化し、裁判官に対する統制をつよめ、さらに裁判統制にのりだした。それは、反動的統治政策の阻害要因を除去するための措置だったのである。

この司法反動化は、裁判所内部の良心的、民主的勢力の存在（青年法律家協会裁判官部会、裁判官懇話会、全司法労働組合など）、裁判所外の司法反動化阻止運動の展開（「弁護人抜き裁判」特例法案が廃案となる経過を想起せよ）などによって所期の目標の十全な達成を阻まれているとはいえ、相当の効果をあげていることは否定できない。

三　国民の批判と運動こそが……

その司法反動化政策は、これまでにも裁判官の「中立性」のイデオロギーと司法官僚制強化とによる裁判官統制（裁判官の独立の侵害）、訴訟促進・訴訟合理化のイデオロギーによる裁判手続と裁判機構の「合理化」（適正手続と裁判を受ける権利の侵害）によって司法の行政への癒着・追随・従属・司法の人権保障機能の後退をもたらすとともに統治政策の反動的展開を助長、促進してきた。そして、今後も、さきに述べたような軍事力増強と有事即応の国家体制の構築の進度に応じ、それに相応する司法として、反動化は一層深められていくであろう。

この点と関連し注目しなければならないのは、司法反動化の一様相として司法の行政追随の傾向が今後さらに一層つよまるであろうということである。このことを鮮やかに示したのが昨年一二月一六日の大阪空港訴訟に関する最高裁判決である。この判決は住民側の飛行差止め請求を却下したが、その実質的な理由となったのは差止めを認めると司法の行政介入を認めることになるので許されないという考え方である。司法は行政に介入すべきでないというこの考え方は、行政による人権侵害を放置し司法の人権救済機能を狭め司法の行政追随を正当化するイデオロギーの一種にほかならない。この大阪空港判決に限らず最近の最高裁判所の裁判例には国家（国益）は個人（人権）よりも重いとする国家主義的なイデオロギーと論理に基づくものが多くなっている。

このことは、行政改革と司法反動化とが軍国主義的なファッショ的国家体制の構築をめざす統治政策のなかで有機的に関連することのイデオロギー的反映である。

わたくしたちは、この統治政策のファシズム的本質を、その国家なるものがじつは大企業を中心とする支配層の国民支配のメカニズムであり国民（人権）と鋭く対立しているという現実に即して批判しなければならない。そしてこの批判、運動こそが裁判官の良心と理性の活性化を促し、行政追随のイデオロギー的呪縛から裁判官を解き放つ大きな要因であり、民主主義司法の展開の基礎条件なのである。

（赤旗一九八二年二月六日）

一九八二年

司法権と行政権の関係
大阪空港訴訟の最高裁判決にみる

一　生活と健康を破壊

昨〔一九八一〕年暮れの一二月一六日、最高裁は、大阪国際空港訴訟の判決をくだした。そのなかで最高裁は、公害に悩む住民側の損害のうち、過去の分については賠償請求を認めたが、将来の分は賠償請求をしりぞけた。それだけでなく、住民側がもっとも強くねがった夜九時から翌朝七時までの飛行禁止についても、民事訴訟ではそもそも請求が許されないとして、これを認めなかった。

このように最高裁の判決は、住民の切実な願いと期待に反して、公害による過去の被害は救済するが、将来における被害の発生、継続については、放置するという立場にたつものであった。この最高裁の判決は、空港使用を禁止することは行政への介入になり、三権分立の原則に反するので認められない、という考え方が、その実質的な理由となっている。この点を、もうすこしくわしく考えてみることにしよう。

大阪国際空港は、国（運輸省）が設置し管理している空港で、国内、国外の航空機が発着しているが、一九六四年にジェット機が発着するようになってからは、とくに騒音がひどくなった。一九七二年四月当時の発着数は、一日に四一八機（うちジェット機が二四八機）もあり、二、三分おきに発着するありさまであった。一番ひんぱんな時間帯の発着は、一分四〇秒おきで、東京、大阪の国電のラッシュアワーなみであった。しかも、発着は朝七時から深夜にまでおよんでいた。深夜便が廃止された一九七四年以降は、夜一〇時から翌朝七時まで発着がなくなり、発着数も少し減ってはいるが、しかし大型ジェット機の数は、ほとんど変わっていない。

このような航空機（とくに大型ジェット機）のひんぱんな離着陸によって、付近の住民は、その騒音、排気ガス、振動、ばい煙、悪臭で、生活と健康を破壊されていった。耳なり、難聴、頭痛、めまい、鼻出血、胃腸障害、気管支炎、高血圧、流産、幼児や児童の発育不良など、住民の健康がそこなわれ、さらに睡眠、会話も妨げられ、学校教育も妨害された。そのすさまじい被害の実態は、とてもここに書きあらわすことができない。住民は、健康と生活をうばわれ、人間らしく生きることを否定されているのである。

二　二審判決を覆す

このすさまじい健康破壊と生活破壊をうけた住民たちは、空港を設置し管理している国に対し、対策と被害救済を要求した。だが、国はほとんど、対策らしい対策をとらなかった。そこで住民側は、夜の九時から翌朝七時までの空港使用禁止と、損害賠償とを求める民事訴訟を起こした（一九六九年と一九七一年）。

これに対して大阪地方裁判所は、一九七四年二月、空港使用禁止の一部（夜一〇時から翌朝七時まで）と、過去の損害の賠償とを認めたが、しかし夜の九時から一〇時までの発着については、住民は我慢すべきだとして、飛行禁止を認めなかった。ところが、第二審の大阪高等裁判所は、夜の九時から一〇時までの飛行禁止を認めるとともに、将来の損害についても賠償を認めた。

住民の期待に応えた第二審判決に対し、国側は最高裁に上告した。その理由は、①第二審が空港使用禁止を認めたのは、三権分立の原則に反している、②将来の損害の賠償を認めたのも誤っている、というものであった。そして、この国側の主張は、二つとも最高裁で認められたのである。

三　三権分立を理由に

裁判所が空港使用を禁止することは、なぜ三権分立の原則に反するのだろうか。国側は、つぎのようにいう。空港の使用は、行政権限に関することがらであり、民事訴訟が扱うべきことではない。したがって、裁判所が使用を禁止すれば、行政庁の権限を侵すことになり、三権分立の原則に反する、と。

このような国側の主張に対して最高裁は、もし空港使用の禁止を認めると、民事訴訟で行政権を拘束することになるので、使用禁止を請求すること自体が許されないという。こうして最高裁は、国側の主張を受け入れたのである。

もっとも、最高裁は、民事訴訟でという条件をつけており、この点で国側の主張と違いがあるようにもみえる。しかし、最高裁は、行政訴訟なら、空港使用の禁止を認めているかといえば、そうではなく、明言を避けている。むしろ、否定的なニュアンスさえ感じられる。そうだとすれば、空港使用を禁止することは、行政権への介入になるので認められない、と最高裁がいっているのと同じである。

四　権利の保護を放棄

この最高裁の判決には、もし大阪国際空港が民間のものであれば、裁判所は使用禁止を命令できるが、国営なので命令できない、という論理がふくまれていることになる。この論理は、公害の被害救済を求めている住民の立場からみれば、全く理解できないものである。のみならず、三権分立の原則の意義をゆがめて理解したものである、といわざるをえない。

本来、三権分立の原則の基礎となっているのは、専制的な権力から国民の権利を守ることであり、そのためにこそ、司法権の独立が認められているのである。それは決して、行政権による人権侵害に〃不干渉〃の態度をとって、放置、黙認せよ、というものではない。このような基本的な見方に立てば、行政権の怠慢によって発生しつづけている公害で、国民の生活と健康が破壊されているとき、司法権が三権分立を理由に、不干渉、ノータッチをきめこみ、権利保護の任務を拒んでいることは、決して正しいあり方でないことがわかろう。

その意味で、最高裁の判決に対し、三権分立の原則をゆがめ、司法権の任務（権利保護）を放棄したものである、という厳しい批判が加えられてよい。

（時事教養一九八二年五月号）

一九八二年

拘禁二法案と民主主義の命運

一　一九八二年四月二八日、政府は、会期の押しつまった第九六通常国会に刑事施設法案と留置施設法案を同時に提出した。両法案の審議は、その後国会の会期が大幅に延長されたことによりかなり進捗することが予想される。

今回の両法案同時提出は、代用監獄制度の恒久的存続を狙って秘密裡に準備されてきたため、一般国民に対しきわめて唐突な暗い感じを与えた。いってみれば、警察官僚の陰湿で狡猾なやり方は、それだけで戦前のような、いやそれ以上の警察国家の現出の危険を国民に感じさせるものがある。

両法案のうち刑事施設法案については、一九八〇年一一月法制審議会が四年半余の審議の後に「監獄法改正の骨子となる要綱」（以下「要綱」という）を決定し法務大臣に答申したことからみて、その内容の点はともかくとして国会に提出されることは予測されたところであった。しかし、留置施設法案については、この種の法案が準備され国会に提出されることは一般の国民にとってはもちろんのこと、監獄法改正問題、とりわけ代用監獄問題の推移に対し深い関心を払い注視してきた者にとっても予想外のことであり、「寝耳に水」の感じを与えるものであった。

このように感じるのは無理もない。代用監獄問題を審議した法制審議会においてこの種の立法が必要であるという主張が警察当局や法務・検察当局からなされたことはなかったからである。それだけではない。「要綱」は刑事施設法のなかの被勾留者の処遇に関する規定を警察留置場に勾留される被勾留者にも適用することを定め、むしろこの種の立法を否定する方針を打ち出していたからである（要綱一〇八⑵）。

二　広く知られているように、監獄法改正作業の一番の焦点となったのは、代用監獄問題であった。この作業の開始（法制審議会への諮問）に当たり法務省が作成した「監獄法改正の構想」およびその構想細目は、「（警察）留置場は、被勾留者を収容するため、刑事施設として用いることができるものとする」（構想細目七二）と定め、代用監獄制度を存置しようとしたのみならず、その代用性を払拭しようとした。警察当局も、代用監獄制度有用不可欠論を展開した。警察庁の作った文書（「警察の留置場を勾留施設とする必要性」一九七八年、「警察の留置場を勾留施設として用いる制度に関する警察の考え方」一九七九年など）によれば、代用監獄制度は捜査を適正、迅速、臨機応変に行ない、効果的に被疑者取調を行なううえで有用であり必要、不可欠であるというのである。

このような警察当局および法務、検察当局の主張は、弁護士や学者を中心とする代用監獄制度廃止論者から、この制度こそは自白の強要、人権蹂躙的捜査の温床であり冤罪事件の基盤であるとする鋭い批判を受けた。しかし、結局のところ法制審議会では代用監獄制度存置論が大勢を占め、「（警察）留置場は、被勾留者を収容するため、刑事施設に代えて用いることができること」（要綱一〇八⑴）を決定した。このように法制審議会は代用監獄制度の存置を決定したが、それと同時に、代用性の明確化（傍点部分をみよ）と、代用監獄漸減・縮小化の方針とを「要綱」のなかに盛り込んだ（「関係当局は将来、できる限り被勾留者の必要に応じることができるよう、刑事施設の増設及び収容能力の増強に努めて、被勾留者を刑事留置場に収容する例を漸次少なくすること」（要綱一一〇㈡）。しかも法制審議会は、前述のように被勾留者の処遇に関する刑事施設法の規定をそのまま警察の留置場に勾留される者に対しても適用すべしとしていた（要綱一〇八⑵）。「要綱」のこのような態度、方針は、代用監獄制度廃止論の立場からみれば、漸減・縮小するとはいえ廃止せずに存置しようとする点、自白強要の弊害除去のための実効的な方策（例えば、犯罪事実を否認している被疑者を留置場に勾留することを禁止するなど）を打ち出していないなどの点で不十分なものである。とはいえ「要綱」は、代用監獄の代用性と漸減・縮小の方針を明記することによって、かろうじて代用監獄制度廃止の姿勢をとろうとしたと評しうるものであったのである。

ところが、今回の留置施設法案は、右のような法制審議会の答申（要綱）を無視するかの如く、警察の留置施設（留置場）に拘禁される者に対して適用されるべき、刑事施設法とは全く別個の法律として立案されている。これは、代用監獄制度の例外性、暫定性の除去、その恒久的存続に向けて法制的手当を施そうとする狙いに基づく。

三　代用監獄制度の例外性、暫定性の除去、抹消の姿勢は、何よりもまず刑事施設法とは別個に留置施設法を立法しようとしていること自体に表われているが、それだけでなく、刑事施設法と留置施設法との関係についての規定のしかたにも表われている。

前述のように「要綱」は、「留置場については、刑事施設及び被勾留者に適用のある規定を適用する」（要綱一〇八(2)）と定め、留置場であると刑事施設であるとを問わずおよそ勾留される者に対して刑事施設法を適用することとしていた。今回の刑事施設法案は、一応はこれを受けた形で、留置施設に拘禁される被勾留者について「刑事施設に収容されたものとみなしてこの法律を適用する」（一六三条二項本文）と規定している。しかしその一方で、同法案は、留置施設に拘禁される者に対して留置施設法を排他的に適用する道を開くため、右の条文に続く但書として「ただし、他の法律に特別の定めがある場合にはその定めるところによる」（同項但書）と規定している。そしてこれを受ける形で留置施設法案は、二八条で留置施設に拘禁されている被勾留者に適用すべき刑事施設法の条文を列挙したうえで「（上記の）規定以外の刑事施設法の規定は適用しない」と規定している。これは、単に留置施設に拘禁される被勾留者に対する留置施設法の原則的適用（刑事施設法適用の原則的排除）の趣旨を明らかにしたものだが、それに止まらず、実は留置施設法の改正のみによって留置施設に拘禁される被勾留者の処遇を変えることができることにする点で、危険な思惑を秘めている。

四　代用監獄制度は、捜査機関による被疑者の身柄の拘禁を長期間認め被疑者取調＝自白追求の便宜を最大限確保しようとする点に特色がある。

したがって、この制度は、捜査機関による取調目的の身柄拘禁を認めない建前の法制度の下にあっては本来許されない制度であり、欧米にみられないのはそのためなのである。このことは、「審問権は予審判事に、訴追権は検事に」の原則がとられていた戦前の刑事訴訟法（治罪法、旧々刑訴法、旧刑訴法）の時代においても意識されていた。そのため代用監獄制度は、監獄数が不足しておりその早急な増設が望めないという当時の状況の下においてやむをえずとらざるをえない、例外的、暫定的な制度として立法された。

戦前において留置場は、行政検束の濫用や違警罪即決例に基づく拘留の濫用、さらには代用監獄制度の存在により、自白強要、人権蹂躙の巣窟であった。この弊害の除去に向けて識者により糺弾や提案（例えば行政執行法や違警罪即決例の改廃、さらには代用監獄制度廃止など）が行なわれたが成功しなかった。戦後、行政検束と違警罪即決例は廃止された。また代用監獄制度についても一時は廃止の方向で検討が司法省内でなされた。しかし、この作業は種々の事情で成立せず、そのまま今日に至った。

その間、代用監獄制度は、戦前と同様に、捜査当局による自白強要の物的保障装置の役割を果たし、人権蹂躙の温床となってきた。まさにこの制度は、被疑者・被告人、とりわけ被疑者の身柄と生活を捜査当局の管理、支配の下に置き、捜査当局がさまざまの有形、無形の圧力を被疑者に加えながら自白に追い込んでいくことを保障する点に「存在意義」がある。このことを警察当局も決して隠そうとしないことは前にみた警察庁の文書が示す通りである。警察の密室内で行なわれる取調は往々にして強制、拷問、脅迫、利益誘導などを伴っているが、これも代用監獄制度があればこそ容易に生ずる現象である。例えば、深夜に至る長時間の取調、空腹な状態に置いての取調などは日常茶飯事的にみられるやり方であるが、このようなやり方なども代用監獄制度があればこそ可能なのである。

代用監獄制度の実態は、日本弁護士連合会の調査（日弁連代用監獄廃止実行委員会等の作成した『体験者が語る代用監獄の実態』全二冊など）によりその一端が知られるが、ここでは代用監獄制度が恐るべき誤判を生み出す一因となった例として松山事件を挙げ読者の注意を喚起しておきたい。

松山事件とは一九五五年に宮城県松山町で発生した一家四人殺しの強盗殺人・放火事件であり、その犯人として斎藤幸夫さんが死刑の判決を受けた。有罪の証拠となったのは斎藤さんの自白と血痕鑑定とであったが、斎藤さんは、自白は虚偽であり血痕鑑定も誤っているとして現在再審を請求している（一九七九年再審開始決定。検察側即時抗告中）。では、何故斎藤さんは虚偽の自白をしたのか。斎藤さんが主張し再審開始決定もほぼ認めているところによれば、別件逮捕されアリバイ追求に困惑、混乱した斎藤さんは、留置場の同房の高橋某から自白をそそのかされた。「ここにきたらやらないことでもやったことにして早く出た方がよい。そして裁判のときに本当のことを言うんだ」とか「未決（拘置所のこと――引用者注）に行けば何でも食べられる。外を散歩することもできる」などと自白をそそのかされた斎藤さんは、未決に行ってお母さんに会いたい一心で嘘の自白をしてしまったのである。このようにして斎藤さんに嘘の自白をするようそそのかした高橋某なる者は、斎藤さんの房内での言動を探り自白に追い込むため警察によってわざわざ同じ房に送り込まれたスパイのような人物であった疑いがきわめて濃い。

五　今回の刑事施設法案および留置施設法案は代用監獄制度の恒久的存続を企図するものである。しかもそれは単なる存続ではなく、弁護人と被拘禁者との接見交通や信書交通を従来よりも広く制限し、また被拘禁者に対する拘束具（捕縄、手錠、拘束台、防声具）の使用条件をゆるめ懲罰制度を強化するなど、改悪点を多く含んでいる。とりわけ、「罪証の隠滅の防止の必要」「留置施設又は刑事施設の管理運営上の必要」という現行刑訴法にない新たな弁護人接見交通制限理由を設け、しかもその制度を被疑者のみならず被告人に対しても及ぼそうとしている点は、被疑者・被告人の「弁護人の援助を受ける権利」を大きく制限するもので、憲法違反の疑いがある。

このような恐るべき内容をもつ両法案が立法化され、しかもこれが刑法改正による刑罰権拡大の動きと連動する暁には、戦前に劣らぬ、いやそれ以上の警察国家の現出の危険がある。

かつて岸内閣は、六〇年安保改定への布石として警職法改正を企てた。これに対して国民は強く反対しこれを阻むとともに六〇年安保闘争に始まる民主主義運動を切り開いた。今、支配層は、日米軍事一体化と憲法改正に向けて、着々と準備を進めており、今回の両法案もその一環である。国民がこの企てを阻みうるか否かは、一九八〇年代の民主主義の命運に関わる実に重大な問題である。

（法律時報一九八二年七月号）

［補記］拘禁二法案は一九八五年に廃案のまま不成立に終った（本書一三八頁参照）。その後、受刑者については、二〇〇五年五月、「刑

事施設及び受刑者の処遇等に関する法律」が制定された。また未決拘禁者については、本（二〇〇六）年三月一三日、未決拘禁者の処遇に関する規定を含む「刑事施設及び受刑者の処遇等に関する法律の一部を改正する法律案」が国会に提出され、代用監獄制度の存続・強化の方向に向いつつある。

一九八三年

再審の逆流を許してはならない

一　一九八二年暮から一九八三年前半にかけて再審の分野で相次いで重要な動きの起こることが予想される。その動きの中身をあえて予測するならば、松山、徳島両事件について検察側の即時抗告が棄却されて再審開始がほぼ確定的になるであろうし、また免田、財田川両事件について再審無罪の判決が下され、死刑囚が一転して釈放されるという前例のない事態が現出するであろう。

また、梅田事件の再審請求についての決定が一二月二〇日に下されるという。本誌が刊行される時には既にその決定の中身が明らかになっているわけであるが、これまでの経過からみて再審開始となる蓋然性は高いと私には思われる。この強盗殺人事件が北見市内で発生したのは一九五二年のことであり、梅田義光さんが第一審で主犯格のＨ（死刑）とともに共犯（実行者）として有罪とされ無期懲役の刑を言い渡されたのは一九五四年のことであった。この判決は一九五七年に上告棄却により確定した。梅田さんは無実を主張し一九六二年に再審を請求したが、棄却された。

しかし、一八年七カ月に及ぶ服役生活を送った後仮出所した梅田さんは、一九七九年一二月一七日、二度目の再審請求を行った。この年には、財田川事件（六月）、免田事件（九月）、松山事件（一二月）と、再審開始決定が相次いで下されているが、このような状況下で梅田さんも冤罪を晴らすために再度の請求に踏み切ったのである。

この事件は、主犯格のHが自分の罪を軽くしようとして梅田さんと共謀してやったという虚偽の供述を行い、梅田さんも拷問に屈してこれにそう虚偽の自白をした疑いがきわめて強い。再審請求にあたり、梅田さんは、自白の犯行の態様と被害者の傷とが一致しないことを指摘する船尾忠孝教授の鑑定および三宅宏一医師の証言や、「自分の罪を軽くするため梅田さんに罪を被せたもので彼は事件に全く関係がない」旨のHの獄中での告白を何度も聞かせられた者の証言などを新証拠として提出している。

このように誤判救済に向けて再審がその歩みを大きく進めることが予測されるが、しかしこの動きはこれまで検察側の強い抵抗を受けてきており、今後も恐らくそうであろう。そうである以上、前述した予測が果たして現実のものとなるかどうかは本当のところは分からず、最後まで予断を許さないというべきなのである。

二　前にも記したように松山事件について再審開始が決定されたのは、梅田さんが二度目の再審請求を行った丁度その頃のことであった（一九七九年一二月六日）。ところが、それからもう三年も経つというのに未だ再審が開始されない（一九八二年一二月六日現在）。それというのも、検察側が即時抗告してあくまで争う態度にでているからである。

改めて振り返ってみれば、一九五五年宮城県松山町で発生した強盗殺人・放火事件の犯人として斎藤夫さんが有罪（死刑）とされたのは、斎藤さんの自白とこれを裏づける掛布団襟当の八十数群にわたる血痕に関する三木敏行、古畑種基両教授の鑑定によるものであった。ところが、一九七九年の再審開始決定は、両鑑定が多数の血痕様の斑痕の一部のみについて、しかも複数の斑痕を集めて人血試験や血液型検査を行うという方法でなされていることを批判し、両鑑定の結論が承認されるためにはこれらの斑痕が「同一機会ないし同一機序」で生じたという前提が必要であるのにこれが充足されておらずその証拠価値は著しく減弱している、と判断した。またこの決定は、斎藤さんが犯行時に着用していたとされるジャンパー・ズボンから血痕が検出されないことからみて血痕が附着していない蓋然性が高く、このことは犯行時ジャンパー・ズボンに大量の被害者の血が着いたので洗濯した旨の斎藤さんの自白の真実性に重大な疑惑を抱かしめるだけでなく、ジャンパー・ズボンに血液が附着しないのに頭髪に血液が附着しこれが二次的、三次的に掛布団襟当に附着し多数の血痕斑が生じるということはありえないのではないかという疑惑をも抱かせ、その結果として掛布団襟当の血痕が斎藤さんの犯行を介して生じたとするのは疑問だ、と判断した。さらにこの決定は、斎藤さんの自白は、その経過や内容からみて捜査当局の誘導によるもので真実性に疑問があるとした。

この決定は、掛布団襟当への血痕附着にまつわる疑惑(捜査当局による血痕偽造)を解明する点において不徹底さはみられるものの、有罪証拠とされてきた自白と三木、古畑両鑑定の証拠価値について厳しい批判を下すことにより有罪判決の誤りをえぐり出した優れた決定であったといっていい。ところがこの決定に対し検察側は即時抗告したのである。

もともと再審という制度は誤判救済の制度である。この目的、理念に照らしてみるとき、いったん裁判所が確定有罪判決に対して強い疑いを抱いて再審開始を決定したならば直ちに再審公判を開くのが妥当であり、再審開始決定に対して検察側が不服申立(即時抗告)する権限を認めるべきではない。ちなみに、西ドイツではわが国とは違い利益再審のみならず不利益再審も認められており、その意味では捜査・検察当局の有罪追求の立場がわが国よりも保護されるしくみになっている。にもかかわらず西ドイツでは再審開始決定に対する検察側の即時抗告権を認めていないのである。ところが、わが国では不利益再審が認められず被告人のための誤判救済の目的、理念が純粋に貫徹されうるしくみになっているのに、実際には再審開始決定に対する検察側の即時抗告権が認められている。そうであるだけに検察側が即時抗告するのはよほどの特別の事情、理由のある例外的な場合に限られなければならない。

ところが、検察側は松山事件につき特別の事情、理由もないのに、再審開始決定によって判断ずみのことがらについてこれまでの主張をむし返して即時抗告したのである。このような検察側のやり方は、松山事件に限らず、財田川、徳島、免田の各事件でもみられたところであり(ただし、免田事件の場合は特別抗告)、きわめて不当なものであって、即時抗告権の「濫用」といっていいようにさえ思われる。そうだとすれば、そもそも裁判所がこれに対し、誤判の迅速な救済の観点に立って迅速、的確に対処すべきであることは当然である。しかも松山事件では即時抗告審において格別、新しい証拠や主張が出されているわけでもなく、検察側が行った掛布団襟当の血痕に関する再鑑定の申立も一九八一年春に裁判所により却けられているのである。それなのに、再審開始決定後すでに三年経つというのに即時抗告審裁判所の決定が下されない。一体どうしたというのだろうか。この間に担当裁判官三名のうち一名の異動・交替があり、このことがあるいは審理の遅れに影響しているのではないかとも思われるが、しかしこれはいってみれば裁判所の内部事情に属することであり、いいわけにはならない。

　おそらく裁判所も慎重かつ迅速に審理を重ね、立派な決定を出そうとしているのであろう。そう信じたい。それにしても、その努力が正当に評価されるためにも一日も早く立派な決定を下すよう強く要望しないわけにはいかないのである。

　これと同じようなことは徳島事件についてもいえるように思う。この事件について再審開始決定が出されたのは一九八〇年一二月一三日であった。この決定は、捜査当局の誤った見込に基づく圧力により二人の年若い住込店員が心ならずも、店主とその妻の冨士茂子さんとが格闘しているのを目撃した旨の偽証を行い、これに合わせて数々の証拠が作り上げられていったプロセスを丹念に追跡し、その恐るべき実態を白日の下に明らかにしたもので、誤判に対する裁判官の良心的な厳しい姿勢を示す優れた決定であった。ところがこれに対し検察側は即時抗告し、格闘目撃は明暗度からみて不可能であった旨の伊東三四教授の鑑定（新証拠）を覆すべく大場信英氏の科学的価値の乏しい鑑定を新たに提出するなどして争ってきた。しかし、一九八一年一二月証拠調は終了しており、一日も早い適切な決定が待ち望まれる。

三　このように松山事件と徳島事件では再審請求段階で検察側の強い抵抗がみられるが、一方、再審公判中の免田事件と財田川事件でも有罪判決獲得に向けて検察側の執拗な訴追活動が展開されている。例えば、免田事件では検察側は、原審や再審請求審の段階で出なかった新しい証人をくりだして免田栄さんのアリバイを崩そうとしたり、再審開始決定によって信用性がきわめて乏しいとされた鉈の血痕鑑定についてその信用性の回復をはかろうとして原三郎教授の新しい鑑定を提出するなどした。そして一一月五日検察側は、有罪の論告を行い、免田さんに対し死刑を求刑した。また財田川事件でも検察側は、犯人しか知りえない二度突きの事実なるものを実は自白前に捜査当局が知っていたことが当時の捜査官の一人の証言等により明らかになるなど有罪のきめてがますます崩されていることが明白であるにもかかわらず、次から次へと捜査官たちを証人にくり出すなどして有罪立証を懸命に行ってきた。しかし、これらの訴追活動は、有罪印象を世間に与えることだけを狙っているのではないかとしか思われないほど中身の乏しいものであり、裁判官の心証に影響することが少ないとみられている。とはいえ、このような執拗な訴追活動は再審の流れに歯止めをかけたいという検察側の執念の表れであり、決して軽視できない。

最近、この検察側の努力が、今のところあまり目立たないものではあるが決して軽視することを許さない「逆流」を形成しつつあるように思われる。その徴候の一つとして再審関係判例に対する判例時報や判例タイムズの「解説」の論調が注目される。徳島事件再審開始決定（判例時報九九〇号）、免田事件特別抗告棄却決定(判例時報九八四号、判例タイムズ四二七号)、財田川事件即時抗告棄却決定（判例時報九九五号）の「解説」は、いずれも証拠の明白性の意義とその判断方法について最高裁白鳥決定および最高裁財田川決定の判旨を巧妙に歪曲したり限定したりして矮小化しようとするトーンで貫かれている。この「解説」の執筆者が裁判官であると推測されることを考えると（少なくとも免田事件特別抗告棄却決定の「解説」執筆者が最高裁調査官であることはほぼ確実である。ジュリスト七三四号八二頁参照）、この種の「逆流」に対し厳しい批判の目が注がれなければならないことは明らかである。

別の機会にも述べたことだが、誤判、冤罪に対し無関心な社会は国家権力による人権侵害と民主主義抑圧に対し弱い社会であり、その意味で誤判救済の問題はわたくしたちが基本的人権と民主主義を確立し発展させるために欠かすことのできない重要な礎石、土台を築くことができるかどうかという問題なのである。

再審の流れを押し進め、「逆流」を許さない努力が今ほど必要とされているときはない。

（法律時報一九八三年一月号）

［補記］本稿で取り上げた松山、徳島、免田、財田川の四事件は、いずれも再審無罪となった。本書一四二頁、二一四頁参照。

一九八三年

問い直される司法の姿勢

一　相次ぐ行政寄り判決

最近の政治的な動きの大きな特徴は、軍事力の増強、福祉の後退、教育統制の強化などに代表される国家主義的な傾向が、強まっていることにあるが、このような政治的動向にぴったりと寄りそい、追随する判決が、最近、相次いでだされている。この一年間の最高裁判所の裁判をみるだけでも、その印象が強い。

たとえば、長沼ナイキ基地訴訟について、第一審判決は一九七三年、自衛隊の違憲性を明快に判断し、保安林解除処分の取り消しを求める原告側住民の訴えを認めた。ところが、最高裁は昨年九月、「訴えの利益がない」という理由で第一審判決を破棄し訴えを却下した第二審判決（一九七六年）を支持する判決を言い渡した。この最高裁判決は、保安林を伐採して、ナイキ基地が建設されてから、それまでみられなかった基地直下型の洪水が、続発している現実を無視し、「洪水の危険は、社会通念上なくなった」と、強引に認定した。しかも、自衛隊の違憲性や、平和的生存権については、判決に影響がないとして、判断を回避した。このような判決を下すことによって、最高裁判所は、自衛隊を黙認し、軍事力増強の既成事実に追随する姿勢を、示したのである。

福祉の面でも、最高裁判所は昨年七月七日、堀木訴訟について、上告棄却の判決を下し、行政寄りの姿勢を示した。この訴訟は、視力障害者で、障害福祉年金を受給していた堀木さんが、児童扶養手当の受給を請求したところ、児童扶養手当法が併給を禁止していることを理由に、却下された。そこで堀木さんは、併給禁止は憲法第二五条（生存権規定）や、第一四条（法の下の平等）に反するとして、訴訟を起こした。第一審は、この訴えを認めたが（一九七二年）、第二審は、併給禁止は合憲だとした（一九七五年）。そして最高裁判所も、「健康で文化的な最低限度の生活」（憲法二五条）の具体的な内容は、立法府の広い裁量にゆだねられており、「裁判所が審査判断するのに適しない事柄」だとして、併給禁止を合憲とした。

最高裁判所は、このような判決を下すことで、社会保障立法に対する司法審査権を、事実上放棄し、福祉後退の動きに追随する姿勢を示したのである。

二　憲法判断を避ける

教育の面でも、最高裁判所は昨（一九八二）年四月八日、第二次教科書訴訟について、教科書検定不合格処分を取り消した第一審判決（一九七〇年）と、第二審判決（一九七五年）の判断をしりぞけ、「訴えの利益」があるか否か審理する必要があるとして、第二審に差し戻した。検定後に学習指導要領が改訂され、審査基準が変更されたので、不合格処分を取り消す法律上の利益が、なくなったというわけである。

これまでみてきた最高裁判所の判例は、いずれも正面から憲法判断をおこなうことを避け、いわば消極的、間接的なやり方で、立法・行政当局の政策や措置に、合法性、合憲性を認めようとするものであった。

いうまでもなく、軍事、福祉、教育などの分野では、国家主義的な傾向に対する国民の反対が、きわめて強い。そのことが最高裁判所をして、前述のような消極的、間接的な対応をとらせてきた、といってよいであろう。

これに対し、治安や労働の分野では、むしろ積極的な対応がめだっている。このことは、全農林警職法事件の最高裁判決（一九七三年）にはじまる労働基本権についての一連の判例や、徳島市公安条例事件についての最高裁判決などを想い起こすだけでも、よく理解できるであろう。つい最近も（一九八二年一一月一六日）、最高裁判所は、アメリカの原子力空母エンタープライズが、一九六八年に佐世保に寄港したとき起こった寄港阻止事件（公務執行妨害、道路交通法違反など）について、デモ規制に道路交通法を適用しても合憲とする第一審および第二審判決を支持した。公安条例がない地域で、大衆行動を取り締まるのに、道路交通法を適用することを、積極的に認めたものである。

三　偏る最高裁の構成

このような最高裁判所の判例の特徴は、ひとくちにいえば、立法・行政への迎合、癒着《ゆちゃく》の強化だといってよいだろう。問題はなぜ、このような動きが生じているのか、またこのような最高裁判所の判例が、はたして下級審の裁判官によって、どのように受け止められているのか、にある。

まず、最高裁判所の立法・行政寄りの姿勢を生みだしている直接の原因は、最高裁判所の裁判官の構成にある。立法・行政寄りの傾向をもつ人物が、政府の手で最高裁裁判官に任命されているからである。このような現実は、任命権を政府に完全にゆだねている現在のシステムそのものに改革を加える必要があることを痛感させる（たとえば、第二次世界大戦後まもないころに設けられた最高裁判所裁判官任命諮問委員会制度など)。

四　下級審をも強く拘束

では、立法・行政寄りの最高裁判所の判例は、下級審の裁判官に、どのように受け止められているだろうか。ごく一般的な傾向としていえば、右のような最高裁判所の判例は、下級審の裁判官に強い拘束力を発揮している。理論的レベルが低いにもかかわらず、である。ではどのようにして、下級審の裁判官を拘束しているかといえば、裁判官を官僚制的ヒエラルヒー(階層制)のなかに組み込んで、がんじがらめにすることによって、である。本来、裁判官は、職権と身分の独立をあたえられ、官僚制的ヒエラルヒーとは、およそ無縁な存在であるはずである。このような存在であってこそ、裁判官は行政権や立法権から独立して、基本的人権を守る役割を果たすことができるからである。ところが最近、裁判所のなかでは、最高裁判所を頂点とする官僚制的ヒエラルヒーが確立強化され、これが個々の裁判官から判断(裁判)の自由を事実上奪い、最高裁判所の判例への追随を強いている傾向が、強くみられる。

こうして、最高裁判所の判例が、ますます憲法の趣旨とするところから離れ、立法・行政寄りの傾向をあらわにし、理論的レベルが低下しつつあるにもかかわらず、下級審の裁判官を拘束する、という憂慮すべき事態が生じている。そうであれば、われわれは裁判所内における官僚制的ヒエラルヒー強化の動きに対し、批判を強めなければならないであろう。

(時事教養一九八三年五月号)

[補記] 差戻しを受けた東京高裁は、一九八九年六月二七日、訴えの利益なしとして第一審判決を取り消した。

一九八三年

安保体制論と権利闘争

一　問題の端緒と限定

安保体制との関わりで権利闘争を論ずるというテーマは、何といっても昨年秋の学会における「総合安保体制についての批判的検討」に当って、権利闘争論的視点が欠如ないし稀薄ではないかという指摘がなされたことである。そしてこのような指摘と関連し、七〇年代における総合安保戦略の形成と併行して展開された七〇年代権利闘争、民主主義運動を、今日の時点に立ってどのように評価し意義づけるべきか、ということが八〇年代における総合安保戦略の本格的展開に対抗する契機を把える上で重要な作業になるであろう。

このような作業は、各種の分野についてなされる必要があるが、報告者の専門と能力の関係上、治安の分野に限定してみたい。

二　七〇年代の治安政策と人権闘争

六〇年代の統治政策を規定したのは独占資本の「高度成長」運動と六〇年安保闘争とであったと思われるが、やがて顕在化していく「高度成長」のひずみ、矛盾の顕在化とこれに伴い展開された多様な権利闘争、民主主義運動は、支配層に強い危機意識を喚び起こし、統治政策の再検討に赴かせた。一九七二年に経済同友会が発表した「七〇年代の社会緊張の問題点の対策試案」は、新しい情報システムの創立、地域、企業における新しいコミュニティの形成、教育改革を対策として打ち出したが、恰もこれに即応するかのように治安当局は、七〇年闘争鎮圧策を過激派暴力対策の形をとりながら展開し一定の成功を収めたという「成果」に立脚して、一方では「七〇年代の警察」（一九七三年）において国民の生活利益を守る警察という名目で国民との密着度、連携度を深め管理体制の強化をはかるとともに、他方では人権闘争、民主主義運動の政治的中核部分に対しては巨大な謀略を以て攻撃を加え（鬼頭事件など）、司法部を抱き込んで官公労働者の労働基本権を抑圧し（司法反動、最高裁全農林事件判決など）、住民運動に弾圧を加えた（チッソ水俣病に関連する川本事件など）。それだけでなく治安当局は、刑法「改正」、少年法「改正」、監獄法「改正」、刑訴法「改正」（「弁護人抜き裁判」特例法案）などによる刑事基本法制の再編を企図し、スパイ防止法をはじめとする有事立法の実現を追求したのである。

このような動きに対し、鬼頭判事補訴追請求、司法反動化阻止闘争、刑法「改正」反対運動、「弁護人抜き裁判」特例法案反対運動などの動きが展開された。その結果、謀略のもくろみは外れ、刑事基本法制の再編は今日にいたるも阻まれ、司法反動化も百パーセント完成したとはいい難い状況にある（青法協裁判官部会の存続をみよ）。七〇年代における民主主義と人権をめぐる主要な局面がその諸問題に存したことを考えるとき、このように治安政策の貫徹が阻まれていることのもつ意義は、極めて大きいと思われる。

三　若干の提言

それにも拘らず、国民的「合意」を取り付ける方式によりながら巧みに展開される支配層の総合安保戦略は、国民の保守化志向意識に支えられつつ社会的基盤をもちつつあるようにもみえる。このことの重大性については、昨〔一九八二〕年秋の民科学会の際の報告（とくに渡辺治会員の報告）が検討を加え指摘しているところである。その指摘を踏まえたうえで、次の諸点を敢えて述べてみたい。

第一に、七〇年代中葉から顕著になった謀略的世論工作のもつ重大性である。過激派と警備公安警察との繋がり、鬼頭事件にみられる一部野党をも含む謀略シンジケートの存在、自衛隊スパイ事件やレフチェンコ事件におけるマスコミの役割など、謀略的世論工作の実態とその効果について分析する必要がある。八〇年代の今日の状況は、このことの分析抜きで把えることはできないのではないだろうか。

第二に、七〇年代における人権闘争、民主主義運動を支え、前述のような大きな成果を上げた運動の組織、イデオロギー、理論について検討を加える必要があることである。とくにこれらの運動を支えたイデオロギーや理論についていえば、それが市民的自由や生存権という憲法的権利観念を中軸としていることは疑いがないのであり、この権利観念がどのような条件を与えられるときに運動的エネルギーに転化することができたのかを分析し把握しなければならない。

第三に、以上の分析に立脚して総合安保戦略のもつ重要な特徴の一つである「国民的合意」の調達に対抗するイデオロギーと理論が謀略、情報戦略、弾圧を打破する運動と連関しこれに支えられながら展開される必要があることである。そして、その際に最も重要で有益な武器となるのが市民的自由に関する古典的原理、原則であり、その活性化に向けて私達の努力が傾注されなければならないと思う。

（民主主義科学者協会法律部会「会報」六二号、一九八三年六月）

一九八三年

再審死刑囚の身柄問題

一　この時評が活字になる頃は、松山事件の再審公判がいよいよ始まり、徳島事件の再審公判もやがて始まろうとしているはずである。そしてまた免田事件についてすでに再審判決が下されているはずである。

免田事件の判決の内容が無罪判決であろうことは、これまでの経過からみて確実と思われる。しかし、この無罪判決に伴って免田さんの身柄問題がどのような新しい動きを示すかを今の時点で予測することは難しい。

免田さんの身柄問題に関するこれまでの経過からみて、裁判所により何らかの前向きの動きが起こされるとは考えられない。再審公判を担当してきた熊本地裁八代支部は一九八一年六月五日、①確定有罪判決の効力は再審判決が確定したときに消滅する、②死刑執行停止は拘置の停止を含まない、ということを理由として免田さんを拘束状態に置いたまま審理を進めてきたからである。裁判所のこの見解はのちにも述べるように実質的にみた場合にはもちろんのこと、理論的、解釈論的にみた場合にも疑問があり、私としてはとうてい支持できないが、もしこの見解を採り続ける場合には検察側が控訴を断念しない限り免田さんの拘置状態が続くことになるわけである。

となると、検察側が再審無罪判決に対して控訴するか否かが、免田さんの身柄問題に関する焦点とされることになると思われる。

二　それでは、再審無罪判決が下された場合に検察側はどのような反応を示すであろうか。

私自身は、そもそも検察側が再審無罪判決に対し上訴することは無辜の早期救済の理念に基づく再審の片面的基本構造にそぐわないし、また二重の危険の禁止との絡みもあり法的に許されないのではないかと考えている。しかし、おそらく検察側はこのような考え方を採らず、控訴するかしないかは検察側の裁量に委ねられているという立場をとるだろう。

もっとも、もしこのような立場をとるとしても、前に指摘したような再審の特殊性や免田事件のこれまでの経過からみて控訴すべきではないと考え、再審無罪判決が下された直後に控訴を放棄する、という対処の仕方を検察側がとることもありえてよい。もしそうすれば、再審無罪判決は直ちに確定し免田さんは釈放されることになるわけである。

しかし、検察側がこれまで再審事件一般にみせてきた極めて阻害的、敵対的態度や免田さんの有罪を再審公判でも強く主張してきたことなどからみて、控訴を即座に放棄する態度を検察側に期待することは残念ながらできない。

検察側は、おそらく判決内容を仔細に検討したうえで控訴するか否かを決めるという通常の場合と同じ態度をとるだろうが、その決定を行なう際に、最高裁が再審開始を支持したこととの関連で、再審公判に提出した半仁田証言、原鑑定、牧角鑑定などの新しい証拠について再審判決がどのような評価を加えているかという点をかなり重要視するのではないかと思われる。そして、もしそれらの新しい証拠によって免田さんをいわば「灰色無罪」にすることができたと判断すれば、検察側は「大局的見地」に立つと称し控訴を断念するかもしれない。ところが、もしそれらの新しい証拠によっても免田さんを「灰色無罪」とすることができなかったとなると、検察側にとって苦しいシチュエーションが生ずることになる。

客観的にみて半仁田証言等は証拠価値ないし証明力が低く、たとい控訴して争っても免田さんを有罪とすることは不可能だといっていい。それなのに控訴すれば、検察側は公正さを強く疑われ、これまで以上にその「権威」は大きく低下するだろう。しかし、そうかといって控訴を断念すれば、再審開始に強く反対し、再審公判でも新しい証拠を繰り出して有罪立証を行ない再び死刑を求刑するという挙に出た検察側の主張立証活動が果たして公正なものであったのかという疑惑を増大させ、その「権威」が大きく傷つくことは必至である。

このようにして検察側は控訴するにせよ控訴を断念するにせよ、「公正さ」への疑惑を深め、その「権威」を大きく失うというジレンマに立たされるわけであるが、よく考えてみればこのジレンマ的状況は、実は検察側が人権に対する謙虚さを失い真実を見失った結果としてみずから作り出したものであって、検察当局以外の第三者の目からみればもともと存在しないものなのである。が、仮に百歩譲って検察当局の身になってその「権威」の失墜をどこで喰い止めるべきかということを問題にするとすれば、よりましな選択が控訴断念にあることは自明のことである。そうすることにより、検察内部にも真実を謙虚に直視できる理性と良心がいまだ存在しているという国民の期待感、信頼感をかろうじて繋ぎ止めることができるかもしれないからである。

三　もし検察側が控訴することに踏み切れば、免田さんは死刑囚として拘置され続けることになる。確定有罪判決（死刑判決）に「合理的疑い」が附着していることが再審開始決定により明らかにされたのみでなく、再審無罪判決によって一層はっきりと認定されたにもかかわらず、である。

何故このような国民の常識、法感情からかけ離れた信じ難い事態が法的にまかり通るのであろうか。その秘密は、これまで通説として取り扱われてきた考え方の中に潜んでいる。その考え方とは、確定有罪判決の効力（執行力）は現行法では再審判決の確定により初めて消滅するというものである。この考え方によれば、再審開始決定確定後も確定有罪判決の効力（執行力）が残るというのであるが、では現行法上このような存続説をとらざるをえない解釈論上の根拠は一体何なのか。前に触れた熊本地裁八代支部の見解は次の五点を挙げている。

①再審開始決定確定により確定有罪判決の効力（執行力）が消滅することを定める明文の規定がない。②再審開始の決定に当たり刑の執行停止をなしうる旨の刑訴法四四八条二項は存続説を前提としている。③時期を限定せず再審請求取下げを認めている刑訴法四四三条によれば存続説をとらざるをえない（もしそうしなければ、再審開始確定により一旦消滅した確定有罪判決の効力（執行力）が再審請求取下げにより再び復活するという認め難い事態となる）。④再審手続は再審請求手続と再審公判手続との二段階で組み立てられている。⑤再審開始は無罪だけでなく「より軽い罪」を認めるべき場合にもなされる。

しかし、この存続説は、再審開始決定により確定有罪判決に「合理的疑い」が附着していることが明らかにされているという最も重要な点を無視ないし軽視している点で根本的に誤っているというほかない。また解釈論的にみても存続説しか成り立ちえないというわけのものでは決してない。

①存続説は再審請求人（被告人）の人身拘束を継続するという不利益な扱いを正当化するものなので明文の根拠規定が必要であるのに、それが存在しない。②刑訴法四四八条二項による刑の執行停止は再審開始決定確定時までを対象としていると解しうる。③刑訴法四四三条の再審請求取下げは再審開始決定確定前に限られると解しうる（そうだとすると、再審が開始された以上、確定有罪判決が執行される事態の生ずることはありえない）。④再審手続の二段階構造は、事後審的構造をもつ上訴審の原判決破棄・差戻後審理の手続構造に類似性をもつ。⑤「より軽い罪」の場合は例外的に処理すればよい（無罪の場合と同様に扱って

よいという考え方もありうる)。

このようにして再審開始決定の確定により確定有罪判決の効力(執行力)が消滅するとする考え方は、解釈論としても十分に成り立ちうると思われる。が、何よりも再審開始決定により確定有罪判決に「合理的疑い」のあることが明らかになり、その結果「無罪の推定」を受ける被告人の立場に立つことになった再審請求人の法的な地位、性格に最もよく即応する点で理論的にも正しいものであると思われる。

ちなみに、わが国と類似する再審制度をもつ西ドイツにおいても、再審開始決定の確定により事実上執行力が消滅すると考えられている。

四　このように考えてくると、免田さんは、再審開始決定が確定した時点で身柄を釈放されるべきであったのである。ところが検察側も裁判所も、確定有罪判決に「合理的疑い」が附着していることが明らかにされたという最も大切な事柄に目をつぶり、執行可能性のない確定有罪判決の効力(執行力)が存続するという一種の虚構(フィクション)を墨守し、しかもこれに加えて「死刑」の執行停止には死刑執行のための「拘置」は含まれないとする硬直した解釈を重ね合わせることにより免田さんの身柄拘束を継続してきた。
初めにも述べたように、この時評が活字になる頃には控訴断念により免田さんは釈放されているかもしれないが、あるいは控訴により拘置され続けているかもしれない。しかし、いずれにせよ再審開始決定後も死刑囚として身柄を拘置し続けてきた検察当局および裁判所の措置が、いわれのない冤罪に長いこと苦しんできた免田さんをさらに踏みつける非情、不法な措置であったことは指摘しておかなければならない。

全く同じことは財田川事件の谷口繁義さんと松山事件の斎藤幸夫さんについても言える。

再審関係者にとって本当に不幸なことであるが、これまで検察当局が再審事件に対してとってきた態度や措置には理性と良識を疑わせる不公正なものがみられた。また裁判所の対応にも再審の理念にそわない不十分な点がみられた。死刑囚の身柄問題はその一例にすぎないが、このような態度、措置、対応が今後も反省されることなく続けられていくか否か——私達は厳しい目で事態の推移を注視しなければならない。


(法律時報一九八三年八月号)

一九八五年

民主的良識の力量を示すもの

拘禁二法案再提出の断念

一 拘禁二法案再提出の断念

新聞の報じるところによれば、政府は一九八五年三月二〇日拘禁二法案の今国会再提出を正式に断念することを決めたという。断念に至る経過には不明なところが多いが、新聞報道等から窺う限りでは、批判的世論の高まりのなかでまず警察当局が国会審議に見通しが立たないとして留置施設法案の再提出を断念し、しかも法務当局が刑事施設法案を単独再提出しようとするのを抑えて、いわば「無理心中」したということのようである。

拘禁二法案が国会に提出されたのは一九八二年四月のことであったが、その第九六回国会では実質審査に入れず、第一〇〇回国会まで継続審査となった。ところが同国会でも一九八三年一一月の衆議院解散によって拘禁二法案は審議未了となり、廃案となった。しかしその後も法務、警察両当局により再提出に向けて準備が進められてきたが、日本弁護士連合会（日弁連）を中心とする批判の高まりのなかで、ついに今回の再提出断念に追い込まれた。これにより拘禁二法案をこれまでのような形で国会に提出することは不可能になったとみられ、拘禁二法案問題は新しい段階を迎えることとなった。

改めて指摘するまでもなく、今回の拘禁二法案問題の最大の焦点は代用監獄問題にあった。代用監獄制度を暫定的、例外的な制度とみて漸減、廃止の方向をとるか、それとも本来的な制度とみて恒久化する方向をとるか。日弁連は前者の方向をとり、学界の大勢もこれを支持してきた。これに対し警察当局は後者の方向をとり、法務当局もこれを支持し、この立場から拘禁二法案を策定、推進してきた。ところが後者の方向をとる拘禁二法案に対し、憲法、刑事訴訟法にそぐわず、国際的潮流に反し、誤判と人権蹂躙の温床を維持し強化するもの、との厳しい批判が展開され、これが国民の共感を呼び世論となった。相次ぐ再審開始、再審無罪により、誤判、人権蹂躙の温床としての代用監獄の実態がかなり明るみに出されたことが、世論形成に大きく与ったことはいうまでもない。

このような情勢の下で、ついに警察当局は留置施設法案の今国会提出を断念した。この新しい局面の中で法務当局は刑事施設法案の単独再提出に向け、三月初旬には「単行

法とする場合の構想」を急遽策定したり、被勾留者と弁護人との面会制限に関する規定に大幅な手直しを施すなどの修正を盛り込んだ「刑事施設法案（修正案）」（いわゆる三月六日昼案）を作って日弁連に示したりするなどの動きを見せた。

このような法務当局の動きに対し警察当局は「法律上同じ扱いをしなければならない未決こう留者の処遇が、拘置所にいるか代用監獄の留置場にいるかでバラバラになる」（朝日新聞一九八五年三月一九日八版）という理由で反対し、また最終的に検討された両法案一体化についても「刑事施設法案を基本として留置施設法案の内容を実質的に取り込めばよい」とする法務当局の考え方に対し「内容だけでなく法案の形でも対等なものにしてもらいたい」（河北新報一九八五年三月二一日一二版）と主張して譲らなかったという。また法務当局が国会審議の結果として代用監獄漸減の附則が加えられるのはやむをえないとするのに対し、警察当局は強く反対したという（前掲河北新報）。

二　望まれる代監問題の再検討

ともあれ、拘禁二法案の再提出断念により代用監獄制度の本来化、恒久化の試みは一応阻止された。このことの持つ意義は極めて大きい。とりわけ近時の警察権限拡大化傾向の中で今回の再提出阻止を位置づけるとき、その意義は一九五八年の警職法改正阻止にも匹敵するもので、民主的良識の力量を示したものといっていい。

とはいえ、代用監獄制度そのものは依然として残され強化されつつある。それだけでなく、拘禁二法案に関する法務、警察両当局の態度や取り扱い方からみてごく近い将来再び代用監獄制度の本来化、恒久化の試みが浮上する可能性がある。この試みがどのような内容と形式で法案化されるかはまだ予測できないが、今回の経過を踏まえて考えれば二法案の合体化・一本化に向けて法務、警察両当局の間で調整作業が続けられる公算が大きい。

そうであるとすれば、代用監獄の漸減、廃止を主張し、この視点から二法案を批判してきたわれわれの理論的、啓蒙的努力は、これまで以上にこの制度のもつ違法性、不当性、弊害についての認識を国民各層に広めることに注がれなければならない。

このこととの脈絡で私は、代用監獄制度の本来化、恒久化のために警察当局から折りに触れて（例えば一九八四年一二月二六日の日弁連との会談など）持ち出されている考え方について述べておきたい。この考え方の骨子は、警察には捜査権があり、勾留は捜査手段として利用されているから捜査に係る被勾留者を警察に留置する事務は本来警察に属する、というものである。そしてこの考え方から警察当局は、代用監獄事務は国のみならず地方公共団体の利害にも関係のある事務であり、したがってそれは国から団体委任されたものであるので代用監獄制度を廃止することは地方自治の本旨に反し許されない、という主張を導き出している。

この考え方の最大の特徴は、勾留が捜査手段として利用されうることから直ちに勾留事務の警察所属性を導き出し、勾留がいかなる目的、意義をもつ手段であり誰の権限に属するのかを令状主義や黙秘権との関わりで論定しようとしない点にある。しかし、問題の核心は令状主義および黙秘権にあり、これらの基本的人権に照らし被疑者取調権をもつ捜査機関＝警察に対し被疑者の身柄を委ね、取調のための身柄拘束を認めることが果たして許されるのか否かの点にあるのである。

なお、このような基本的視点に立つならば、被逮捕者を被勾留者とは別異に取り扱う理由は全くないはずである。ところが被逮捕者の場合は、被勾留者の場合とは違い警察に拘禁するのが本来的だとする考え方が各方面に根強くあり、拘禁二法案のみならず法制審議会の監獄法改正の骨子となる要綱の底流にも潜んでいる。

この考え方は、逮捕と勾留とは理論的、制度的に本来異なるとみる立場から主張されているだけでなく、代用監獄＝警察留置場の存在という現実を前提としこれを合理的に説明しようとする意図で唱えられたり、警察拘禁を逮捕段階に限定しよう（その代わり勾留については警察拘禁を認めない）とする政策的意図で唱えられたりすることがあるようである。しかし、逮捕と勾留とを理論的、制度的に別異の処分とみる見解は、前述のような令状主義、黙秘権の観点からみて問題があるだけでなく、被勾留者についても代用監獄制度＝警察拘禁を正当化する機能を営む危険をはらんでいるように思われ、支持し難い。

幸いにして今回の拘禁二法案国会再提出断念により令状主義、黙秘権、弁護人の援助を受ける権利を保障され「無罪の推定」を受ける被疑者、被告人の未決拘禁のあり方の抜本的再検討をさらにおし進める時間的余裕が生じたようにもみえる。いまこそ代用監獄制度の実態、捜査の実態の解明を踏まえ、理論的にも筋の通った立法的解決に向けて衆智が集められるべきであるが、そのためにも警察当局は、この際思い切って代用監獄制度の施設面、運用面の実態を少なくとも弁護士、研究者、報道機関には公開すべきである。

私の経験したところでも西ドイツおよびアメリカ（カリ

フォルニア）では驚くほどの率直さで警察の留置施設の見学を許し、質問に答え、写真撮影すら認めてくれる。私は、批判者に対してこそ公開する度量を日本の警察当局に望みたい。

三　青法協裁判官部会の「再発足」

紙数が少なくなってきたが、ここで話題を変えて、昨〔一九八四〕年一月、青年法律家協会裁判官部会が青年法律家協会（青法協）から分離独立し裁判官のみの独立の研究親睦団体として「再発足」したことについて触れてみたい。

裁判官部会が分離独立した理由は、青法協の他の職域の人々と共通の場で調査研究を行なうような現実の余裕に乏しいこと、誤解に基づく青法協加入に対する批判について「誤解を避けるために強いられる配慮が自主規制につながって、いつか私たち自身（裁判官部会のこと――引用者注）の活力をも鈍らせているのではないか」との恐れがあることだという（裁判官部会「分離独立のご通知」青年法律家一五九号）。

鋭い憲法感覚、人権感覚をもち研究熱心な若手裁判官の集りとして裁判所内外から前途を嘱望された青法協会員の裁判官の多くは、一九七〇年前後の理不尽な非難、攻撃、圧迫の嵐の中でもそれに屈せず裁判官部会へと組織的整備を図りつつ対応し、その後もさまざまな差別処遇にも耐えて黙々と研鑽を積み姿勢を正しくしてきた。その経過、実相をよく知る者の一人として私は裁判官部会の今回の分離独立、発展的解消について種々の感慨、感想をもつが、ここではさし当たり次の点を記しておきたい。

それは、青法協会員の裁判官グループは、憲法を擁護し基本的人権、民主主義、平和の擁護発展を志向した点で歴史的正当性を持つとともに、同じ志向をもつ弁護士、学者、そして国民各層との連帯を希求した最初の裁判官集団として歴史に名を永くとどめるであろうということである。その志向が裁判所内外の厳しい情勢の下で屈折を余儀なくされていることは誠に残念なことではある。が、しかし、それは青法協会員であった裁判官にとり恥ずべきことでもなければわれわれにとって絶望すべきことでもない。憲法擁護の志向は職域や組織を超えて連帯の絆を強くしていく必然性を客観的にもつであろうからである。

それにしても、わが国の裁判官が市民的自由を狭められ階層として孤立化しつつあるのみか裁判官相互間の結びつきをも失い、司法官僚の手によりほしいままに国家官僚集団としてヒエラルヒッシュな形で編成されつつあることに改めて深い憂慮を覚える。

このこととの関連で、現在西ドイツにおいて裁判官の労働組合（公務・運輸・交通労働組合＝ÖTV）加入が増加しつつあるだけでなく、アメリカの核ロケット配備に対し憲法的観点から裁判官が新聞に意見広告を出したり平和のためのフォーラムを開いたりするなどの動きのみられることが注目される。このような裁判官の活動については批判もある。しかし、その批判も活動方法や手段に対して及ぶのみで組織加入や活動目的それ自体についてては及ばない傾向にある。

これとの対比でみるとき、わが国の裁判官がいかに不当な市民的自由制限に服しているかを深く慨嘆せざるをえない。

そもそも市民的自由を持たない裁判官に、職権の独立を守りつつ基本的人権、民主主義、平和を擁護すべき法律家としての役割を果たして期待できるだろうか。このような素朴な疑問にこそ問題の核心があることを、この機会に改めて強調したい。

（法律時報一九八五年五月号）

［補記］本書一二三頁の補記を参照のこと。

一九八五年

相次ぐ冤罪事件
問われる司法のあり方

一 「死刑台」から生還

最近、死刑囚が一転して無罪釈放されるケースが相次いでいる。一九四八年に熊本県内でおきた強盗殺人事件で死刑判決を受けた免田栄さん（免田事件）が、一九八三年七月一五日、再審によって無罪判決を受けた。また、一九五〇年の香川県内の強盗殺人事件で死刑判決を受けた谷口繁義さん（財田川事件）も、一九八四年三月一二日、再審によって無罪の判決を受けた。さらに、一九五五年の宮城県内の強盗殺人・放火事件で死刑判決を受けた斎藤幸夫さん（松山事件）も、一九八四年七月一一日、再審で無罪の判決を受けた。

この三人の死刑囚は、いわば首の皮一枚で、かろうじて生きのび、ついに「死刑台から生還」した例である。いうまでもないことだが、死刑とは、「全地球よりも重い」一個の人間の生命を法と正義の名において国家が奪う極刑であり、そうである以上、死刑判決には絶対に誤りがあってはならない。ところが、死刑判決にも誤判の存在することがこの三つの事件で明白となった。このこと自体、きわめてショッキングであるが、それだけでなく、他にもまだ誤判に泣く死刑囚がいるのではないか、という疑いをもたせる。

現に、冤罪を訴え、再審を請求している死刑囚が、帝銀事件（一九四八年）、牟礼事件（一九五〇年）、島田事件（一九五四年）、名張ブドー酒事件（一九六一年）、波崎事件（一九六三年）、袴田事件（一九六六年）、尾田事件（同年）など、数多くいる（このうち島田事件については、再審請求をしりぞける決定が一九八三年に取り消され、再審開始に向けての展望が大きく開け、将来「死刑台からの生還」第四号となる可能性がある）。その一方で、冤罪を叫びつつも処刑され、再審無罪への道を事実上断たれた死刑囚が決してなくはないこともみのがせない（藤本事件など）。

二　残酷な冤罪事件

相次いで明るみに出た死刑誤判事件は、誤判の恐ろしさと残酷さとをくっきりと衝撃的な形で示しているが、誤判の恐ろしさと残酷さは、もちろん死刑誤判事件だけにとどまるものではない。言い渡された刑が無期懲役であろうと懲役一年であろうと、そしてまた罰金であろうと、身に覚えのない罪で犯人の汚名をきせられ、世間の非難をあび、身体を拘束され、または財産上の不利益を強いられることは、本人にとってはもとより、その家族にとっても耐えがたい苦痛である。

このことは、再審が開かれて無罪となった弘前事件（一九四九年事件発生、一九七七年無罪確定）、加藤事件（一九一五年事件発生、一九七七年無罪確定）、米谷事件（一九五二年事件発生、一九七八年無罪確定）などや、すでに再審が開かれ、近い将来に無罪となることが予想される徳島事件（一九五三年）や梅田事件（一九五三年）などについても同様である。ことに、夫殺しの汚名をきせられ、懲役一三年の刑を言い渡された徳島事件の冨士茂子さんが、再審開始の一年前に無念の想いを抱きながら病死されたことは、誤判の悲劇性をまざまざと示した。

現在も誤判を主張し再審を求めている事件は、前述の死刑事件のほか、山本事件（一九二八年）、丸正事件（一九五五年）、江津事件（一九六二年）、狭山事件（一九六三年）、布川事件（一九六七年）など、数多くある。

三　物的証拠をも偽造

このような重大な誤判がなぜ生ずるのだろうか。どうすれば、誤判を防ぐことができるのか。不幸にして誤判が行なわれた場合、どうすればそのことを迅速に発見し、誤判に泣く市民を的確に救済できるのか。そしてまた、誤判によって受けた物質的、精神的被害をどうすれば十分に償うことができるのだろうか。――わが国における誤判問題の重大性、深刻さを直視する目は、さらに進んでこれらの問題に向けられなければならない。

再審ですでに無罪になった事件や、無罪を求めて再審公判中または再審請求中の事件にほぼ共通するのは、捜査当局によって根拠の弱い誤った見込みがたてられ、これにそって無実の者を犯人とするための強引な捜査が行なわれていることである。その結果、ウソの自白証言や物的証拠がつくり上げられ、それらにもとづいて裁判所も誤った事実認定を行なっている。

たとえば、松山事件の場合、斎藤幸夫さん（当時二四歳）は、「お金欲しさのため、強盗殺人し、東京に逃げた」という疑いを警察にもたれ、事件発生後、一か月半してから逮捕された。その疑い（見込み）の根拠といえば、せいぜい飲食店に借金があること、事件発生後間もないころに家出をして、東京で働いていたことぐらいで、まことに薄弱なものだった。ところが、捜査当局は、このあやふやな見込みに固執し、違法にも他の口実をこしらえて斎藤さんを逮捕し（別件逮捕）、アリバイがあるのに、その証拠がないとして長時間、責め立てて、心理的な混乱状態におとしいれた。

それだけでなく、警察当局は、斎藤さんが留置されている警察の留置場の部屋にスパイ的人物を送り込んで、「ここに来たら、やらないことでもやったことにして、早く出た方がよい」というたぐいの言葉でそそのかし、嘘の自白をさせた。

その結果、斎藤さんは捜査官に迎合し、警察の見込みにそう嘘の自白をするにいたるが、その一方で捜査当局は、その見込みや自白に合うように、物的証拠を作為的につくり上げた疑いがある。たとえば、斎藤家から押収された掛布団の襟当てには、被害者の血液型と同じ型の血液が附着しており、これが斎藤さんを有罪にする決め手となったが、実は押収当時この襟当てには血痕は附着しておらず、捜査当局が見込みにそって押収後に附着させた疑いが強いのである。

四　疑わしきも罰す

こうして、強引かつ違法な捜査によって虚偽の自白や物的証拠が集められたが、それらは当然のことながら不合理で矛盾する点や客観的でない点をもっていた。だが、残念なことに裁判所はそれを見抜けず、捜査当局の主張にそった誤った事実認定をしてしまう。

ではなぜそのような捜査に依存した事実認定や裁判が行なわれるのだろうか。それはおそらく、官僚どうしであるという一種の仲間意識から生ずる警察官や検察官に対する裁判官の深い信頼感や、警察の捜査をチェックし国民の人権を守らなければならないという裁判官意識の稀薄さ、そこから生ずる「疑わしきは罰せず」の大原則の軽視、などに原因がある。

そうだとすれば、誤判を防ぐためには、根拠の薄い見込みにもとづく強引かつ違法な捜査のやり方を改めることがまず必要である。具体的には、別件逮捕や糺問的な取り調べを許さないことである。そのためには、逮捕勾留した被疑者を警察が長期間、自分の手元（留置場）において自由自在に取り調べられる制度（代用監獄制度）を抜本的に改めることや、被疑者が弁護人と十分に相談しうる権利を保障することなどである。

裁判官の捜査依存的な意識を改めることも必要である。そのためにも裁判官は、捜査の実態をよく知り、「疑わしきは罰せず」の大原則に忠実な事実認定をするよう自己を厳しく律する訓練をしなければならない。

五　必要な根本的改善

こうした改善への努力とならんで、誤判に泣く者を迅速、的確に救済するため、再審制度の改善（再審開始の緩和など）や、誤判の被害者に対する捜査・検察当局や裁判所の賠償責任を明確化することも必要である。

誤判問題の深刻化を機に、日本の司法は、その根本的改善を迫られているのだが、今までのところその動きがきわめてにぶいことは、残念なことである。

（時事教養一九八五年七月号）

一九八五年

「裁判」をめぐる現代的論点と民主主義法学の課題

一 はじめに——分析手法について

「公正な裁判を受ける権利」の観点から、裁判をめぐる現代的問題状況を分析し、この権利の保障に向けての民主主義法学の理論的課題を探る前提としたい。

この分析に当り、支配層（とりわけ司法官僚層）の司法政策を中心的な分析対象として取り上げ、これとの関わりに於いて裁判機構、裁判手続、法曹意識、裁判の機能、そして裁判運動（裁判闘争、司法運動など）の問題状況を把握するという手法を用いる。

なお、現代の司法（ないし裁判）の問題性を分析するに当り、司法政策との絡みで把える手法に対し司法機能論の観点で加味すべきであるとの指摘がある（久保田穣氏の発言・法と民主主義一九〇号一五頁）。しかし、司法機能論のレベルでとり上げられ論じられている問題の現代的意義の把握は司法政策との関連でなされるときに初めて意味あるものとなるように思われる。

二 司法政策の実態

現代司法政策の展開過程及びその実態についての私見は、拙著『現代司法の構造と思想』（正・続）（日本評論社、一九七三年、一九八三年）に於いて述べているところなので、ここでは簡単にその基本的特徴について述べることにしたい。

現代司法政策は、司法官僚制の確立を中軸とする司法統制と、裁判機構および裁判手続の合理化を内容とする司法合理化とを主な内容としている。その司法統制は、裁判官、裁判所職員の意識、行動の統制に止まらず、裁判そのものに対する内容的統制にまで及んでいることが注目される。また後者の司法合理化は、簡易裁判所の整理統廃合及び地家裁支部の統廃合を大幅に行おうとする最近の「裁判所の適正配置」の動きとして今もなお系統的に進められているが、それと同時に公害、交通事故、税金などの分野で紛争の司法外処理のシステムが整えられていること、警察の紛争介入・解決が積極化していることなどの諸現象も司法合理化の一環をなすものとみられる。

このような現代司法政策の展開により、裁判官の独立性が弱化し、訴訟当事者の訴訟活動上の権利が制限、侵害され、国民の裁判を受ける権利が形骸化しつつある。

三　現代司法政策の目標、到達度、規定要因

右のような現代司法政策は何を究極目標としているのか。それは、国民不在の官僚司法、支配層の権力掌握度の高い行政権、立法権に追随・従属する司法の形成であると思われる。

それではその到達度はいかなるものと評価されるか。この評価は、現代司法政策に対抗する裁判闘争・司法運動の状況の分析をも踏まえつつ、総合的観点から行われなければならないが、ここでは、司法官僚層の立場からみる限りでは司法統制がシステム的にほぼ確立したこと、司法合理化の一層の強化、推進に向けて新しい理論と体系をもつマスタープランの策定、実施が日程に上りつつあるのではないかと思われること(一九八四年六月最高裁長官訓示参照)の二点のみを書きとどめておくことにする。(なお、右の点と関連し、臨時司法制度調査会意見書(一九六四年)と司法政策との関連について触れておきたい。六〇年代中葉以降司法統制、司法合理化が臨司意見書に添う形で推進されてきたことは疑いないが、七〇年前後のいわゆる司法反動期を経由して七〇年代中葉以降展開されている司法政策の全統治政策の中での位置づけと司法に関する憲法上原則との抵触度などからみて臨司意見書の「枠」を超える段階的特徴をもつに至ったのではないかと思われる。)

それでは、現代司法政策を規定している要因は一体何か。この問題は、統治政策論のレベル(拙著『続現代司法の構造と思想』日本評論社、二九〇頁以下)、現代国家論のレベル(渡辺洋三「現代国家における司法の役割」一九八四年全司法研究集会講演)、支配層の追求する改憲構想のレベル(久保田穣「改憲構想における司法像と裁判所の対応」小林孝輔還暦記念『憲法の諸領域と理念』(学陽書房・一九八三年)、現代社会論のレベルなど、各種のレベルで分析・論定され得よう。

その評価については本稿では省略せざるを得ないが、現代社会論のレベルに属する問題として国民の司法に対する要求、期待の問題があることだけは指摘しておきたい。紛争の多様化、大量化に伴う新紛争解決方式への国民の期待(司法外処理方式の要求、解決の統一性・迅速性への期待、裁判の法創造的機能の要請など)を支配層がどう把え政策化しているかという問題は、現代司法政策の社会的基礎を探るうえで欠かせない分析課題であるといえよう。が、その分析に当っては国民の期待、ニーズをそれ自体として把えるのでなく、全統治政策との関連で位置づけ把握する作業が必要であると私には思われる。

四　われわれの分析課題

われわれは、現代司法政策とそれによって生起している裁判に関する諸現象とについてトータルな実態把握を行うべき時期を迎えている。その際に、われわれの分析は現代司法政策とその法的現象を、それらが抱えている諸矛盾の総体に於いて把えることに力を注ぐべきである。（裁判機構内部の矛盾、支配的政治権力層との矛盾、国民との矛盾）。このことは、司法に関するニヒリズム的見方の一面性を批判し、論理のレベルで存在する矛盾を現実の矛盾たらしめる契機を探り当てる上で必要不可欠な作業である。

この作業を行う上で必要なことは、第一に裁判（司法）に対する国民の要求、期待を正しく汲み上げることであり、第二にそれらを司法に関する近代的諸原則と関連せしめつつ理論化していくことである。このようにして理論化された諸要求は、優れた法的実践（法技術）と運動論に支えられるとき、一定の成果を上げうるであろう。このことは、公害裁判や再審裁判が示すところである。

（民主主義科学者協会法律部会「会報」七〇号、一九八五年六月）

一九八五年

ロッキード事件について

一九七六年二月ロッキード事件が明るみに出たとき、この事件もまた他の多くの疑獄事件と同じように検察の手により巧妙にもみ消されてしまうのではないかという危惧の念が広く持たれた。ところがその後事態はこの危惧の念を吹き飛ばすかのような展開をみせ、一昨年一〇月には田中角栄有罪判決（第一審）に至った。

ロッキード事件解明に「威信」を賭けた検察当局は事件の全容を明らかにし、国民の信頼を取り戻すことに成功したようにみえる。

しかし、事態の一連の経過を注意深く辿れば、右のような見方がいかに皮相なものにすぎないかを思い知らされる。周知のように、ロッキード事件に引き続いて一九七八年一二月明るみに出たダグラス・グラマン事件は、岸信介氏や松野頼三氏らの絡む巨大な疑獄事件の疑いがもたれた。にも拘らず、その刑事責任追及は日商岩井関係者の周辺的行為に限局された。検察当局は、「公訴時効」の壁があることなどをその弁解として持ち出したが、しかしその壁のせいとばかりはみられないふしがあり、むしろ疑獄隠蔽の疑いが残った。

そればかりではない。実はロッキード事件の捜査過程でも、田中元首相らの請託収賄が単に全日空のＬ－一〇〇一の購入・運航についてのみなされたのではなく、海上自衛隊のＰ３Ｃ対潜哨戒機の選定・購入絡みでなされた疑いがもたれた。この疑惑は、コーチャン氏らに対する（嘱託）証人尋問請求書にも明記されているように、当初は検察当局も抱いたものであった。ところが検察当局は、その後この疑惑を解明することなく、事件を全日空関係に絞り込んでいったのである。

疑獄事件の疑惑はこれら航空機絡みのケースについて持たれただけでない。金大中事件に関する第一次政治決着（一九七三年一一月）に関連し朴大統領から当時の田中首相に三億円が渡されたとの疑惑や、ソウル地下鉄への車輌輸出などをめぐる岸信介氏らへの疑惑など、日韓癒着のケースでも深い疑惑が持たれた。しかし、これらについて検察当局は解明に乗り出そうとしなかった。

要するに、政治腐敗にメスを入れようとしない検察当局の体質、姿勢は、ロッキード事件後も一向に改まっていないように見受けられるのである。このことは、検察当局にとってロッキード事件とは一体いかなる意味を持つ事件であったのかについて、広い視野に立ってより深く検討し、冷静に評価を加えるべき課題を私達に残している。

ロッキード事件に対する裁判所の対応にもいくつか問題があるが、その最大のものがコーチャン氏らに対する嘱託尋問問題にあることはいう迄もない。これは、①コーチャン氏らに事実上「刑事免責」を与えた上で、②「訴訟指揮権」に基づき、③「アメリカの裁判所」に、④被疑者側の「立会なし」に証人尋問を行わせ、⑤その調書を刑訴法三二一条一項三号による「三号書面」として証拠としたことが、憲法上ないし刑訴法上適法といえるか否か、という論点からなる問題である。

これらの論点を持つ嘱託尋問は、ロッキード事件で初めて採られた措置であり、明文の根拠規定がないために当初からその適法性に疑問が附着していた（但し、④の点は刑訴法二二八条により「捜査に支障を生ずる虞」がある場合に認められていることでありロッキード事件特有の問題ではない）。原則論としては、明文の根拠規定なしに嘱託尋問が行われたことは適法性に疑いを残し好ましくない。このことについては何人も異論がないであろう。第一審の裁判所はその適法性を肯定したが、関係当局はこの措置を先例としないようにすべきである。

なお、この嘱託尋問問題を主要な論点とする形でロッキード事件裁判を「司法ファッショ」「司法の自殺」であるとして批判する動きが生じている。この動きは当初は渡部昇一氏などのレベルで生じていたが、その後石島泰氏や井上正治氏らがこれに同調するという動きが生じている。

これらの人達の主張は、嘱託尋問調書が有罪証拠中で占める比重を極端に過大視し、それを議論の出発点に据えている。しかし、第一審判決でみる限り、その比重は決してこれらの人達がいうようなものではない。そうである以上、そのロッキード裁判批判は立論の基礎を失うことになる。

私達は、これらの人達とは別の視点、別の関心をもって、わが国の民主主義に政治的腐敗をもたらしている金権政治の一徴表であるロッキード事件の第二審以降の裁判の推移を、厳しい目で見守らなければならない。

（法と民主主義二〇〇・二〇一号、一九八五年九月）

［補記］ロッキード事件の嘱託尋問調書につき、最高裁は一九九五年二月二二日、その証拠能力を否定する判決を出した。

一九八五年

悪法としての「スパイ防止法」

一　楽観許さぬ「スパイ防止法」国会審議

「国家秘密に係るスパイ行為等の防止に関する法律案」（いわゆるスパイ防止法案）が自由民主党により議員提出の形をとって衆議院に六月六日提出されたとき、それが継続審議となることを予測した人は少なかった。ところが、事態は大方の予想に反して展開し、この法案は極めて強引な方法で継続審議に持ち込まれた。この経緯からみて、現在開かれている臨時国会においてこの法案の審議がどのような推移を辿るかについて楽観的な予測を立てることはできない。現に中曽根康弘首相は成立への意欲を公然と表明している。

このような状況の下にあって、法案推進勢力により「スパイ天国論」「スパイ処罰当然論」「一般市民無関係論」などが喧伝される一方、批判・反対の動きも活発化しつつある。この「スパイ防止法」案は戦後最大の悪法であり、その成立阻止に向けてあらゆる智恵を結集して努力すべきで

現代人文社の新刊情報

ご注文は ◎E-mail hanbai@genjin.jp ◎URL http://www.genjin.jp

現代人文社

金大中救出運動小史

김대중씨 구출운동 소사

ある「在日」の半生

어느'재일동포'의 반생

鄭在俊［著］

정재춘

金大中氏との出会い、
そして、金大中拉致事件（1973年）……。
金大中救出対策委員会の委員長として
激動の渦の中に入っていった。
いま、沈黙を破って、
「在日」の韓国民主化運動の真相を語る。

あると私は思う。

二　悪法としての「スパイ防止法」

まず第一に「スパイ防止法」案は平和主義に反する。戦争を放棄し戦力不保持をうたう憲法第九条の下で自衛隊の存在とこれに伴い生じている「防衛上秘匿することを要」する国家秘密なるものの存在が果たして法的に認められるかは、もともと疑問のあるところである。

それだけではない。この法案は、敵国又は敵性国ないし仮想敵国の存在を前提としている点で国際協調主義に反する。そもそもスパイないしスパイ行為を処罰せよという考え方は、敵国または敵性国ないし仮想敵の存在を前提として初めて成り立ち得るものである。このことは、第二次大戦後削除された間諜罪規定をみればすぐに理解できる。この規定は、「敵国ノ為メニ間諜ヲ為シ又ハ敵国ノ間諜ヲ幇助シタル者」「軍事上ノ機密ヲ敵国ニ漏泄シタル者」を処罰するとしていたのである（刑法第八五条）。そして現に法案推進勢力はソ連を敵性国ないし仮想敵国とみて同国への国家秘密漏洩を取り締ろうとしており、彼等の念頭にはアメリカへの国家秘密漏洩を取り締ろうという発想は当然のことながら全くといっていいほど無いようである。このような発想は、この法案では「防衛上秘匿することを要」するとの構成要件を通じて法律化されようとしているわけであるが、その根本にあるのは軍事上の敵国と味方国とを区別する考え方であり、ソ連脅威論である。

しかし、このような敵国・味方国という考え方は、「平和を愛する諸国民の公正と信義に信頼して、われらの安全と生存を保持しよう」（憲法前文）とする国際協調主義にそぐわない。また、ソ連脅威論は、日本がアメリカの対ソ軍事戦略の一翼を担っていることこそがむしろ日本の核戦場化の危機を生ぜしめているという現実の歪んだ意識反映に外ならない。

私達が生存を欲する限り、人類を核戦争の危険にさらす軍拡と国際的緊張激化の動きに対し何としてでも歯止めをかけなければならない。平和運動を含むさまざまの方法でこれ迄の流れを変えなければならない。ところがこの法案は、このような動きをむしろ敵視し抑圧しようとする。これは許し難いことだと思う。

第二に「スパイ防止法」案は国民主権主義に反する。

この法案は、軍事・外交についての重要な情報に国家秘密のヴェールを覆せてこれを国民に秘匿することにより、国民の主権者としての正しい判断形成を著しく困難ないしは不可能なものとする。その好例は、有事の際の指揮権に関する口頭密約問題である。

本〔一九八五〕年五月二二日アメリカ国務省により公表された外交文書により、一九五二年二月行政協定調印直前に岡崎勝男外相（吉田内閣）がアメリカに対し日本が有事の際にアメリカ軍司令官の指揮下に入ることを口頭で了解したこと、この了解はその後もくり返し確認されたこと、日本国民に与える政治的衝撃を考慮しこの了解を秘密とすることが日米間で約束されたことなどが明らかになった。もしこの密約が当時国民の前に明らかにされていたならば、安保問題に対する当時の国民の判断、選択は異なったものになっていたかもしれない。同じことは昨年一一月、日米間で合意をみた日米共同作戦計画についても言えよう。計画の内容は一切秘密とされている。が、もしそれが明らかにされたとき、それでも国民はソ連脅威論に乗りアメリカ軍のリーダーシップの下でこの計画に従い核戦争参加の危険な冒険を果たしてやろうとするであろうか。

この法案が主権者たる国民に対し国家への盲目的忠誠を強いようとしている点も問題である。この法案は、政府が一方的に国家秘密なるものをつくりだし、その内容はもちろんのこと、それが秘密であることすら国民に明示することなしに秘匿することを要求し、この要求に背く者を国家に対する忠誠義務違反（裏切り）として処罰する、といういわば仕組みになっている。これでは国民は国家に対するいわば盲目的忠誠を要求されているに等しい。江藤淳氏は、この法案は国民に対し日本国家への忠誠心を求めるものだと述べている。この発言は法案推進の立場からこの法案の狙いを露骨な形で表明したものであるが、まさにことの本質はこの点にあるといってもいい。しかし、国民主権主義はこのような国家主義的な考え方を容認しない。

さらに、この法案が国会の審議権や議院の国政調査権を制約することも重大である。軍事・外交に関する重大な事柄がこの法案の諸規定を楯にして現在以上に国会に対してすら公開されないという事態が出現するからである。

第三に、「スパイ防止法」案は基本的人権を大きく制限し侵害する。

この法案が「知る権利」「報道の自由」「言論の自由」を侵害することについては縷説を必要としないだろう。

それだけではない。この法案は学問・研究の自由を侵害する。この侵害は、社会科学や自然科学の分野で広汎に生ずるであろう。例えばある特定の技術研究が防衛庁なり兵器産業なりのある軍事技術開発のプロジェクトと何らかの関りを一旦もてば、その研究に関し公表発表する自由も逆に批判的に検討する自由も研究者にはもはやないという事態が確実に生ずるであろうからである。この事態の持つ重大性を私達研究者は悟り、研究者の良心にかけてその発生を防がなければならない。

第四に「スパイ防止法」案は、罪刑法定主義、適正手続原則を初めとする刑事裁判の憲法的原則に反する。

この法案には「国家秘密」「防衛上秘匿することを要し(要秘匿性)「公になっていない」「不当な方法」「通報」「漏らす」「我が国の安全を著しく害する危険」などの不明確な構成要件が数多く用いられており、罪刑法定主義に著しく反している。

また、国家秘密の中身および要秘匿性についての裁判所の審理が形式化し、またスパイ事件の弁護活動それ自体がこの法案の処罰規定に触れる危険を持ち、さらにはスパイ事件の捜査が事件の性質上盗聴や警察協力者の密告など適正さを欠く手段を通じて行われることになる危険が極めて大きいなど、この法案は適正手続原則に触れる危険を内蔵している。

三　「スパイ防止法」は平和を保障しない

ざっと数え上げただけでも、「スパイ防止法」案は以上のような問題点を持つ。ところがこの法案の推進勢力は、「スパイ天国論」「スパイ処罰当然論」「一般市民無関係論」などを持ち出して正当化に努めている。

これらの主張は、いずれもこの法案の内容がいわゆる「スパイ」による「スパイ行為」の処罰のみに限定されているかのような前提の下で組み立てられている。しかし、この法案の内容を多少とも知る者は、この前提がいかに事実に即していない、マヌーバーともいうべきものであるかを見抜くことが容易にできる。

とはいえ、その主張、とりわけ「スパイ天国論」「スパイ処罰当然論」が推進勢力側の世論工作もあってかなり強い影響力を持っていることは、否定できない現実である。この現実をどのようにして打開すべきか。

「スパイ天国論」については、それが実態認識として果たして正しいかどうか(スパイ活動の実態とされているものの実証性の有無、その取締状況の実態など)、また「スパイ処罰当然論」については、処罰根拠は一体何なのか(国家に対する忠誠義務違反?)、その当否などが仔細に検討されなければならない。これらの点についての私見をここで述べることは紙数の関係でできないが、ひとつだけここで述べておきたいことがある。

「スパイ天国論」「スパイ処罰当然論」が強い影響力を持っているのは、スパイ行為によって平和が脅かされるという認識がかなり広く持たれているからである。そうだとすると、私達が直面している問題の核心は、「スパイ防止法」が果たして国民に対し平和を保障するか、それとも逆に戦争への要因を形成するか、という点にあるといわなければならない。

周知のように戦前の日本では、間諜罪、軍機保護法、軍用資源秘密保護法、国防保安法などにより、水も漏らさないスパイ防止法制がしかれた。しかし、このような法制は国民に対し平和を保障しなかった。それどころか逆に国民の自由な批判的言論を抑圧して軍部独走を助長し、侵略戦争突入を容易にした。スパイ防止法制は、まさにそれ自体が戦争の要因を形成したのである。

この歴史的事実は、くり返し語られ確認されなければならない。そして、この歴史が今またくり返されようとしていることが冷静な現実分析を踏まえて説かれなければならない。このような地道な努力により「スパイ天国論」「スパイ処罰当然論」は必ずや自ずから克服されるであろう。

この稀代の悪法に反対する動きは、いま漸く盛り上りをみせつつある。私達は、「スパイ防止法」の先に平和な未来はないことを自信をもって主張し、その成立阻止に向けて全力を傾注すべきであると思う。


(法律時報一九八五年一一月号)

[補記] その経過につき、本書一六四頁、一七七頁、一八〇頁、一八八頁、一九〇頁、二〇一頁参照。

一九八六年

ひとびとの連帯と歴史

勤労感謝の日、たまたまNHKのチャンネルをひねったら二十数年前の日本映画『裸の太陽』が放映されていた。観るともなしに観ていた私は次第に引き込まれていき、観終ったときは爽やかな風に吹かれたような気持だった。

ストーリーは汽車の罐(かま)たきの青年とその恋人を主人公とする青春物語であったが、私が深い感慨を覚えたのはその映画に出てくる青年たちが働くことへの誇りと自負を持ち、仲間との連帯を大切にしていたことだった。失恋し自暴自棄になりかけ無断欠勤する同僚、デートを棒に振ってその穴埋めの勤務をする主人公——そんなシーンの中にも労働に対する誇り・自負や連帯感が何のてらいもなく自然に伸びやかに描かれていた。そこでは、働くことは人間にとって何よりも尊い誇りであり、働く者は手を結びあい連帯し団結して幸せな未来を築き上げなければならないという、素朴で真実味のある考え方が青年たちを把え動かしていた。

連帯し団結することが働く者に良き未来を約束するかにみえ、人々がそう信じた時代であったとつくづく思う。それから二十数年――時代は大きく変ったといっていいだろう。汽車の罐たきは姿を消した。『裸の太陽』の主人公が誇りにした国鉄という職場に民営・分割の嵐が襲いかかっている。それだけではない。人々を魅了した団結とか連帯とかの思想は活力を失い、未来という言葉にも空しい響きが感じられている。その時代の落差の大きさは『裸の太陽』を観終えた私の心をゆさぶった。しかし、それと同時に、この落差は現代の持つ重要な一側面ではあっても全てではない筈だという気持が私を強く襲ったのだった。

そして一一月二九日、浅草橋駅襲撃放火、全国三十数ケ所での通信・信号ケーブル切断の事件が発生した。この襲撃・切断は、国鉄の民営・分割に反対することをスローガンとして行われた千葉動労のストライキを支援するという名目で行われたという。しかし、この事件の発生を知って私の頭に真先に浮かんだのは、この事件は国鉄の労働者が国民と広く連帯して闘わなければならない筈の民営・分割反対運動を大きく阻害するのではないか、ということだった。それにつけても、国鉄労働者の職場を襲撃して破壊・放火し通信・信号ケーブルを切断した人々には、労働への誇りや尊敬、さらには働く者や国民との連帯という発想が稀薄なように思えてならなかった。それは、『裸の太陽』の青年たちと何と異質な人々であろうか。

いうまでもないことだが、人々が連帯性を失い孤立化するとき、不正に対し防ぐ術を失う。このことはナチズムや日本ファシズムの擡頭・跳梁の歴史の教えるところである。そのような眼でみれば、連帯の発想の稀薄な、いやむしろ連帯を破壊する役割を果す行動は、現代のファシズムの土壌を用意するものではないかとさえ思われる。この種の行動に赴く人々はなぜこの自明の理がみえないのだろうか。ここ迄考えてきて、翻って次のようにも思う。私達が教訓を学ぶべき歴史を歪め隠蔽し抹殺しようとする巨大な力が働いている現代では、そのことがかつての人々にとってそうであったようには自明の理でなくなっているのかもしれない、と。そしてこのこととの関連で最近明るみに出た南京大虐殺史料改ざん事件が関心を惹く。

朝日新聞や雑誌『歴史と人物』などによれば、南京大虐殺当時中支那方面軍司令官だった松井石根陸軍大将の日誌が田中正明氏により改ざんされて同氏編の『松井石根大将の陣中日誌』(芙蓉書房)に収録されているというのである。

例えば、一九三八年一月二四日の欄外に中島第一六師団長が南京から華北の新戦場に向う途中に上海の松井大将を訪れ会見したときの様子について、「其云フ所言動例ニ依リ面白カラス殊ニ奪掠、等ノ事ニ関シ甚夕平気ノ言アルハ、遺憾トスル所由テ厳ニ命シテ……」と書かれてあった。ところがこの部分を田中氏は「其云ふ所、言動面白からず。由て厳に命じて……」と改ざんした。改ざんの個所はこの他にも多数あり、これらの改ざんは「すべて南京事件の否定に向って揃っている」という(『歴史と人物』昭和六〇年冬号三三一頁)。

南京大虐殺事件とは、一九三七年一二月中国の首都南京を占領した日本軍が、中国の敗残兵、捕虜、一般市民に対し加えた大規模な集団虐殺、掠奪、放火、強姦などの残虐事件である。ところが、一九八〇年代に入るとこの事件を歪め隠蔽し抹殺しようとするかのような動きが教科書検定や一部マスコミによってかなり系統的、組織的に行われてきており、今回の史料改ざん事件もこの動きの一環とみられている。

南京大虐殺事件は、ナチスによるアウシュヴィッツ大虐殺にも匹敵する恥ずべき蛮行であり、「アジア解放」のための「聖戦」なるものの本質、実体を白日の下にさらす事件である。それは、戦争というものが人々の理性・分別を失わせ狂気に陥れるものであることを何よりもよく示している。そうであれば、私達がこの歴史から学ぶべきものが何であるかは明らかである。

その南京大虐殺事件を歪め隠蔽し抹殺しようとする動きがあることは、私達が歴史から正しく教訓を学びそれを現代に生かすことを妨げようとする巨大な力が働いていることを示すものである。そうであればこそ国家が営む戦争なるものの実体を直視しようとする私達は、このような動きに対し厳しい批判の眼を持たなければならないわけである。そして私は、昨年国会に提出され廃案となったが再提出が予想される国家秘密法(いわゆるスパイ防止法)についても、このような眼を持ち歴史の教訓に正しく学ぶことの重要さを強調したいと思う。

国家秘密法の必要性を説きこれに賛成する人々は、この種の法律によって国家秘密を刑罰で守ることがわが国の平和と安全を守るうえで必要な方策であるという。しかし、歴史の教えるところによれば、戦前・戦中の水も漏らさぬ国家秘密体制は日本国民に対し平和と安全を保障しなかった。それどころか逆に国民の批判的言論を抑圧して軍部批判を不可能にし、軍部独走を許し、戦争突入、戦争拡大を助けた。中国に対する戦争の中で南京大虐殺のような残虐な行為が日本軍によって繰り拡げられていたことは軍の機密とされ、この事件を知らされなかった国民はそのような残虐で汚い戦争を「聖戦」と信じ込まされていたのである。そして、軍機保護法や国防保安法を始めとするスパイ防止法の法律や特高警察・憲兵の網の目は、国民をがんじがらめにしただけでなく、疑心暗鬼の状態に陥れていった。「親しき仲にも軍機は秘密」「スパイはどこにでもいる」などのスローガンが至るところに貼りめぐらされ、スパイ密告が奨励された社会で、人々の間に一体どのようにして連帯が成り立ち得たであろうか。そして、連帯なしに一体どのようにして軍部の独走を阻み、その圧制を打破することができたであろうか。歴史の答は、ノーである。このことは歴史の真実を直視するならば実に見易い歴史的教訓である。

この歴史的教訓を生かしうるか否か。私達とその子孫の平和と生存は、一にかかってこの点にあると思う。

（不動産法律セミナー一九八六年二月号）

一九八六年

思考の自立、職権の独立

新聞の報道するところによると、昨〔一九八五〕年一二月二〇日最高裁判所は豊前火力発電所訴訟について原告住民側の訴えを不適法とし、その上告を棄却したという。

この訴訟は、一九七三年八月福岡県豊前市及びその周辺に住む住民七名が九州電力を相手どり、豊前市沖の海域を埋め立てて建設された豊前火力発電所の操業停止（操業差止め）と埋め立てられた海面の復旧（原状回復）とを求めて起こしたものであった。原告になったのは作家の松下竜一さんや高校の先生、商店主などであった。彼らは、埋立てや発電所操業の直接の被害者ではなかったが、地域の環境保持を目的とし、地域代表として訴訟を起こしたのであった。その主張の骨子は次のようなものであった。

原告らは「健康で快適な生活を維持するに足る良好な環境を享受し、支配する権利」すなわち環境権を持つ。それは憲法第一三条の幸福追求権、憲法第二五条の生存権に基礎を置く権利である。原告らは漁業者でも農業者でもないが、埋立てや操業による海の汚染や大気汚染などにより生活環境が悪化することにより環境権が侵害される。そこで原告らは豊前平野・豊前海の環境保持を目的とし地域代表として訴えを提起する。

原告側のこのような主張に対し、第一審の福岡地方裁判所小倉支部は、一九七九年八月三一日、環境権は実定法上具体的権利として是認できないとして訴えを却けた。第二審の福岡高等裁判所も、一九八一年三月三一日、第一審と同じ見解に立ち原告住民の控訴を却けた。これに対し昨年の最高裁判所判決は、環境権については判断せず、専ら原告住民に原告適格が欠けているという手続法上の理由により訴えを不適法とする見解をとり、原告住民の上告を棄却したのである。

＊

これ迄火力発電所の建設・操業に対し公害の発生を理由にこれを阻止しようとして起こされた訴訟は、北海道電力伊達火力発電所訴訟など相当な数に上っており、その法律的根拠の一つとして環境権が例外なしに主張されている。また火力発電所以外の公共施設の建設に対しても、環境権を根拠の一つに挙げて差止めを請求する訴訟が、千葉ごみ埋立処理場訴訟などいくつかある。ところが、環境権の主張は裁判所によって否定的に取り扱われており、これを正面から明示的に認めた判例は皆無である。昨年の豊前火力発電所訴訟に関する最高裁判所判決は、前にも述べたように環境権について直接にふれたものではないが、その背後には否定的姿勢が揺曳しているように思える。

環境権という権利は、環境・公害問題の深刻化に伴い一九七〇年に弁護士側から創唱された「新しい人権」であり、学界ではかなり広い賛同を得ているが、しかし現在までのところ確立した権利とはいい難い。そうであるだけに環境権について裁判所内部で積極、消極両様の対応がみられてもおかしくない。ところが実際には一九七〇年代前半のいくつかの下級審判例を除けば、裁判所は環境権に対し一様に否定的対応を示している。

とはいってもそのこと自体の当否をここで問題にするつもりはない。問題なのは、この消極的、否定的姿勢が最高裁判所事務当局の強力な指導を通じて上から作り出されている疑いがあることである。

＊

手元にある資料によると、一九七六年一一月二六日最高裁判所により民事事件担当裁判官協議会が開催され、公害事件に関する民事裁判上のさまざまな具体的問題が協議されているが、その席上で最高裁判所民事局の課長は再三にわたり環境権について次のような否定的見解を明言している。

「……その中で環境権のみに基づく差止請求という問題があるが、そもそも環境権というものの観念がまだ明確ではないし、発生的に見ても、いわば立法政策的な仮説、提言あるいは住民運動の旗印のようなものとして出現したとも言われている。現在でも少なくとも、私法上の権利性を認めるということには強い疑問が感じられるわけで、現在の個別的な紛争処理制度としての民事訴訟の体系になじまないものではなかろうかというような感じがする。」

環境権に対する否定的考え方は、翌一九七七年一一月二五日に開かれた民事事件担当裁判官協議会でも繰り返されており、「環境権というものが、私法上の請求権を根拠づける権利としての実体を備えているという点について消極的に見ざるを得ないと思う」とされているのである。

最高裁判所事務当局の見解が環境権全面否定という強い内容であることも私達の注目を惹くが、その断定的な方向づけがなされている点も重大である。この協議会では各地の裁判所から協議すべき問題が提出され、それについて各地の裁判所から出席している裁判官が意見を述べた後、最後にそれを集約し整理する形をとりながら最高裁判所事務当局が見解を述べて次のテーマに進むという進行スタイルがとられているが、このようにして示される最高裁判所事務当局の見解は事実上はかなり強い指導力、統制力を持っているからである。

＊

一般的にいって裁判官が具体的な訴訟事件を離れて裁判上、司法上の諸問題について自由、平等、率直に意見を交換し合うことは有益なことであり好ましいことであって非難されるべきいわれはない。しかし、意見交換、協議の名を藉りて実際には最高裁判所事務当局が強い司法行政権限をバックにしながら自己の見解を裁判官に伝え意見の統一を図ろうとするならば、それは裁判官の独立を侵す危険があるものとして厳しく批判されなければならない。

強い指導により考え方の統一、統制が行われる場合、判例の統一化の反面として判例は発展・変化の契機を失う危険に曝される。それだけでなく、裁判官は、最高裁判所がどう考えているかという点にのみ主たる関心を抱き、どう考えるべきなのかを自分の頭で考えることに興味を抱かなくなる。このようにして真の思考力を失った裁判官に対し、どうして思考の自立性、職権の独立性を期待できるだろうか。

このような事態は公害事件のみならずその他の民事・刑事の裁判についても広くみられるようである。司法の存立基礎に関わる深刻な問題だといわなければならない。

（不動産法律セミナー一九八六年三月号）

一九八六年

見捨てられていく子供たち

此の頃は朝に新聞を開くのが憂うつになることがある。それは、右寄りの傾向を露わに示している日本の政治・社会の歩みにもよるが、それだけでなく子供たちの世界に起こっているいじめ、学校暴力、体罰、非行、などの記事が多くなっていることにもよる。

例えば二月五日の朝日新聞（第一三版）の社会面をみると、「体罰のけが教委が慰謝料、都立高生頭出血で百万円、けった実習助手は停職」「いじめでまた自殺、香川の中二〝クラス仲間〟で悩む」「生徒が教師襲う、横須賀市立中」「〝生きジゴク〟遺書に涙新た、裕史君岩手で葬儀」という見出しが並んでいる。どの記事を読んでみても、事件の内容は深刻で暗澹とした気持になる。

こういう事件がなぜ次から次へと起こるのか。その原因は何か。その責任は誰にあるのか。どうすればその再発、拡大を防ぐことができるのか。教育関係者や親は悩み、考えあぐねている。

しかし、その答、処方箋はすぐに出てくるような単純なものではないだろう。ある一人の子供が、いじめや学校暴力や非行を行うに至るのには、その全環境が複合的に作用し原因を形づくっている筈だからである。そうだとすれば、親や学校をはじめとする関係者が密接な連絡・協力をしながらそれぞれの立場や専門知識を十分に活用して解決策を見出していくほかない。そしてその際に大切なことは、ともすれば類型化されパターン化されているとみられがちな子供たちのこれらの問題行動が、一人一人の子供にとってみればそれぞれに特有なプロセスなり問題性をもっているということであり、その一つ一つを真剣に注意深く分析し洞察することからしか解決策は見出せないということであろう。いじめる子供もいじめられる子供も、教師に暴力を振う子供も教師から体罰を受ける子供も、万引きや恐喝などの非行に走る子供も、意識するとしないとに拘らずかけがえのない自己を発見し確立し発展させたいと願い、囲りの人たちに必死になって救いを求めているのである。このような必死の営みに対し、一人一人の子供の発達過程や個性を無視した画一的、管理至上主義的方策で対処することは、誤っているだけでなくかえって問題をこじらせてしまう危険をもっている。

このようなことは私がここで言うまでもなく自明のことである。ところが、このような自明の理に目を閉じるかのようなことが、いま家庭裁判所で起こっている。

＊

もう一年も前のことになるが、昨年一月一〇日付の毎日新聞は「軽い少年犯罪パターン化処理、最高裁がモデル試案」という見出しで、最高裁判所が「少年事件処理要領モデル試案」を全国の家庭裁判所に示したことを報道した。それによれば、一九八四年一二月に開かれた少年事件担当裁判官協議会の席上で最高裁判所家庭局はモデル試案を配布した。このモデル試案は、「手続全般について標準的な処理の存り方を吟味し、なるべくこれにより運用する旨を申し合わせておくことは、合理的で安定した事件処理態勢の確立に資するところが少なくない」「交通事件、軽微事件等について現に策定されている処理要領等（これは各地の裁判所で作られているもの――引用者注）の内容を見ると庁によってかなりの差異が認められる。……今後は、できる限り処理要領等の内容の較差を是正し、全国的な規模において、前記のような処理の均質化を図っていくことが必要である」という考え方で作られたものであり、「同質の事件については、できる限り同質の処理のなされること」を狙ったものである。この狙いに基づき、モデル試案は、処理手続の通則、軽微事件等の取扱いに関する特則、交通事件の取扱いに関する特則を定めている。

ここでまず疑問とされなければならないのはモデル試案の発想・狙いである。一体なぜ「処理の均質化」が少年事件の処理に於て強調されなければならないのだろうか。たしかに処遇が恣意的なものであってはならず、そのためには調査官による科学的調査と裁判官による司法的判断とが適切妥当に行われなければならない。しかし、少年事件の処理は、可塑性に富む発達途上の少年少女の特性に立脚したものであって初めて適切妥当なものといえるのであり、その意味で本来的に個別的、具体的なものであるべきものである。ところが、モデル試案は、事件取扱いに裁判官により又は各庁により「較差」すなわち相違があること自体を問題にし、少年事件処理のもつ個別性・具体性に注意を払うことなく「処理の均質化」を追求しようとしているようにみえる。このことは極めて疑問である。

＊

モデル試案のめざす「処理の均質化」なるものの中身を、軽微事件取扱いに即してもう少しくわしくみることにしたい。

モデル試案は、万引き、自転車窃盗などの事案、軽微な事件について、その軽微性と要保護性の程度に応じて、①調査命令を発することなく審判で開始決定を行うべき「記録調査事件」、②調査官による書面照会のみを行う「書面照会事件」、③調査官による重点的短時間面接調査を行う「簡易面接事件」に選別し、それぞれについて審判不開始に至るべき手続を定めている。

要するに、モデル試案は、軽微事件について選別を加え調査官による調査を省略又は簡略化しようとしており、その際の選別の基準を主として罪種など事案の重大性の程度に置いているのであり、「軽い事件には簡易な手続と軽い処分を、重い事件には入念な手続と重い処分を」という事案中心主義を実現しようというものである（もっともモデル試案は選別の際に要保護性の程度をも考慮すべきことをうたっているが、調査前に行われる要保護性の程度の判断がきわめて、形式的、表面的なものに終らざるをえないことは明らかである）。

このようなモデル試案に対してある調査官が次のように批判していることが私の胸を強く打つ。

「子供たちがよくなるも、悪くなるも、生まれてから今まで育ってくる間、どれだけ人間的な扱いをされてきたかということの密度の濃淡によって子供たちの運命は決まってくるわけですから、それが結果として非行として出てきたとすれば、より人間的なかかわりをしてあげなければいけない可能性があるのではないかということで、必ず一応会ってみよう。……その最初の非行によって取り返しのつかないほどの傷を受けている子供たちだって、その中から発見されるわけですから、そういうのに対しては、その傷をいやしてやり、あるいは傷つけた大人たちというのに私たちから何らかの働きかけをして、調整してあげなかったら、それから先が大変なことになる。……初回の非行に対するかかわり方をどれだけ調査官が一生懸命やるかによって、一過性で卒業させてあげられるか、あげられないかにかかわってくるような大事な部分だと私たちは思っています。……そこのところが、今度のモデル試案の場合には完全に無視されているし、そういうところには調査官は手をつけるなといわれているわけです。その部分を警察に任せろということになっているのが、私たちの一番腹が立っているところです。」

＊

広く知られているように、学校教育現場では文部省による画一的、管理主義的教育統制の強化が進行し、教育から活力が失われる事態を招いた。今日みられる子供たちの問題行動がこの事態と深く関わっていることはいうまでもない。

少年少女の非行の適切な処置を通じて子供たちの健やかな発達に貢献すべき任務をもつ家庭裁判所でいま進行している事態は、先に紹介したような調査官の批判に接するとき、私たちの心を痛ませる。このようにして子供たちはますます見捨てられていくのか、と。

（不動産法律セミナー一九八六年四月号）

一九八六年

警察依存社会か自律的市民社会か

今〔一九八六〕年は、東京サミットに向けて厳重な警備体制がとられ、一種の戒厳的状態が東京で出現するという異様な状況のもとで、憲法記念日を迎えた。

この警備には延べ四五万人の警官と約七〇億円が投じられ、至るところで厳しい職務質問、自動車検問、所持品検査、交通規制が行われたが、このような戒厳的状態は今日の憲法状況の本質を露骨な形で示しているように思えてならない。

この日、東京の読売ホールで全国憲法研究会の主催により恒例の憲法記念講演会が開かれ、古川純氏（東京経済大学）の「日本国憲法の制定——外圧と内発——」、杉原泰雄氏（一橋大学）の「憲法九条を考える」、私の「現代社会と人身の自由」という三つの講演が行われた。

以下は私が当日述べたことのアウトラインである。

＊

最初に現代社会における人身の自由（不当に刑罰権を行使されることのない権利）の問題状況を示す三つの事例を挙げてみたい。

その一は、いま行われている東京サミット警備である。全国から約三万人の警官を動員して行われているこの警備のなかで、有無をいわせないやり方で無差別的に職務質問、自動車検問、所持品検査が展開されている。

その二は、四月二八日福岡高等裁判所で言い渡された鹿児島夫婦殺し事件逆転無罪判決である。被告人のFさんは、第一審と第二審では主として自白を証拠として有罪とされた。ところが一九八二年最高裁判所が有罪判決を破棄し裁判のやり直しを命じたため、Fさんは今回の無罪判決を手にすることができた。この無罪判決のなかで裁判所は、自白が違法な別件逮捕のもとでの強制的な取調により得られたもので任意性に疑いがあること、鑑定資料とされる物的証拠（体毛）がすりかえられた疑いがあることなどを指摘し捜査手続を批判した。

その三は、国家秘密法案（スパイ防止法案）である。周知のようにこの法案は昨年六月国会に提出されたが、世論のつよい批判にあい、昨年末ついに廃案になった。ところがこの法案に修正を加え再び国会に提出しようとする動きが自民党内で推し進められており、四月四日には自民党スパイ防止法制定に関する特別委員会により修正素案がつくられた。この修正素案は、法案の名称を「防衛秘密に係るスパイ行為等の防止に関する法律案」と変えて秘密の範囲を防衛秘密に限定するかのような装いをこらしたり、報道・取材活動を処罰対象としないとするかのような印象を与える規定を設けることにより世論の批判をかわそうとしている。しかし注意深く読むと、その修正内容はマヌーヴァー（見せかけ）にすぎないことが分る。なぜなら防衛秘密のなかに依然として外交秘密も含められ処罰対象とされている。また処罰から外される報道・取材活動も極めて限定されている。それだけでなく、秘密やスパイ行為の無限定性、あいまい性は依然としてそのままであり、政治的・市民的自由を侵害する危険が極めて大きい。

＊

以上の三つの事例から窺い知られる人身の自由の現代的問題状況の特徴は何か。

その一は、人身の自由の制限・侵害が合法性の枠を遥かに超えて行われる傾向が強まっていることである。例えば、異常な挙動を示すなど一定の条件が充されていない者に対し職務質問することは警職法の認めるところでないのに、現実には無差別的に行われている。また所持品検査について警職法は一切規定していない。もっとも、警職法は職務質問に附随する形の非強制的所持品検査を認めているという考え方があり、最高裁判所もこの考え方を採っている（最判昭五三・六・二〇）。しかし、質問とは全く別個独立な性質と意味とをもつ検査行為を「附随」行為として把えることは無理であり、解釈の域を超える。それだけでなく現に行われている所持品検査は強制的なものであって最高裁判例の線にすら合わない。

その二は、人身の自由の制限・侵害を立法により一層拡大しようとする動きが強いことである。この動きは、現在政府部内で検討され準備されている代用監獄の存置・強化構想（留置施設法案）、少年警察の権限拡大構想（少年法改正の動き）、精神障害者取締り強化構想（改正刑法草案の保安処分制度）などにみられるが、国家秘密法案（スパイ防止法案）制定の動きもこの動きの一環を形成している。この法案が成立すれば、捜査当局はスパイ摘発上不可欠な捜査手段として盗聴やおとり捜査などを活発に行い、その法的認知を裁判所のみならず国会にも要求するであろう。

その三は、人身の自由の制限・侵害を是認・黙認する風潮が社会に拡がっていることである。現在、過激派による暴力犯罪、暴力団犯罪、覚せい剤事犯、少年非行などが蔓延し、それへの対応が求められており、この現実が警察権による人身の自由の制限・侵害に対する批判を弱めていることは否定し難い。今回の戒厳的状態を招いている警備に対する批判的論調を新聞やテレビに見出すことは難しい。これまで見たような動きは、正にこのような状況をバックにしているのである。

＊

では以上のような動きの結果としてどういう事態が生じているのだろうか。私たちが人身の自由を犠牲にして手にしている「治安」の中身は一体どういうものなのか。

たしかに私たちは良好な治安を保障され平穏な市民生活を手にしているようにみえる。しかしもう少し踏み込んでみるならば、冒頭にみた事例が示すようにプライバシーの侵害、違法捜査に基づく冤罪の恐怖、市民的自由の制限の危険と背中合せで暮らしていることもまた否定できない現実である。

このような状況のもとにあって私たちはどのように考えるべきだろうか。基本的視点として私は次の三つの点を挙げてみたい。

第一に、人身の自由が守られているということもまた国民にとってみれば「治安」の中身だということである（これを市民社会的治安と呼ぼう）。このことは、冤罪事件の例を考えればすぐ理解できることである。

第二に、国家（警察権）が関心を抱きその維持のため活動する「治安」は、市民社会的治安とは異質なファクターを含むものであり、人身の自由を制限・侵害する傾向を本来的にもっていることである（これを国家的治安と呼ぼう）。このことは、国家秘密法案（スパイ防止法案）の例がよく示している。そうであれば、私たちは政治的・市民的自由を制限・侵害することにより守られる「治安」（国家的治安）とは市民社会にとって一体何物であるのかを深く透視しなければならない。

第三に、警察権による人身の自由の制限・侵害を許容し警察権に依存する社会は、長い目でみれば市民社会のもつ自律性と問題解決能力とを弱め市民社会的治安の悪化を招くという悪循環に陥ることである。このことは、少年非行問題を考えれば理解できるだろう。少年非行問題への警察権の過度の介入は家庭や学校から問題解決能力を奪い、問題を一層悪化させる危険をもつのである。

警察依存社会か自律的市民社会か――私たちは、市民社会の自律性と問題解決能力とを高めるためにも人身の自由の意義を正しく把握し擁護しなければならない。

＊

当日話したことの概要は以上のとおりだが、時間の関係で論証を省略したところが多かったためどの程度理解してもらえたか心配だった。ところが、後で回収したアンケート調査の結果によれば、意外なほど共感と理解をもって聴いてくれた人が多かった。

（不動産法律セミナー一九八六年七月号）

一九八六年

検察に人なし

一九八六年五月三〇日、静岡地方裁判所は島田事件について再審開始の決定を下した。死刑囚について再審が開かれるのはこれで四件目である。ところが、検察側が即時抗告したため、再審公判開始はもっと先に延ばされてしまった。

今回の再審開始決定が明らかにしているように島田事件の犯人とされた赤堀政夫さんは無実であり、即時抗告により再審開始決定が覆されることはあり得ないとみてよい。そうであるだけに即時抗告の措置をとった検察当局の態度にはメンツに囚われた権威主義的なものが感じられ、検察に人なしの感を深く与える。

＊

島田事件が起きたのは今から三二年前の一九五四年三月一〇日のことであった。静岡県島田市内で六歳の幼女が若い男に連れ去られ、三日後に惨殺死体となって発見された。

衣服は大部分脱がされ、首には絞められた跡があり、陰部はひどく損傷されていた。また左胸には傷があり、皮が剥がれていて革皮様化していた。死体の解剖に当った鈴木完夫医師（警察医）は、死因は窒息であり、胸の傷は死後のものだと鑑定した。

警察当局は、容疑者としてリストアップした数百人のうちの一人、赤堀さんを浮浪先の岐阜県内で五月二四日別件で逮捕し取り調べたが、容疑が晴れたとして翌日釈放した。ところが、五月二八日に再度別件逮捕し、五月三〇日赤堀さんから自白をとった。六月一七日、赤堀さんは強姦致傷・殺人で起訴されたが、公判では一貫して犯行を否認した。しかし、静岡地裁は一九五八年五月二三日死刑を言い渡した。一九六〇年二月一七日東京高裁の控訴棄却、同年一二月一五日最高裁の上告棄却により死刑判決が確定した。

死刑判決は、赤堀さんは幼女を姦淫し陰部に裂創の傷害を負わせた後、拳大の石で胸を数回強打したうえで首を絞めて窒息させたと認定した。

赤堀さんと犯行とを結びつける証拠は赤堀さんの自白しかなかったが、静岡地裁および東京高裁は、自白により警察当局は胸の傷が石で殴打したため出来たことを初めて知りその石を差し押えることができたこと（いわゆる「秘密の暴露」）などを理由に、赤堀さんの自白は信用できるとした。また自白によれば赤堀さんは幼女が生きているうちに胸を石で殴打したのに、鈴木鑑定は胸の傷は死後にできたものとしており、この点に疑問がもたれた。ところが、静岡地裁および東京高裁は、胸の傷は生前できたものとの古畑種基博士の鑑定を採用することにより、自白を信用できるとした。

赤堀さんは無実を主張し四次に及ぶ再審請求を行い、今回ついに再審開始決定を得た。この決定によれば、陰部の傷も胸の傷も首を絞めて殺害した後に生じた疑いがあること、胸の傷は証拠の石ではできない疑いがあること、石は自白前に発見・押収されており、従っていわゆる「秘密の暴露」ではなかったことなどが認められ、そのため自白の信用性に疑いが生じ、有罪判決を維持できなくなったというのである。

このようにして赤堀さんを危うく死刑台に送り込みかけた有罪証拠、つまり自白、石、そして古畑鑑定は信用できないものであることが明らかにされたのである。この決定内容からみて、先にも述べたように再審開始決定が覆ることはまず考えられない。

＊

それにしても、死刑判決が誤判であったということは実に衝撃的な事実である。絶対に誤りであってはならないものが誤っていたのであり、例えていえばその誤りにより裁判の名において一種の殺人が行われようとしたのである。しかもそれが一件にとどまらず、免田事件、財田川事件、松山事件、そして今回の島田事件と四件にも及ぶことが明らかになったのである（その他にも再審を求めている死刑事件として帝銀事件、牟礼事件、波崎事件、袴田事件、名張毒ぶどう酒事件、尾田事件などがある）。

問題は、これらの恐るべき誤判が不可避的に生じたものでなく、避けようと思えば避けられた筈のものだという点にある。島田事件の場合もそうである。

第一審の静岡地裁は、結審後に前述のように犯行順序に関し自白の内容と鈴木鑑定との間に重大なくい違いがあることに気づいた。それをきっかけにして自白内容を先入観なしに公平かつ仔細に検討すれば、そのほかにも客観的証拠との矛盾を数多くもつ、信用すべからざる自白であることを見抜くことができたであろう。ところが静岡地裁は、職権で審理を再開し古畑博士に鑑定を命じ、自白内容にそう鑑定を手に入れた。そして、古畑鑑定にいわば盲目的に依存して有罪心証を固め、数多くの矛盾やくい違いに目をつぶってしまったのである。

死刑判決の証拠的基礎がいかに脆弱なものであったかを明らかにした今回の再審開始決定は、誤判が不可避的なものではなく「疑わしきは被告人の利益に」の原則に忠実であったならば避け得た筈であることを示しているといっていい。

そしてもう一つ問題なのは、どの事件についても誤判の存在を認めまいとするかのように検察当局が再審請求に対し妨害的とさえみえるほどに執拗でアンフェアな有罪立証活動を展開してきたことである。

島田事件でも検察当局は、石の発見過程について当時捜査の末端にいた警官二名を証人に立てたり、胸の傷について死後受傷説から生前受傷説に変説した鈴木医師を証人に立てたり、生前受傷説を唱える牧角三郎氏の鑑定を提出するなどして有罪立証の補強に努める一方、石の発見経過に関する捜査日誌等の提出を求める裁判所の取寄せ決定に対し、肝心の部分については事実上提出を拒否する態度に出た。そして再審開始決定に対し即時抗告を行い、あく迄再審開始を阻もうとする態度を示しているのである。

もっとも、検察がこのように即時抗告するのは島田事件が初めてではない。周知のように、再審の門戸が幾分緩められ重大事件について再審開始・再審無罪が相次ぐようになったのは一九七五年の最高裁白鳥決定以後のことであるが、翌年再審開始決定が出た弘前、加藤、米谷の三事件については検察は即時抗告しなかった。ところが一九七九年以降に再審開始決定が出た財田川、免田、松山、徳島、梅田の五事件について、検察当局は例外なく即時抗告を申し立てた。その申立はこれまた例外なく却下されており、徒らに再審公判開始を遅らせたにすぎない。一日も早い誤判救済が望まれるにも拘らず、である。これは許すことのできない権限濫用であり、検察当局の良識を疑わせる。

＊

あたかも白鳥決定以後の再審の新しい流れをせき止め逆流をまき起こそうとするかのような、そしておよそ誤判の存在を一切認めまいとするかのような、執拗な有罪立証活動、再審請求に対する意図的とさえみえる妨害的活動（無罪証拠隠匿、即時抗告申立など）、明白な誤判に泣く冤罪犠牲者に対し平然として行われる有罪論告や求刑などをみるとき、「検察官は、自己の判断の誤りによって、国民に重大な損害を与えるような結果を招いたり、検察権の公正を疑わしめるような結果をもたらしたような場合には、漫然身分保障の上に安座することなく、その良心の命ずるところに従い、いさぎよく出所進退を決するだけの心構えをもって、日日の検察事務の処理にあたるべきものである」（伊藤栄樹『検察庁法』良書普及会、一九八六年）という検察の最高責任者の著書の一節がいかに現実と合っていないかを知り、慨嘆の念を禁じ得ない。

検察には冤罪問題、誤判問題を公正卒直に直視し、その抜本的解決に取り組む正義の士はいないのか。ヒューマニストはいないのか。良心の人はいないのか。

（不動産法律セミナー一九八六年八月号）

［補記］島田事件については、一九八九年一月三一日、再審無罪判決が出された。本書二一四頁参照。

一九八六年

にんげんの にんげんのよのあるかぎり……

また原爆記念日がめぐってきた。チェルノブイリ原子力発電所事故で私達は改めて原子力の恐ろしさを思い知らされたのだったが、いま四二回目の原爆記念日を迎え、一瞬にして十数万人の人命を奪いつくした原爆への憤りの気持が抑え難く湧いてくる。

いま私の机の上に三冊の本がある。荒井信一『原爆投下への道』(東京大学出版会)、椎名麻紗枝『原爆犯罪』(大月書店)、松井康浩『原爆裁判』(新日本出版社)である。いずれも原爆投下の犯罪性・非人道性を告発した最近の書物である。まず荒井氏の書物によりながら原爆が何故投下されたのかをみることにしよう。

＊

原爆は戦争の早期終結のために使われ、結果的にも人命節約に役立った――原爆投下の決断を下したアメリカ大統領トルーマンはアメリカ国民に対しそう説明し原爆投下を正当化しようとした。しかし、この説明は全く偽りであった。

原爆投下をトルーマンが決断したのは一九四五年七月二四日であるが、このときトルーマンは日本の支配層が降伏へと動き出しているのを知っていた。もっとも、この段階で日本の支配層は天皇制存続という条件付で降伏することに固執していたが、実はアメリカもこの条件を受け入れる方針であり、当時起草中だったポツダム宣言にも立憲君主制存続の容認が明記されていた。ところが七月二六日公表されたポツダム宣言(第一二条)においてこの条項は修正され、天皇制存続の可能性は極めて曖昧な形で暗示されるにとどまった。この修正はトルーマンの要求によるものであったが、彼はこれにより日本のポツダム宣言即時受諾の可能性を封じたことを明確に意識していた。

トルーマンは何故このように故意に戦争早期終結の可能性を排除したのか。その狙いは何であったのか。それは、八月一五日に予定されていたソ連参戦の前に原爆を投下するためであった。では何故原爆を投下する必要があったのか。それは、日本降伏をもたらすことが必至であるソ連参戦の前に原爆を投下し、これによって戦争終結を導き出す形にすることが戦後世界で対ソ優位に立つ上で必要だと考えたからである。
原爆投下は、このような政治的狙いをもって行われたものであって、決して戦争の早期終結のためでもなければ軍事上必要不可欠なものでもなかったのである。この歴史的事実を荒井氏の書物はえぐり出すことにより、アメリカの原爆投下責任を鋭く告発している。もっとも、原爆投下に責任を負っているのはアメリカだけでない。天皇制存続に固執しポツダム宣言即時受諾を躊った日本の支配層にも大きな責任があるというべきである。それだけではない。荒井氏の書物によれば、日本の支配層をしてポツダム宣言受諾＝無条件降伏へと赴かしめた主要な要因は原爆の大惨状ではなく、ソ連参戦（八月九日）だったというのである。日本の支配層の念頭には原爆がもたらした悲惨な被害よりもソ連参戦による「赤化」の危険のほうが重大事だったのである。

＊

原爆が広島に投下されて丁度一ケ月目の九月六日、アメリカのファーレル准将は東京で記者会見を行い、「広島・長崎では原爆症で死ぬべきものは死んでしまい、九月上旬現在において、原爆放射能のために苦しんでいるものは皆無だ」との声明を発表した。広島・長崎で毎日一〇〇人を超す被爆者が苦悶の中で死亡し、また何万人という被爆者が治療らしい治療を受けることなく苦しんでいるというのに――。

何故ファーレルは虚偽の声明を世界に向けて発表したのか。それは、被爆者の存在を世界の目から、そしてアメリカ国民の目から隠蔽するためであった。この方針にそい、被爆の実態に関する報道や研究発表は厳重に検閲され規制された。それだけではない。アメリカ政府は被爆者治療に対し援助の手を全くさしのべなかった。データー収集のための調査活動はＡＢＣＣを中心に活発に行ったが、診療は拒否した。アメリカ政府にとって被爆者はいわばモルモットだったのである。いや、それだけでない。アメリカ政府は、アメリカの民間人医師の救援活動を妨害し、日本人研究者の研究活動を妨害した。

このような残酷で残忍な被爆者政策により被爆者は本格的な治療をうける機会を失い、そのため多くの人が生命を失った。もし被爆直後から本格的な救援が行われていれば数万人の生命が救われたであろうという。

では一体何故アメリカは被爆の実態を隠し続けようとしたのだろうか。それは原爆投下責任追及を免れるためであり、原爆独占を継続するためであった。このようにして原爆投下という国際法上許されない犯罪を犯したアメリカは、被爆者治療を放置するという犯罪をも犯したのである。

しかし、被爆者を見殺しにしたのはアメリカ政府だけではなかった。日本政府も、アメリカの被爆者政策に追随し加担した。それだけでない。日本政府は、講和条約において被爆者の損害賠償請求権を放棄した。そしてまた今日に至るも被爆者援護法制定を怠っている。このような日本政府の態度は、アメリカの二重の犯罪行為と同様に厳しく糺弾され、その責任が問われなければならない。

椎名氏の書物は以上のように「被爆者はなぜ放置されたのか」を克明に追及し、日米両政府の責任追及求の法理の構築を試みている。

＊

原爆投下の責任、そして被爆者放置の責任を追及し、被爆者援護の措置を国にとらせることは、人間が人間であろうとする限り果さなければならない義務である。そしてこの義務を果すことは、核戦争の危機を核兵器廃絶により克服する道に連っている。松井氏の書物は、このような問題意識に立って原爆投下の国際法違反性を追及した先駆的法律家の実践と理論の書である。

一九五五年、岡本尚一弁護士、松井氏らは東京地方裁判所に対し、原爆投下の国際法違反性を明らかにし、被爆者への損害賠償を求める訴訟を提起した。これに対し東京地方裁判所は一九六三年一二月七日、原爆投下の国際法違反性を認める画期的判決を下した。しかし、同裁判所は、損害賠償請求に対しては請求権なしとして却けた。原告はこれ以上の良い判決は期待できないとして控訴しなかったので、この判決が確定した。

この先駆的訴訟は、いま椎名氏ら中堅弁護士によって新しい法的理論構成を施されながら受け継がれようとしている。日本国には、賠償請求権の放棄の有無に拘らず固有の責任に基づき被爆者救援の義務があるという考え方が新しい法的理論構成の出発点に据えられようとしている。この努力の中で松井氏らの先駆的訴訟の意義がいま見直されているのである。

松井氏は次のように言う。

「私達は、被爆者になる前に核兵器を廃絶しなければならない。私達が被爆者になることを拒否するには、まず被爆者を救援しなければならない。」

＊

私は三冊の書物を読み終えて、高校時代にガリ版刷りで読んだ詩の一節が思い出されてならなかった。

ちちをかえせ　ははをかえせ
としよりをかえせ
こどもをかえせ

わたしをかえせ　わたしにつながる
にんげんをかえせ

にんげんの　にんげんのよのあるかぎり
くずれぬへいわを
へいわをかえせ

峠三吉氏の悲痛な叫びは、核時代に生きる私達のともすれば曇りがちな良心を揺り動かす。

私達がなすべきことは山積しているのだ。

（不動産法律セミナー一九八六年一〇月号）

一九八六年

焦燥感にも似たもの

最近は社会の変り方が随分はげしいように思う。その変化は、ハイテク社会、高度情報化社会、高齢化社会、管理社会、企業社会、国際化社会など、そのさまざまな側面にさまざまな表現を与えられて特徴づけられているが、その特徴のどれひとつをとってみてもこれ迄の私達の常識的な観念をはるかに超えるものがあることに驚かされる。

これらの変化は、高齢化社会のように生理的要因が大きく働いているものもあるが（もっともこれとても医療技術の進歩に負うわけだが）、その大部分は経済的要因によるものといっていい。このことは、国際化社会を例にとって考えてみればすぐ分かることである。国際化を促している要因はさまざまあるが、しかしその最も重要なものが資本の海外進出の動きであることはくわしく述べるまでもなく明らかである。

それにつけても、日本社会のあり方を規定している日本経済の展開方向は一体いかなるものなのだろうか。わたくしは経済の専門家ではないのでそのことについて述べる資格はないが、二つの文書を手掛りとしながら、経済のリーダーたちがどう分析しどこへ日本を引っ張っていこうとしているかをみてみたい。

＊

第一は、「国際協調のための経済構造調整研究会」（経構研）の報告書である。前川レポートと呼ばれるこの報告書は、中曽根康弘総理大臣の私的諮問機関が今年の四月七日に作成したもので、日米首脳会談でアメリカ側に説明された。そして、国内でもこの報告書にそった政策が着々と実行に移されようとしている。この報告書は、これまでの経済政策および国民生活のあり方を歴史的に転換させるべき時期を迎えているとの基本的現状認識に立って、「輸出指向型」経済構造から「国際協調型」経済構造に転換すべきことを提唱し、この目標の実現のために内需の拡大、産業構造の転換、金融の自由化・国際化、国際協力の推進、財政・金融政策の対応などを提唱している。

では、その具体的内容は何かといえば、都市再開発の推進（内需拡大）、中小企業・石炭産業・農業の整理淘汰、海外投資の拡大、輸入拡大（産業構造転換）、経済・技術交流の拡大（国際協力）などであり、これらを実現するための財源の「効率的・重点的」配分、「民間活力」の活用、規制緩和、税制改革（貯蓄優遇制度廃止など）である。

この報告書で描かれている日本経済の展開方向とこれに即応する行財政改革は、周知のように既に進行しつつある。例えば健康保険制度改革や国公立病院縮小をはじめとする福祉後退は、財源の「効率的・重点的」配分政策なるものの結果として生じつつある現象である。公害規制緩和、開発規制緩和などの環境破壊放任や国鉄解体は、「民間活力」の活用とこれに向けて行われる規制緩和（デレギュレーション）の政策の結果として生じつつある現象である。そしてまた、現在進行しつつある軍備拡大と教育改革も実は経済構造転換の動きの一環として生じているものなのである。このことを次の文書によって確認することにしよう。

＊

この第二の文書は、通産大臣官房企画室編『世界の中の日本を考える――二一世紀の役割と貢献』という文書であり、「世界の中の日本を考える懇談会」がまとめた報告書である（本年六月刊行）。

この文書は、二一世紀の世界を、米ソの核を中心とする二極構造とアメリカ経済力低下とを軸にして把え、そのような基本的構図の中で日本がどのような役割を果すべきかを検討し、結論として次の三点を導き出している。

第一に、日米安全保障体制を軸とし、西側の一員として防衛面におけるコスト負担を考えていく必要がある。第二に、国際経済体制の維持のためこれ迄以上にアメリカを補充する必要がある。第三に、積極的な海外投資、海外進出に伴う摩擦の回避・緩和のため日本人の積極的対応が必要であり、そのために日本人を「グローバルコミュニティ意識」に切りかえる必要がある。

このようにして、この文書では軍事、経済、教育の三者が不可分一体のものとして緊密な連関性を与えられているのである。その連関性の実体は、有体にいえば、海外進出のためにはムチ（軍事力）とアメ（人材）が必要不可欠だということになるのかもしれない。軍備拡大と教育改革とはこのように緊密な論理で繋ぎ合わされ、政治的課題の眼目とされているのである。

ところで、この報告書のいう「グローバルコミュニティ意識」とは一体いかなるものか。報告書によれば、それは「地球のわれわれ」の意識であるというが、それでは国境をとり払ったコスモポリタニズムかといえばそうではなく、インターナショナリズムでもない。国家への帰属意識をもちながらも国際紛争の「平和的処理・解決」に向けて積極的な行動に赴く意識であるとされている。しかし、その実体は、資本の海外進出に当り、アメリカを中心とする国際経済体制の枠内でのグローバリズム意識であり、西側意識、大国中心意識ということになるようである。

以上のような動きを捉えた目で臨時教育審議会第二次答申（本年四月）の内容を見れば、二一世紀のための教育目標として掲げられている三つの目標も額面通り受けとっていいものかどうか疑問に思えてくる。「ひろい心、すこやかな体、ゆたかな創造力」「自由・自律と公共の精神」「世界の中の日本人」——このような響きのいいことばの背後に一体どういう実体が隠されているのか、わたくしたちはしっかりと目を開いて見抜かなければならない。例えば、「公共の精神」とは国家への忠誠心のことであり、「世界の中の日本人」の「国際的視野」とは一方的な西側意識、アグレッシブな大国意識のことではないのか、というように——。

＊

いま動きつつある社会の変化の方向は、決して明るいものとは感じられない。巨大企業がまるで怪物のように海外に進出して新しい国際的摩擦の種を作るだけでなく、わたくしたちの生活をすみずみまでつかまえて管理する社会、巨大企業にコントロールされながらその動きをバックアップするため軍事力と警察力とを拡大し、福祉を縮小し、教育を統制する国家——そこにわたくしたちは果して明るい展望を見出せるだろうか。

わたくしたちは、第二次世界大戦後、平和、民主主義、自由、人権、福祉などを理念とする市民社会の発展に希望を托してきた。この理念は、二〇世紀の戦争と抑圧と貧困の痛切な歴史的体験に学び、わたくしたちが獲得したものであった。二一世紀の入口に立とうとしている今、この理念は、表向きは尊重される形をとりながら実は骨抜きにされ形骸化され反対物に変えられようとしているのではないだろうか。

巨大資本と国家の論理と行動に対し何とか歯止めをうてないものだろうか。わたくしたちは手を拱いて奈落の底に落ちるよりほかないのだろうか。法律学も何もなしえないのだろうか。焦燥感にも似たものを強く感じさせられる。

しかし、徒らに焦燥感に身を委ねる前になすべきことがあるのではないだろうか。なすべきことをしないで焦燥感にかられ絶望に赴くことは愚かなことではないだろうか。

（不動産法律セミナー一九八六年一一月号）

一九八六年

平和、人権、民主主義には運動が必要である

なすべきことをしないで焦燥感にかられ絶望に赴くことは愚かなことではないだろうか。

一見絶望的ともみえる現実の動きをもう一歩踏み込んで透視するならば、そこにはさまざまな矛盾対立が渦巻いており、その矛盾対立の中に現実をよりよい方向に改革、改善するエネルギーと契機が潜んでいるからである。わたくしたちはこの点にこそ目を向け、そのエネルギーと契機を強め広める努力をしなければならない。

＊

周知のように一〇月一一日からレイキャビクで行われた米ソ首脳会談は、戦略核兵器五〇パーセント削減や中距離核戦力（ＩＮＦ）の欧州からの廃絶等については、〝潜在的合意〟に達しながら、ＳＤＩ（戦略防衛構想）をめぐる意見対立のため最終的合意に達せず物別れに終った。この

会談の経緯を注意深くフォローするとき、宇宙兵器の開発をめざすSDIに固執し核兵器廃絶に向けて一歩を踏みだす「歴史的チャンス」を逸した責任は主にアメリカ側にあったように思えてならない。

が、いまここでわたくしが注目したいのはそのことではない。わたくしが注目したいのは、米ソ首脳会談を前にして展開されたヨーロッパの反核運動である。

スコットランドでは一〇月五日、グラスゴーからエジンバラ郊外のグレーンジマスまで一三の町村を結ぶ延べ四四キロに及ぶ反核デモが四万五千人を集めて行われた。

また一〇月一一日、西ドイツのフンスリュックで反核・平和デモが二〇万人を集めて行われた。ラインラントプファルツ州にあるフンスリュックには軍事基地が集中しており、その一角に核巡航ミサイル九六基用の基地が建設中である。そのフンスリュックに、「狂気の軍拡に反対し、欧州に配備されたすべての核兵器とわが国に配備された中距離核兵器に反対する」抗議デモが展開されたのである。西ドイツで全国規模で二〇万人のデモが行われたのは、一九八三年末に新型核ミサイル配備が行われて以来のことであるというが、三年間の沈滞を打ち破って西ドイツの反核・平和運動はいま力強くよみがえったというのである。

注目すべきは、このように大衆的平和運動が幅広く組織され、デモンストレーションを通じて反核・平和の意思を全世界に向けて表明しているばかりでなく、それが政党をも動かし反核方針採用へと政策転換を行わせせつつあることである。イギリス労働党と西ドイツ社会民主党の反核方針採用の動きがそれである。

フンスリュックの反核・平和デモは、「平和には運動が必要である」と題する声明を採択したという。このような強い意志と明快なポリシーと幅広い連帯とに支えられた反核・平和運動の存在こそ、米ソ首脳会談の〝潜在的合意〟を生みだした深部の力であり、そのような運動が存在する限り「人を人と思わない狂気の軍拡」に早晩歯止めがかけられるであろう。ヨーロッパの反核・平和運動の新しいうねりはわたくしたちにこのことを教えている。

＊

ところで、軍拡の論理が「人を人と思わない」非人間的発想を基にして組み立てられていることはいうまでもないが、同じような発想は現在国会で審議されている「国鉄改革」にもみられる。周知のように「国鉄改革」が分割・民営化のスローガンの下に推進されているが、これに伴って実に六万人余の国鉄職員が事実上解雇されることになるという。このような大量首切りが分割・民営化のかけ声にのってこともなげに強行されようとしているのをみるとき、「人を人と思わない」地獄図だと心が痛む。

そもそも「国鉄改革」をめざす分割・民営化が果して正当な根拠と必要性のあるものであるかは、国民の立場からみて極めて疑わしい。このことは、いま行われている国会審議の過程でかなり明らかになっている。

一九六四年に始まる国鉄経営悪化の原因は国鉄が新幹線などの膨大な設備投資を政府に強いられ、その資金を借入金で賄わざるをえなかったことにあること。昭和六〇年度の一般営業損益（幹線、地方交通線、バスの収支）は三一九〇億円の黒字であること。国鉄は膨大な資産（用地だけで一〇〇兆円ともいわれる）を保持しており、このことを考えれば決して「破産」状態とはいえないこと。分割・民営化に伴い予定されている国鉄用地三三三〇ヘクタールの売却は坪当り一三万円というタダ同然のものであること。分割・民営化後の経営見通しは、北海道・四国・九州・貨物の会社については黒字見込とはいえないこと。長期債務返済策が全く明らかでないこと。雇用問題がむしろ国鉄労働組合潰し（又は抱込み）の観点から処理されていること――国会審議の中で明らかにされつつあるこれらの問題点は、「国鉄改革」のめざす分割・民営化の背後にある巨大なカラクリをくっきりと浮び上らせている。

国鉄という国民の公共的財産がタダ同然に巨大企業に譲り渡され、その結果として多くの国鉄職員が職場を奪われ、国民が公共的機関を奪われようとしている事態に対し、わたくしたちはただただ手を拱いて見ていていいであろうか。

＊

そう思っていた矢先、一〇月一〇日国鉄労働組合（国労）は、分割・民営化に反対し、雇用と組織と権利を守る立場から、スト自粛を含む協調路線をうたう「労使共同宣言」の締結を拒否した。この動きを国労の「自壊現象」（一〇月一一日付朝日新聞社説）とみる見方もある。が、しかし重要なことは、正当性も必要性もない分割・民営化に対して国労が反対し、国鉄労働者の生活と権利を守り国鉄の公共性を守る立場を鮮明にしたことにより、国民に分割・民営化問題を「自分たちの問題」として考えざるを得なくさせた点にある。

国労が直面している分割・民営化の動きは、単に国鉄という一企業内部の問題ではない。それは、国鉄という公共性をもつ交通機関がわが国の社会・経済・文化の中で果してきた優れた役割を正しく評価し、それを維持し発展させ次の世代に残すにはどうすればいいかという国民的問題である。巨大資本とこれに癒着し寄生する政治権力とにより実に六万人余の労働者が首切り同様の立場に立つことを、同じ働く者として黙視できるか、という国民的問題である。

その意味で、国労が「自壊」するか否かは、国労が提起している問題に対し国民が正しい認識をもち、批判的に対処する運動を展開するか否かにかかっているのであって、この観点を抜きにした「自壊」論は傍観者の見方という以上に「人を人と思わない」分割・民営化に棹さすものというべきである。

*

「平和には運動が必要である」――西ドイツの反核・平和運動はそう宣言した。まさに歴史の教える真理である。それにならってわたくしはさらにこういいたい。「人権には運動が必要である」「民主主義には運動が必要である」。もちろん平和といい人権といい民主主義といい、これらは単なる運動目標なのではなく、憲法を通じて既に制度化されている。ところが現在、一旦制度化され確立されたこのような基本的価値がこともなげに侵害され形骸化され放擲されようとしているのである。このような動きが強いいま、わたくしたちはその基本的価値を守り発展させるため死力をつくさなければならない義務があるとわたくしは思う。

（不動産法律セミナー一九八六年一二月号）

一九八六年

「スパイ防止・処罰」の発想を捨てよ

一　事態の重大性

一　国家秘密法案の国会再提出に向けて自由民主党内外の法案推進勢力の動きが活潑の度を加えている。

ごく最近の動きをみるだけでも、自由民主党の「スパイ防止法制定に関する特別委員会」（委員長松永光）（以下、スパイ防止法特別委と略称）は、党内超タカ派集団・国家基本問題同志会の座長をつとめる亀井静香氏を副委員長に加えるなどして陣営を強化するとともに、九月一八日には党外の推進組織「スパイ防止のための法律制定促進議員・有識者懇談会」（会長岸信介）と共催で自民党国会議員を対象とした勉強会を開くなど、国家秘密法案の国会再提出に向けて党内合意づくりに本格的に取り組んできたが、一一月一三日の総会で国会再提出の時期について協議し、一一月二〇日の総会で最終的態度を決定することにしたという。中曽根康弘総理大臣も、機会あるごとに国家秘密法制定に対し強い熱意を示し、一〇月六日の参議院予算委員会では「日本にはスパイが相当うようよしている。日本にも、外交、防衛上の大きな国家機密があり、これを厳として守らない限り日本の存立は保障できない」と述べるなどしている。

また自民党外でも、国際勝共連合と、これがバックアップしている「スパイ防止法制定促進国民会議」及び「スパイ防止のための法律制定促進議員・有識者懇談会」とが中心となって国家秘密法制定に向けて世論工作、政治工作を着々と進めている。前に述べた自民党国会議員を対象とする勉強会もその例の一つであるが、衆参両院同時選挙後間もない七月二五日に国際勝共連合により開催された同連合推薦議員一二〇名の会合も、国家秘密法制定をプッシュする狙いをもつものとして見逃すことのできない動きである。

二　周知のように、国家秘密法案は「国家秘密に係るスパイ行為等の防止に関する法律案」とネイミングされて一九八五年六月第一〇二国会に提出されたが、世論の疑い批判にあい、実質審議されないまま同年一二月第一〇三国会で廃案となった。しかし、その後も自民党内では法案の国会提出に向けて作業が進められ、一九八六年二月にスパイ防止法特別委が設置された。同特別委は、同年四月森清委員が作成した法案修正案を基にマスコミ・出版界に対し説得・懐柔工作に乗り出すとともに、同年五月この修正案を自民党最終案として可決し、同党政策調査審議会もこれを了承した。しかし、同党総務会が党議決定を見送り、法案修正案を同党政務調査会長預りとする処置をとったため、第一〇四国会への国家秘密法案再提出は見送られる結果となった。(これは、自民党内で法案修正案についての合意が未だ十分には形成されていなかったことの表れであったが、それだけでなく衆参両院同時選挙を控え選挙対策的観点から争点隠しを行ったものであった。)

ところが、七月の衆参両院同時選挙における自民党大勝という新しい政治情勢の下で国家秘密法案国会再提出の動きが再び活潑化し、その政治的日程の検討が始められた。先に述べた自民党内外の推進勢力の動きはその表れなのである。

このようにして事態はまさに重大な局面を迎えつつある。現在の国会内の政治的力関係の中では、国家秘密法案が一旦再提出されれば実質的な審議をつくすことなく数の力で押し切ろうとする動きが生ずる危険は極めて大きい。現に中曽根総理大臣は九月中旬に国家秘密法案を預っている自民党政務調査会長に対し「スパイ防止法は自分の内閣でないとできない。ドロをかぶるつもりなのでよろしく」

と述べたと伝えられているのである。

そうだとすれば、国会再提出の政治的日程が組まれようとしている今この時点でこそ、国家秘密法案に批判的な良識を世論に結集し政治日程そのものを突き崩すことが緊急の課題でなければならない。そして、この課題への取組みは徐々に進展している。

とはいえ、事態の緊急性・重大性に比べるとその動きは緩慢で鈍い感じがする。一九八五年の秋から暮にかけて展開され遂には国家秘密法案を廃案に追い込んだあの運動、あのエネルギーが未だみられないこと、とりわけマスコミの対応が極めて鈍いことは重大だと思う。もっとも、これまでも山陽新聞、信濃毎日新聞、京都新聞、神奈川新聞などのように国家秘密法案の国会再提出に反対する態度を明確に打ち出したり、朝日新聞の連載「スパイ防止ってなんだ」(一〇月一二日〜二一日)のように優れた記事を掲載する例もみられる。そしてこのような動きは、国会再提出の政治的日程が明確化しこれに伴って事態が展開するに従って広まり強まっていくかもしれない。しかし、それでは遅すぎるのである。

それにつけても、マスコミの対応に鈍さがみられるのは一体何に起因するのだろうか。この点についてはマスコミ界に深く進行、浸透しつつある右傾化傾向をはじめとするさまざまな要因が考えられるが、より直接的な要因として自民党スパイ防止法特別委が五月に作成した国家秘密法案修正案がマスコミ界に与えている幻想、及びこの修正案を基にして行われているマスコミへの説得・懐柔工作を挙げることができるだろう。

そこで、この国家秘密法案修正案(以下、法案修正案と略称)の内容に少し立ち入って述べてみたい。

二　修正案の検討(一)

一　現在自民党内で用意されている法案修正案は「防衛秘密に係るスパイ行為等の防止に関する法律案」とネイミングされているものであり、廃案となった国家秘密法案(国家秘密に係るスパイ行為等の防止に関する法律案)(以下、旧法案という)に対し主として次の諸点で改変を加えたものである。
①旧法案が「国家秘密」と呼んでいた秘密を「防衛秘密」と呼称変更する。
②防衛秘密保護の措置として指定制度を採用する。
③旧法案の、国家秘密を外国に通報し「我が国の安全を著しく害する危険を生ぜしめたもの」を死刑又は無期懲役などの重罰に処するとの規定を削除する。(なお、これに伴い、法案修正案では最高刑が無期懲役となる。)

④探知・収集罪に関し、「不当な方法」についての定義規定を設ける。

⑤漏示罪の主体を、防衛秘密取扱業務者、及びその他の業務により防衛秘密を知得・領有した者の二者に限定する。

⑥過失漏示罪の主体を、防衛秘密取扱業務者に限定する。(それ以外の業務により防衛秘密を知得・領有した者の過失漏示を処罰しない。)

⑦外国通報目的の探知・収集の予備罪及び外国通報罪の予備罪を削除する。

⑧解釈適用規定に「表現の自由」の字句を挿入し「この法律の適用に当たっては、表現の自由その他の基本的人権を不当に侵害するようなことがあってはならない」と規定する。

⑨解釈適用規定に「出版又は報道の業務に従事する者が専ら公益を図る目的で、防衛秘密を公表し、又はそのために正当な方法により業務上行った行為は、これを罰しない。」(第一三条第二項)との規定を追加する。

二　これらの改変点が、平和主義、民主主義、基本的人権(言論の自由、研究の自由)の見地からみて改善を意味しているかといえば、決してそうではない。その論証は別稿で行ったことがあるのでここでは繰り返さず、その結論的部分だけを記せば次のとおりである(拙稿「国家秘密法修正案と言論の自由」新聞研究一九八六年一〇月号参照)。

〔①の点〕旧法案の「国家秘密」が「防衛秘密」に呼称を変えられただけで、外交秘密をも含んでいる実体に変わりはない。

〔②の点〕指定の基準や手続が全く不明であり、指定の客観性も秘密限定機能も期待できない。それだけでなく、指定は要秘匿性、「不当な方法」、故意・過失につき強い推定機能を発揮するだろう。

〔③の点〕重罰主義緩和と評価することはできない。それだけでなく、「我が国の安全を著しく害する危険」という構成要件が姿を消すことにより、要秘匿性のグレードが下がる結果が生じるだろう。

〔④の点〕「不当な方法」とは「法令に違反し、対価を供与し、偽計を用い、又は秘匿状態にある文書、図画等をみだりに開披する等社会通念上是認することのできない方法」をいう、との定義規定では曖昧性、恣意性を全く払拭できない。

〔⑤⑥の点〕⑤の点は「(秘密取扱業務以外の)業務」概念の拡大により、また⑥の点は指定の持つ故意推定機能により、それぞれかなりカバーされ得る。

〔⑦の点〕予備罪に優るとも劣らぬ危険性をもつ陰謀、教唆、せん動の処罰規定が削られていない。

〔⑧の点〕訓示規定の性格上、リップサービス的意味しかもち得ないであろう。

以上のようにして法案修正案が旧法案に改善をもたらしているとみることはできない。それでは⑨の点はどうであろうか。項を改めて検討してみたい。

三　修正案の検討(二)

一　法案修正案第一三条二項（以下、本項と略称）は次のような構造をもっている。

〔主体〕出版又は報道の業務に従事する者が
〔目的〕専ら公益を図る目的で
〔行為〕防衛秘密を公表し、又は防衛秘密公表のために
　正当な方法により業務上行った行為は
〔効果〕罰しない

右のような構造をもつ本項は、内容的にみて数多くの疑問点をもつ。その主要なものを挙げれば次のとおりである。

二　本項は〔主体〕につき「出版又は報道の業務に従事する者」と規定しているが、マスコミ以外の出版・報道機関（例えばミニコミ、政党・労働組合・市民団体の機関紙・誌発行部局等）に於て出版・報道業務に従事する者がその中に入るかどうかがまず問題となる。だが、これらの者（又はその一部）が本項の主体から除かれると解することは、出版・報道機関の中に合理的理由のない差別を持ち込む危険があり、許されないこと当然である。

ではもう一歩踏み込んで、フリーライターや個人新聞を出している市民はどうであろうか。言論の自由の見地からは、これらの者を除外することにも合理的理由があろうはずがない。ところが、本項の規定は出版・報道の「業務」に従事する者となっているので、この「業務」概念の解釈の如何によってはこれらの者が本項の主体から除かれる危険がある。

三　本項の「専ら公益を図る目的」という規定にも疑問が多い。

これとほぼ同じ文言が名誉毀損罪に関して用いられており（刑法第二三〇条の二第一項）、その意味するところとして「主たる動機が公益を図ることにあるばあい」と解されるのが通例である。そして、被害弁償を受ける目的、一般読者の好奇心の満足を図り興味をそそる目的などは公益を図る目的とはいえないが、冤罪を晴らす目的は公益を図る目的といえる、とされている。

「専ら公益を図る目的」に関する右のような解釈は、個人的法益（名誉）侵害の不処罰の要件についての解釈としては妥当性をもつとしても、国家的法益（国の安全。その化体としての防衛秘密の要秘匿性）侵害の不処罰の要件に

ついての解釈としては直ちには妥当し得ないであろう。このことは「専ら」の点についても言えるが、ここでは「公益」と「目的」の点について次のことを指摘しておきたい。

まず問題なのは、本項でいう「公益」なるものの実体はいかなるものかである。個人的法益（名誉）侵害の不処罰が問題とされている刑法第二三〇条の二の場合には、公益とは私益ではない国家的、社会的、公共的な利益のことであるという一般的、常識的把握で足りるといっていいかもしれない。しかし、本項の公益なるものは国家の安全（その化体としての防衛秘密の要秘匿性）という公益に優越する価値を持つべきものなのである。だがしかし、このような価値をもつ公益を国家秘密法の発想と論理の下で想定することが果たしてできるであろうか。答は明らかにノーである。

次に問題なのは、本項の場合、公益性が動機の面でのみ存在すれば足りるかという点である。本項の公益は、前述のように国家の安全（その化体としての防衛秘密の要秘匿性）に優越する価値をもち、防衛秘密公表による国の安全の危殆化にもかかわらずその違法性を阻却すべきものである。そうだとすれば、被侵害法益（国の安全性）の重大性に鑑み、公益性は単に防衛秘密公表の主観的動機の面で存在すれば足りるようなものでは到底あり得ず、公表結果の公益性を直接的にせよ間接的にせよ取り込んだものでなければならないことになろう。

本項の公益目的をこのように客観化して捉え、結果（ないしその正確な予測）をも取り込んだものとして把握する場合、すでに要秘匿性を認定されている防衛秘密について公表目的の公益性を肯定することは理論的にも実際的にも不可能というべきである。

このように考えてくると、本項が出版・報道行為不処罰規定として作動する余地はほとんど全くあり得ないといわなければならない。

四　最後に、本項で不処罰とされる行為はいかなるものかを検討してみよう。

本項は、防衛秘密の「公表」及び「公表のために正当な方法により業務上行った行為」を不処罰としている。ところが、法案修正案にはそのような構成要件はなく、「公表」に相当するものとして「外国通報」「漏らす」が、また「公表のために業務上行った行為」に相当するものとして「探知」「収集」「陰謀」「教唆」「せん動」がそれぞれあるだけである。

としてみると、本項は、出版・報道(公表)は「外国通報」「漏らす」に該ることを前提として作られていることになるわけである。外国通報とは外国が知り得る状態に置くことを含み報道等もこれに該るとの解釈は、法案修正案でも依然として生きているのである。

では、本項で不処罰とされている行為は具体的にどういう行為か。その主なものは次の五つである。

①出版・報道目的（＝外国通報目的）の防衛秘密取材行為（探知・収集）――公益目的と方法の正当性があれば不処罰（なお、出版・報道目的＝外国通報目的なき不当な方法による取材行為は処罰される）。

②①により不処罰となる取材行為により探知・収集した防衛秘密の出版・報道――公益目的があれば不処罰。

③不当な方法で取材した防衛秘密の出版・報道――公益目的があれば出版・報道の点は処罰されない（取材の点は処罰される）。

④出版・報道目的＝外国通報目的がなくかつ正当な方法で取材した防衛秘密の出版・報道――公益目的があれば不処罰。

⑤知得・領有した防衛秘密の出版・報道――公益目的があれば不処罰。

右のような不処罰行為のリストを見るとき、「不当な方法」による取材（探知・収集）はたとい公益目的で行われても（出版・報道目的の有無にかかわらず）不処罰対象から外されていることが特徴的である（前示①③）。この特徴は、「不当な方法」による取材に対する法案修正案の厳しい取締り姿勢を示すものといっていいだろう。

四「スパイ防止・処罰」の発想を捨てよ

一　国家秘密法案の修正案は、修正の名に値する内容を含んでおらず、その本質、構造、機能に変化を見出すことはできない。それは基本的人権（言論の自由、研究の自由）を抑圧し、民主主義を空洞化し、平和主義を脅かす危険を依然として強くもっている。

しかし、この危険は、よく考えれば「スパイ防止・処罰」の発想を維持する限り絶対に解消し得ない、宿命的なものである。「スパイ防止・処罰」の発想は、「敵から軍事力で国を守る」という基本的発想に立脚し、どこにいるか分らない敵のスパイから、軍事上意味のあるあらゆる秘密を、水も漏らさぬ完璧さで守るため、あらゆる秘密探知・秘密漏示的な行為を処罰することを追求する。この発想に立つ限り言論・研究の抑圧は「スパイ防止・処罰」上不可避的な必要悪ともいうべきものなのである。そうだとすれば、端的にいって、一方で「スパイ防止・処罰」の発想を肯定し保持しつつ、他方で言論・研究の自由を擁護しようとすることは、不可能を追い求めるに等しいことになる。「スパイ行為」なるものを法的に明確化し限定しようとする努力、「国家秘密又は防衛秘密」なるものを限定しようとする努力は、理論的に成功する可能性が絶無に等しいし、現実にも成功する可能性がないとみなければならない。

とすれば、私たちが真剣に検討しなければならないのは、「スパイ防止・処罰」の発想をとるべきか否かという基本問題なのである。そしてこの基本問題の考察は、「敵から軍事力で国を守る」という発想の当否の検討に赴かざるを得ない。

私たちは「国の安全」などという抽象的で摑みどころのないものではなく、「平和に生存する」という具体的でより切実な目標を追求しなければならない。このことは、核戦争の脅威の下にさらされている現実が要請している。もっとも、現在のような複雑な国際関係、軍事関係の下で、核戦争の危険を回避しつつ平和的生存を貫徹することは極めて困難なことである。しかし、いかに困難であってもそのための方策を見出す営みを続けなければならず、そのためには言論・研究の自由が必須不可欠である。ところが「敵から軍事力で国を守る」という基本的な発想に立ち「スパイ防止・処罰」に国の安全を託することは、この営みを阻害し、国民の平和的生存を脅かす。

歴史と現実の教えるこの道理を、私たちは絶えず確認し合い、国家秘密法制定を阻止するよう全力を挙げなければならない。

（法律時報一九八六年一二月号）

［補記］その後の経過につき、本書一八八頁、一九〇頁、二〇一頁参照。

一九八七年

国家秘密法と国民の責任

来（一九八七）年度の予算政府案によれば、防衛費がGNP一％枠を突破する。これにより日本が歯止めなき軍拡に突入することは確実とみられる。そして、この軍拡に反対する一切の動きを抑圧するための国家秘密法（スパイ防止法）が再び国会に提出されようとしている。

一　軍事秘密の聖域化

防衛費一％枠突破を報じたある新聞は、同じ紙面のなかで、防衛費支出に対する会計検査院の検査がほとんど行われていない実態を明らかにした（一九八六年一二月三一日朝日新聞）。

この報道によれば、昭和六〇年度決算検査報告は、防衛庁に対しては一件（一億一千万円余）のムダ遣いを指摘したにとどまった。それというのも、軍事秘密の壁が厚く、基礎的データが入手できないためである。たとえば戦闘機の購入価格が適正かどうか調査しようとしても資料が入手できないため、防衛庁の言い分を認めるよりほかない、というのである。

ところが、その一方で、アメリカ価格三五億円のF15を二倍以上の七七億円で購入したという驚くべき実態が存在する。にもかかわらず、このカラクリに対し会計検査院はメスを入れることができない

会計検査院といえば、憲法九〇条で設置が定められ、内閣に対し独立の地位・権限をもっている。その会計検査院ですら防衛費に対して軍事秘密の壁にさえぎられ、チェックすることが不可能な状態にあるわけである。

このような軍事秘密聖域化の状態は、会計検査院との関係において生じているだけでなく、国会との関係においても生じつつある。その憂慮すべき実態は、防衛費一％枠突破をめぐる国会審議のなかでこれまで以上に露わな形で国民の前に明らかになるだろう。

軍拡が軍事秘密の壁に守られながら暴走し、これに対し歯止めをかけうる国家機関が存在しなくなりつつある状況――これがいま起こりつつあることの実相である。

このような軍事秘密の聖域化は、国家秘密法の先取りともいうべき現象であるが、もし国家秘密法が制定されれば一層加速し拡大され強化されるであろう。そして、それは国家機構の民主的メカニズムの衰退を意味するのである。

二　帝国議会でも憂慮

いま自民党内で用意されている国家秘密法案（修正案）は、その処罰範囲の広いことにおいて類例のないものであり、これに比肩しうるのは太平洋戦争時の国防保安法ぐらいのものである。

この法律は、「国防上外国ニ対シ秘匿スルコトヲ要スル外交、財政、経済其ノ他ニ関スル重要ナル国務ニ係ル事項」を「国家機密」とし、その知得、領有、探知、収集、外国漏泄、公表等を処罰することとしていた。また、外交、財政、経済その他に関する「情報」の探知・収集を処罰することとしていた。そしてさらに、治安阻害事項流布、国民経済運行阻害をも処罰することとしていた。

このような驚くべき広い処罰網を張りめぐらした国防保安法は、太平洋戦争開始直前の一九四一年一月、帝国議会に提出され、無修正で可決された。無党派の翼賛議会に再編成されていた当時の帝国議会には、この悪法を阻止する力はもちろんのこと、修正する力もなかった。

それでも、帝国議会は、この法律に対しかなり突っ込んだ審議を行った。とりわけ、貴族院では抜本的な修正案が提出され、かなりの賛成を集めた。審議の際の論点は、「国家機密」「情報」の無限定性・曖昧性や特別刑事手続の強権性など種々の点にわたった。そして、言論を萎縮させる危険性や政治的謀略に使われる危険性などが指摘されるとともに、この法律により帝国議会の審議権が大きく制約される危険もつよく指摘され、深い憂慮が再三にわたり表明された。

現在生じつつある軍事秘密聖域化に伴う民主的メカニズム衰退の危険は、太平洋戦争前夜に帝国議会の良識層が抱いた憂慮、懸念を今日的意味を帯びるものとして想起させる。

いま国家秘密法を推進している政治勢力にはもちろんのこと、これを容認し支持している政治勢力にも、国防保安法に対し帝国議会の良識層が示した洞察、識見すらまったくない。当時とは異なり平時であり、しかも当時とは比べようがないほど政治的意思形成の自由を持っているにもかかわらず——である。このことは、まったく驚くべきことであり、わたくしたちは強く批判しなければならない。

三　主権者の歴史的責任

しかし、ひるがえって考えてみれば、このような批判の目は、わたくしたち国民自身にも向けられなければならない。

再度くり返していえば、いま国民に対し突きつけられているのは、歯止めなき軍拡と核戦争のシナリオとセットになっている国家秘密法により市民的自由が大幅に侵害される危険であり、国家機構の民主的メカニズム衰退の危険である。

この危険は事態をくい止める責任は、わたくしたち国民にある。わたくしたちが未だ手に握っている市民的自由、主権者としての権利は太平洋戦争発生前夜とは比べようもないほど大きく、歴史的責任を果たすことを可能にしている。そうであればこそわたくしたちの責任は重い。このことをわたくしは強調したい。

（赤旗一九八七年一月一〇日）

［補記］その後の経過につき、本書一九〇頁、二〇一頁参照。

一九八七年

今こそ体験を伝え道理を説くべきとき
国家秘密法は平和を保障しない

一　今国会の再提出はないか？

最近の自民党の動きをみていると、国家秘密法案の今国会再提出を断念する方向に向かっているようにみえる。

一九八七年三月二五日、自民党スパイ防止法制定特別委員会委員長松永光氏は中曽根康弘総理大臣に対し、同法案をめぐる党内外の状況を説明するとともに、売上税問題もあるため再提出はむずかしいとの見通しを述べ、これに対し中曽根総理大臣は、それは政治状況をみて決めるべきことだと述べたという。さらに中曽根総理大臣は、四月六日、衆議院決算委員会で「売上税問題がこういう状況なので、国会が新たな問題を抱えるのはむずかしい状況だ。自民党の責任者には慎重にやれといってある」と述べ、法案再提出につき「慎重な態度」を示したという。

しかし、中曽根総理大臣と自民党のこのような「慎重な態度」を過大視し、今国会再提出はないだろうという楽観的見通しをたてることは誤りであろう。

たしかに自民党と政府は売上税問題で極めて苦しい政治的状況下におかれており、世論の批判の強い国家秘密法問題を新たに背負い込む余裕はないようにみえる。また、国家秘密法案については、自民党の党外のみならず党内にもかなり強い批判のあることが明らかになっている。

一九八六年一一月一八日、自民党スパイ防止法制定特別委員会に提出された一二名の自民党国会議員の「意見書」は、①「スパイ防止法」によって対処すべきものは国民が主権者として国権に関する情報を集め利用する行為のうち違法性の高い行為（スパイ行為）であり、かつこれに限定すべきであること、②その構成要件は明確でなければならず、その範囲も必要最小限度でなければならないこと、③政府提出案とすべきこと、の三点を指摘して国家秘密法案を批判している。

この批判は、結局のところ国家秘密法案を「スパイ防止法」として「純化」せよというものであるが、「純化」された「スパイ防止法」といえども拡大適用、濫用の危険性を極めて強くもつことを無視ないし軽視している点で疑問がある。とはいえ、「意見書」のような「批判」もひとつの批判ではあろう。

また、共同通信社が一月下旬に行なった自民党国会議員全員を対象とするアンケート調査によれば、国家秘密法案の今国会提出について、有効回答一七六人中九〇人（五一・一パーセント）が「提出すべきでない」「時期尚早だ」としているという。一月下旬には未だ売上税問題が深刻化していなかったことを考えると、このアンケート調査結果は、売上税問題にはかかわりなく「慎重論」をとる国会議員が自民党内に多数いることを示している。

二　だが楽観視はできない

このように国家秘密法案の今国会提出はかなり困難な状況にあるが、しかしこの状況を過大視し楽観的見通しを組み立てることはできない。

第一に、売上税問題が統一地方選挙後どのような推移を辿るか予断を許さない。政府・自民党と社会、公明、民社、社民連のいわゆる野党四党との間にある種の妥協が成立し、争点性を急速に失う事態が生ずるかもしれないのである。

第二に、これまでの中曽根総理大臣の政治的手法からみて、「慎重論」を装って批判勢力を油断させ、そのスキをついて継続審議を狙って会期末に突如国会に再提出することがありうる。このことは、一昨年六月六日、会期切れを二〇日後に控え国家秘密法案を国会に突如提出し、六月二五日、強引に記名投票をもって継続審議にもち込んだことを想起すれば理解できよう。そして現に朝日新聞（一九八七年三月二六日、一三版）は、売上税問題のため今国会再提出が困難になったことを報じた記事の末尾で、「会期末ぎりぎりに継続審議を狙って駆け込み提出をする」ことがあり得ることを示唆しているのである。

第三に、国家秘密法は政財界の支配層にとって日米軍事同盟体制を主軸とする統治政策遂行上必須不可欠であり、その立法は自民党政権にとって回避することのできない緊要な政治課題である。

現在、国家秘密法制定を要求し促進している社会的勢力が勝共連合であることは、かなり明らかにされている。勝共連合は、スパイ防止法制定促進国民会議やスパイ防止法制定促進のための議員・有識者懇談会などを通じて国会レベルでも地方議会レベルでも制定促進運動を活発に展開している。現在、五〇パーセントを超える地方議会が「スパイ防止法」制定促進の決議をしているが、この動きの背後に勝共連合のいることは朝日新聞一九八六年一一月二五日付（一四版）が明らかにしているところである。

韓国系の謀略組織と目されている勝共連合が、何故、国家秘密法制定に異常な執念を燃やすのか、勝共連合が国家秘密法は「国家に対する忠誠心を問う法律」であると称して謀略的手段をも混じえつつその制定を推進している真の狙いは一体何なのか、わたくしたちは鋭い批判の目を向けなければならない。

しかし、それと同時に注意しなければならないのは、勝共連合の動きに目を奪われて国家秘密法制定を要求している政財界の支配層の奥深い動きを看過したり過小評価したりしてはならないということである。

紙数の関係でここで詳しく述べることはできないが、支配層の現在の統治政策は日米軍事同盟体制強化を主軸としており、これに伴って軍事面で日米共同作戦態勢強化が進行している。このことは、日米共同作戦計画の策定（一九八四年）とこれに沿って頻繁に行なわれている日米韓共同演習やＳＤＩ計画参加（一九八六年九月政府決定）などが端的に示している。

このような日米軍事同盟体制強化は、アメリカの軍事戦略の一環をなしソ連を仮想敵国とするため、「核」戦略を中核とするアグレッシヴな性格の極めて強いものとなっており、ソ連の侵攻から日本を必要最小限度の防衛力をもって防衛するというようなものでは全くなく、平和憲法にも国民感情にも大きく反するものである。そうであればこそ支配層は、日米軍事同盟体制の実態を仮想敵国であるソ連のみならず国民に対しても隠蔽し秘密にする必要があるのである。支配層が国家秘密法を必要とする根本的理由はここにある。

このことと関連し、ここで核持ち込みに関する日米秘密協定の問題について触れておきたい。共産党訪米調査団がアメリカ議会図書館で入手した一九六六年二月二四日付ラスク米国務長官の米駐日大使館（ライシャワー大使）宛の極秘訓令電報には、一九六〇年に日本への核兵器の一時持ち込み・一時通過（トランジット）および陸上げ・陸上配備（イントロダクション）について日米政府間に秘密合意の存在することが明記されている。

これまでにも核兵器積載艦が日本に寄港している事実はアメリカ関係者の認めるところであり、しかもそれが日本側の同意・了解に基づくものであることはライシャワー元駐日大使が公然とくり返し指摘してきたところであった。同元大使によれば、核兵器積載艦の日本寄港は核兵器持ち込み（イントロダクション）に該らない（したがって安保条約による事前協議の対象とならない）との合意が日米間に存在しているというのである。今回明るみに出された極秘訓令電報は、右のようなアメリカ関係者の発言の正しさを裏づけるものである。

これにより、核持ち込みは、一時持ち込み・一時通過（トランジット）と陸上げ・陸上配備（イントロダクション）とを問わず事前協議の対象事項であり、アメリカ側から核持ち込みの事前協議の申し出がない以上、核兵器持ち込みはないと考えるとの日本政府の言明が虚偽であったことが明らかになった。

核兵器持ち込みを認める秘密合意が日米間に存在し国民を核戦争の危険にさらしてきたという衝撃的な事実は、日米安保条約下の日米軍事同盟体制が秘密の壁で守られることなしには存続しえないものであることを端的に示しているといっていい。そしてこのような事態は現在ますます進行しているのであり、ここにこそ国家秘密法制定の動きの最も基礎的な要因が横たわっているのである。

三　謀略的手法に警戒せよ

このように、国家秘密法は支配層にとって統治政策遂行上、必須不可欠なものであり、その制定は緊要な政治的課題である。そうだとすれば、国家秘密法制定にむけて支配層がさまざまの手段を用いるであろうことは必至である。現に、自民党スパイ防止法制定特別委員会正副委員長会議は、党内の慎重派への対策や国民へのPRなどを推進することにしているというが、ここで特に注意を喚起しておきたいのは謀略的手法に対する警戒が必要だという点である。

ここで想起すべきは、一九八〇年の自衛隊スパイ事件である。元陸将補がかつての部下を使って防衛秘密を探知・収集しソ連に通報していたとして検挙されたこの事件は、マスコミのセンセーショナルな報道ともあいまって世論にアピールし「スパイ防止法」制定の動きを一気に加速させた。自民党が国家秘密法案づくりに本格的に取り組み始めたのはまさにこの事件をきっかけにしてであった。

しかし、この事件を冷静にみれば、防衛秘密の内容は中国およびソ連の軍事力に関する重要性の低い情報であった。それだけでなく、現職時代に情報担当だった元陸将補が、ソ連から軍事情報をとるために日本の軍事情報を提供していたというのが、事柄の真相ではないかという疑いすらもたれているのである。

このようにしてこの事件はスパイ事件として重要性が低く、しかもむしろ日本側の対ソ情報収集活動の疑いすらあるにもかかわらず、警察当局はこれを摘発してセンセーショナルな形で事件化した。このことからみて、この事件は「スパイ防止法」制定に向けて仕組まれた謀略ではなかったのかとの疑惑がもたれ得る。

国家秘密法案が、党内外で強い批判にさらされ手詰まり的状態の発生が予測されうる現在の状況下にあって、自衛隊スパイ事件のような一種の謀略的手法が支配層によって用いられる危険が十分あると思われる。そうだとすればこの危険に対し十分に警戒することが必要である。このことを、とりわけマスコミ関係者に対し要望したい。

先日発生したポーランド研究者のハイテク・スパイ事件も、警察当局の情報提供にマスコミが無批判に乗ることの危険性を示している。

三月一〇日(地方では翌日)の各紙は、観光ビザで入国した二名のポーランド研究者を警察当局(警視庁公安部)がコンピューター技術を狙ったハイテク・スパイとみて出入国管理および難民認定法違反(資格外活動)で逮捕したことを報道した。この二名のポーランド研究者は国外退去の強制処分をうけて帰国したが、実は彼らはスパイではなく、ポーランドで開発した高速数値計算ソフトを日本のソフト会社が技術導入するために招いた研究者だったのである。

ところが、警察当局は、彼らが観光目的のビザで入国したことに目をつけ、ハイテク・スパイの疑いをかけ、彼らを逮捕して事件化するとともに、マスコミを通じて共産圏絡みのスパイ事件であるかのごとき印象を広く与えようとしたのであり、そこに一種の情報操作があったとみられる。

マスコミ報道のなかにはこの情報操作に意図的に乗ったのではないかと思われるものがあり、また意図的とまではいかないにしても無批判に乗せられたものもあった。

このような最近の事例をみるにつけても、前に述べたように謀略的情報操作に対し強い警戒感をもち、これを見抜き反撃する識見をもつよう、マスコミ関係者に対し強く望みたいのである。

四　役に立たない「報道免責条項」

謀略工作とならんで法案修正の動きにも注意を払わなければならない。

周知のように、現在、自民党内で用意されているのは一昨年末に廃案となった国家秘密法案に修正を加えたものである。ところがその修正点をよく検討してみると、改善、改良になっていない。

第一に、修正案は、法案の名称を「国家秘密に係るスパイ行為等の防止に関する法律案」から「防衛秘密に係るスパイ行為等の防止に関する法律案」に変えている。

ところが、修正案の防衛秘密なるものの内容、範囲は、修正前の国家秘密と全く同じもので、防衛秘密のみならず外交秘密をも含むものである。外交秘密を刑罰権で保護することは、天皇制国家ですら太平洋戦争開始直前に制定された国防保安法において初めて実現しえたことを考えるとき、その異常さに改めて深く驚かざるをえない。そもそも秘密外交は主権者である国民の意思を全く無視するものであり、憲法（七三条三号）に違反し許されない。

ところで、自民党スパイ防止法制定特別委員会は最近、法案の名称から「スパイ」の文言を抜き「防衛秘密を外国に通報する行為等の防止に関する法律案」に再度変更したという。「スパイ」というカタカナは法律になじまないというのがその理由だというが、どぎつい印象をやわらげようという狙いもあるのかもしれない。ところが、この修正によって「スパイ取り締り」という法案の大義名分の迫力が弱まっただけではなく、皮肉なことにこの法案のもつ本質、すなわちいわゆる職業的な「スパイ」以外の一般人の「知る」「聞く」「読む」「喋る」「書く」行為を処罰の対象とするという本質がかえって露わになっている。

第二に、修正案は漏示罪の主体を防衛秘密取扱業務およびその他の業務により防衛秘密を知得・領有した者に限定するとともに、過失漏示罪の主体を防衛秘密取扱業務者に限定した。

しかし、防衛秘密取扱業務が防衛産業に関連をもつ民間企業の生産、管理、調査、研究などに広く及ぶだけでなく、その他の業務なるものが全く無限定であって、漏示罪の主体は依然として極めて広いのである。

第三に、修正案は、新たに報道免責条項と称される規定をおいている。これによれば、出版、報道の業務に従事する者が、専ら公益を図る目的で、防衛秘密を公表し、又はそのために正当な方法により業務上行った行為は罰しないというのである。

しかし、この規定が報道免責条項として報道の自由を保障する方向で作動することを期待することはできない。

第一に、報道目的だけでは「公益を図る目的」とはいえず、軍事的利益に優越する国家的、社会的利益を図る目的意思が必要であるとするのがこの規定の趣旨であると思われる。しかし、国家秘密法の論理の下で要秘匿性のある秘密を報道、公表することにつき、軍事的利益（要秘匿性）に優越する国家的、社会的利益を想定することは困難であり、これを裁判所に認めさせることは不可能に近い。また、かりに軍事的利益に優越する国家的、社会的利益を想定し得るとしても、専らそれを図ることだけが目的であることは、報道活動が営利活動としている現状の下ではほとんどありえないことである。

第二に、この規定は「正当な方法」による取材行為を免責するとしているが、そもそも厳重な秘密保護措置がとられている秘密を入手する「正当な方法」なるものを想定することはほとんど不可能である。

このように、報道免責条項なるものは作動する余地のほとんどないものであるが、それだけでなく報道機関関係者以外の者の言動や情報伝達行為に対しては初めから対象外としている。

このようにして、この規定は、報道機関関係者の報道・取材行為を、その他の者の言動・情報伝達行為とことさらに区別することにより、報道機関関係者の優越的、特権的意識を煽ったうえで、ほとんど作動する余地のない免責特権を付与することにより、報道の自由に配慮したかのような幻想を報道機関関係者にふり撒こうとしている。この実相を報道機関関係者は報道人の良心と存在をかけて見抜き批判しなければならない。

五　自由な言論、民主主義こそ……

これまでみたところからも、国家秘密法制定の動きがいかに奥深く強力なものであるか、そして政財界の支配層が謀略的手法をも混じえつつ権謀術数のかぎりをつくしてその実現を図ろうとしているかを理解することができよう。

そうだとすれば、真に平和と人間的生活を愛しそのために民主主義と基本的人権を擁護しなければならないと考える者は、国家秘密法をめぐる動きをきびしく監視し批判の声を挙げ反対運動を拡げなければならない。

この運動が成功するか否かは、若い人びとが国家秘密法の恐ろしさ、それがつくり出す国家と社会の悲惨ともいうべき状況に思いをめぐらし得るか否かにかかっているように思う。

戦争中のスパイ狩りの陰惨さを知る者には、国家秘密法の本質は容易に理解できる。スパイ防止と称して「見るな、聞くな、言うな」の状態におかれ、批判の自由を奪われて戦争協力に駆り出され、その片言隻句をとらえられスパイ視される恐怖におののく——これが戦争下の平凡な庶民の姿だったからである。今こそわたくしたちは、このような忌まわしい体験を若い人びとに語り伝えなければならない。そして説かなければならない。

平和を守るものは軍事力でもなければ「スパイ防止法」でもない。自由な言論、生き生きとした民主主義こそ戦争に対する最大の抑止力である。「スパイ防止法」は決して平和を保障しない。それどころか、それは国民の自由な言論を抑圧し、戦争批判勢力の運動を萎縮、衰退させる。「スパイ防止法」は平和にとって有害である、と。

歴史的体験に裏づけられたこの道理、冷静な現実分析に立脚するこの道理をくり返し語り合い、語りかけなければならない。そして、そのための場を提供することにこそ、マスコミ関係者の歴史的使命があるというべきである。

（マスコミ市民二二五号、一九八七年五月）

一九八七年

靖国神社と政教分離の原則

今年の三月五日、盛岡地方裁判所は、内閣総理大臣をはじめとする閣僚らの靖国神社公式参拝や靖国神社に対する玉ぐし料の公費支出を合憲とする判決を言い渡した。このような判断が裁判所によって下されたのは、この判決が初めてである。

一　合憲判決に強い批判

一九七九年一二月、岩手県議会は、総理大臣らの靖国神社公式参拝を求める決議をおこなった。また岩手県は、一九八一年に靖国神社の例大祭およびみたま祭に玉ぐし料や献灯《けんとう》料を県費から支出、奉納した。これに対し、岩手県内に住む住民から、公式参拝決議や玉ぐし料奉納は政教分離の原則を定める憲法に違反するとして、訴訟が提起された。

その主張は、つぎのとおりである。靖国神社は、天皇の軍隊の戦死者や戦争協力者の霊を神として祭る神道上の宗教施設である。そこに内閣総理大臣らが公式参拝することは、国の代表または機関が宗教活動をおこなうことになり、政教分離の原則を定める憲法第二〇条に反する。したがってこのような行為を求める決議は、違憲である。また、特定の宗教団体である靖国神社に対し玉ぐし料などの名目で寄付をすることは、宗教団体への公金支出を禁止する憲法第八九条に違反するのみならず、憲法第二〇条にも反する。

住民側のこの主張に対し、盛岡地方裁判所は、内閣総理大臣らが公人としての資格、立場で参拝することは違憲ではないと判断した。その理由は、公人と私人とは一体不可分であり、総理大臣らは私人として思想・良心・宗教の自由をもち、公人だからといってこれを制限することは許されないから、というのである。

また、盛岡地方裁判所は、玉ぐし料の公費支出についても合憲と判断した。その理由は、玉ぐし料の奉納は戦没者の慰霊のため社交的儀礼としてなされた寄付(贈与)であって宗教行事には当たらないから、というのである。

しかし、この判決に対する世論の反応は厳しく、「とうてい納得できるものではない」(朝日新聞社説)との批判があがっている。政教分離の原則は厳格に守られなければならない、というのである。

二　国家神道復権の動き

憲法は、この政教分離の原則をつぎのように定めている。「いかなる宗教団体も、国から特権を受け、又は政治上の権力を行使してはならない」「国及びその機関は、宗教教育その他いかなる宗教活動もしてはならない」（第二〇条一項と三項）「公金その他の公の財産は、宗教上の組織若しくは団体の使用、便益若しくは維持のため、……これを支出し、又はその利用に供してはならない」（第八九条）、と。

政教分離の原則は、近代民主主義国家では広くとられているものであるが、その理由は、特定の宗教と国家（政治）とが結合するとその他の宗教に対する迫害を生み、信教の自由を危うくするし、また国家の権威、権力を異常に強め国家主義の危険を生じる、という点にある。

現にわが国でも、第二次世界大戦前には、天皇を現人神として祭る国家神道が、天皇の権威を裏づけ、天皇制を中心とする超国家主義的支配体制を支えてきた。

第二次大戦後、憲法が政教分離の原則を定めたのは、神道と国家（政治）との結合を禁ずることで、国家主義の復活を防ごうとしたのである。ところが、国家との結合をいったん断たれた神道は、その後、国家神道として復権を要求する動きを示している。この動きは、さまざまな形をとってきたが、その一つが靖国神社参拝の公式化の動きである。

三　処刑A級戦犯も祭る

靖国神社は、幕末から明治維新にかけて、天皇のために一命をささげた者の霊を、神として祭り慰める東京招魂社（一八六九年創立）に起源をもつ。その後、一八七九年に靖国神社と改称され、国家管理のもとで、西南の役、日清戦争、日露戦争、満州事変、日中戦争、第二次大戦などにおける戦没者の霊を祭ってきた。

このように靖国神社は、日本国家そのものを体現する天皇と軍隊とを結びつける特異な軍国主義的な性格をもつ国家神道の施設であった。第二次大戦後、政教分離の原則のもとで、国家神道が解体されるとともに靖国神社は宗教法人化されたが、しかしその教義や祭祀儀礼には変化がなく、今日でもいぜんとして戦没者の霊を神として祭っている。そこに祭られている者は、二四六万四〇〇〇人余（一九八五年七月末現在）におよぶが、そのなかにはA級戦犯として処刑された者もふくまれている。

内閣総理大臣らの靖国神社公式参拝を求める動きが活潑化したのは、一九七五年ころからである。靖国神社の国営化をはかる靖国神社法制定運動が失敗に終わったため、これに代わる運動として展開されたのである。しかし、公式参拝に対しては憲法違反とする批判が強く、一九七五年に始まる内閣総理大臣の参拝も私人としての資格でおこなう形をとってきた。

ところが、中曽根総理大臣は、戦後民主主義の総決算の一つとして公式参拝の実現に強い意欲をみせ、一九八五年の終戦記念日にはついに公式参拝を強行した。しかし、これに対しては、憲法違反とする批判が国内から強く出されただけでなく、アジア諸国からも国家主義や軍国主義復活を示すものとして強い非難が加えられた。そのため昨〔一九八六〕年は、総理大臣の公式参拝は中止された。

四　憲法を軽くみた判決

こうした状況のもとで、公式参拝と玉ぐし料の公費支出を合憲とする盛岡地方裁判所の判決が出されたのである。しかし、この判決は、公人私人一体論とか社交的儀礼論などの強引な論法がめだち、法律論というよりもレベルの低い政治論という印象をあたえる。そして、何よりも重大なのは、この判決が前に述べた政教分離の原則の意義を、軽くみているのではないか、とみられる点である。

内閣総理大臣らの靖国神社参拝を公式化しようとする動きは、国家宗教としての神道の復権を求める動きであり、国家主義、軍国主義の台頭を示すものである。そうであればこそ、政教分離の原則がもつ現代的意義を再確認することがきわめて重要なのである。

（時事教養一九八七年六月号）

〔補記〕第二審（仙台高裁）は、一九九一年一月一〇日、盛岡地裁判決を破棄したが、その理由の中では違憲とする判断を維持した。

一九八七年

平和主義の旗印を高く掲げて

国家秘密法と平和的生存

第一〇八通常国会への国家秘密法案再提出は阻まれた。売上税問題が紛糾したためでもあるが、それ以上に国家秘密法案に対する世論の批判が厳しかったためである。

そうであるだけに法案推進勢力はその後も勝共連合を先頭にして法案のPRに狂奔しているが、この動きとタイアップして警察当局が法案推進に向けて謀略的世論工作に本格的に乗り出してきていることに強い警戒心を抱かなければならない。このところ立て続けに摘発され事件化されているスパイ事件がその表れである。

ポーランド研究者ハイテクスパイ事件では、警察当局は日本のコンピュータ関連会社の招きをうけて観光ビザで来日したポーランド工科大学研究者二名が同大で開発したソフト技術を提供するなど資格外活動を行ったことに目をつけ、三月初旬逮捕し、マスコミにハイテクスパイの疑いがあると情報を流した。

ところが四月になってこの事件はスパイ事件どころか逆に日本の会社がポーランド研究者から技術提供をうけたというのがことの真相であることが明らかにされ、警察当局もマスコミもこのことを認めた(例えば、一九八七年四月二一日付読売新聞の「自戒」記事)。

このような「誤報」の責任が、警察当局の流す情報を裏づけもとらず無批判、無警戒にうのみにして報道した一部マスコミにあることはいうまでもないが、それと同時に見逃してならないのは、警察当局が意図的にスパイ事件を仕立て上げ誤った情報をマスコミに流した疑いがつよくもたれることである。

また横田基地スパイ事件では、警察当局は五月一九日、米軍基地から数年間にわたり戦闘機などのテクニカルオーダー(技術指示書)を窃取しソ連大使館や中国関係者に売却していたとして、中国問題評論家など四人を逮捕した(六月一〇日検察当局は四人を窃盗、贓物故買で起訴)。

ところがその後明らかになったところによれば、盗み出されたテクニカルオーダーは機密指定外の「取扱注意」程度のもので、スパイ事件といえないようなものであった。この事件に日米安保条約に基づく刑事特別法の「合衆国軍隊の機密を侵す罪」が適用されず窃盗、贓物故買が適用されたのはそのためだったのである。

ところがこの事件は「スパイ天国論」を実証する事件としてマスコミを通じて大々的に喧伝された。地方紙の一部には「スパイ防止法」の必要性を説くものさえ現われた(五月二二日山形新聞社説)。このような動きと、事件発生の半月前に勝共連合系の世界日報(五月六日付)で元警察大学校長弘津恭輔氏があたかも事件発生を予言するかのように「近々大きなスパイ事件が起こったりするのではないかという気がする」と述べていることなどとを考え併せるとき、この事件にも警察当局により仕組まれたある種の謀略性を感じないわけにはいかない。

このような謀略的ともいうべき動きをみるにつけて、「スパイ」への嫌悪感と恐怖感を利用してくりひろげられている「スパイ天国論」のキャンペーンに対し、どのようにしてこれを打ち破っていくべきかを改めて真剣に考えざるをえない。

そもそも「スパイ処罰」の考え方の基礎にあるのは「敵・味方」の対立的思考であり、敵から軍事力で国を護るという軍事的発想であるが、この思考、発想の赴くところの恐ろしい悲劇的帰結を具体的に明らかにすることに、「スパイ天国論」を打ち破る重要な鍵があると私には思われる。

他の機会にも述べたことだが、この対立的思考、軍事的発想は、政治、経済、社会、文化、技術などにこの思考、論理を持ち込み、これに対立、阻害する危険のある一般国民の言論、研究、行動を抑圧しようとするのみならず、立法権、司法権の抑制的介入を排除しようとする。その結果、軍事部門の独走体制が生ずる。また対立的思考、軍事的発想は、対立的関係にある「敵」との多種多様な国際的交流を禁圧して友好関係の発展を阻み、国際的緊張関係を激化させる。この状況の下で国民は独走する軍事部門に対し何らの有効な歯止めをなしえないまま核戦争の脅威に絶えずさらされ、平和的生存を脅かされる。

このような悲劇的帰結は決して遠い将来のことではなく、既に現実に進行しつつある事態に外ならないのだが、国家秘密法制定の暁には加速的な速さで事態が深刻化するであろう。このことは、最近の東芝ココム違反事件やSDI参加問題が示しているところである。

周知のように東芝機械がNC工作機械をソ連に輸出したことがココム規制違反とされた事件は、東芝機械及び同社幹部二名の外為法違反起訴(六月一五日)のみならず、親会社東芝の会長及び社長の辞任(七月一日)、外為法改正の動きなどに発展している。

この事件は、アメリカ側からみれば、貿易摩擦問題をめぐる「日本たたき」の絶好の口実となるという点を別にすれば、ソ連潜水艦の性能を上げる工作機械を「敵」であるソ連に売却し利敵行為を犯したというのである。

一般論として、平和主義的見地からみれば、いずれの国に対してであれ武器禁輸の原則を貫くことが正しい態度であり、この原則に照らし東芝機械の工作機輸出を問題とすることができよう。

しかし、それと同時に指摘されなければならないのは、「敵に武器を売るな」式の軍事的論理に基づくココム規制に違反したことを捉え制裁を加えることに正当性があるとは思えないことである。日本の憲法の立場からみれば、共産圏諸国を「敵」視するココム規制は国際協調により平和的存立を図る平和主義に反するものである。また貿易の自由な発展による友好関係の伸展を阻害するものだからである。

右の点をしっかりと把握し踏まえた上で、私は次のことを指摘したい。それは、ココム規制を支えている対立的思考、軍事的論理がいかに経済の国際的交流に歪みを与えているかということをこの事件が示していることである。

極く最近の報道によれば、SDI研究への日本企業参加の枠組となる日米政府間の取決めが近く合意に達する見通しであるという。最も問題とされた点の一つである技術、情報の秘密指定及び秘密保護については秘密覚書に盛り込まれるであろうといわれるが、西ドイツとのSDI秘密協定からみてアメリカ国防総省が最終的な機密格付け権限を持ち、日米双方が機密の指定地域流出の防止のための「必要かつ適切な措置」をとる義務を負うことになるとみられる。

この機密保護措置は、当面はMSA秘密保護法で賄うことで足りるとされるであろうが、しかしそれにとどまるとは到底考えられない。MSA秘密保護法は、アメリカが日本に提供する船舶、航空機、武器、弾薬その他の装備品等の構造・性能、製作・保管・修理に関する技術、使用方法、品目・数量、及びこれらに関するアメリカ供与の情報を秘密保護の対象としており、日本企業内で独自に研究・蓄積される技術・情報には及びえないからである。このすきまを埋めるためアメリカは日本に対し国家秘密法の制定を今後なりふり構わずますます強引に迫ってくるであろう。このことは、今回の東芝ココム違反事件がリアルに示している。

このようにして、国家秘密法問題はいま新しい段階に入りつつあるといっていいであろう。「スパイ天国論」の謀略的キャンペーンを打ち破り、アメリカからの圧力をはねのけうる理論的、政治的力量をもたなければ国家秘密法制定を阻止することはできない。

私達は、戦前の痛切な歴史的体験と戦後の平和運動の蓄積を生かし、平和主義の旗印を高く掲げて困難なこの事態を打開しなければならない。核時代の知識人にはその先頭に立つ任務がある。

（日本国際法律家協会編『人類にあしたあれ』勁草書房、一九八七年）

［補記］二〇〇一年一〇月、テロ対策特別措置法の立法と同時に自衛隊法改正が行われ、防衛秘密漏洩処罰規定が強化された。

一九八七年

盗聴不起訴の不当性

共産党国際部長緒方靖夫氏宅に対する警察盗聴事件について、東京地検は八月四日、神奈川県警公安一課による組織的犯行であることを認めつつも盗聴関与の警官二名を不起訴とし、他の警官二名を被疑者として立件しないとする処分を発表した。しかしながら、事件の経過を改めて辿ってみるとき、この不起訴処分・不立件処分が事実と法理にそわない不当極まるものであることは明らかである。

一　組織的犯行は明らか

緒方宅盗聴が神奈川県警公安一課の警官により情報収集活動の一環として行われたことについては証拠が数多くある。盗聴のアジトの町田市内のマンションの一室には緒方宅の電話回線が接続されて引き込まれており、その室内からは盗聴用電話、テープレコーダー、録音を消去した形跡のある録音テープ、衣類、新聞雑誌、メモ類、懐中電灯、神奈川県警職員共済組合関係文書など約三〇〇点の証拠物件が押収されている。そして、同室内に残されていたこれらの証拠物件等から同室内に出入した神奈川県警公安一課の警官五名（そのうち一名は捜査中に死亡）の氏名が割り出されている。それだけでなく、緒方宅盗聴が警視庁警備局公安一課の直接の指示に基づいて行われたものであることを詳しく暴露した警察内部からの告発文書が存在する。

このように緒方宅盗聴が警備公安警察当局による組織的犯行であることは明らかであり、検察当局も押収した証拠物件等からその全容を摑んだものとみられる。緒方宅盗聴工作が発覚したのは昨年一一月下旬のことであったが、その一〇日後には東京地検特捜部が犯行現場の盗聴アジトを家宅捜索するなど捜査に本格的に乗りだした。

そして本〔一九八七〕年五月に入ると神奈川県警公安一課の警官四名に任意出頭を求めて取り調べるところまで捜査が進展した。これに対し四名はいずれも否認ないし黙秘して供述を拒んだといわれる。ところが、検察当局は被疑者逮捕に踏み切ることをせず、また犯行の組織性を解明するために当然必要と考えられる神奈川県警公安一課及び警視庁公安一課に対する幹部取調や家宅捜索等を行おうとしなかった。このようにして検察当局は緒方宅盗聴が警備公安警察による組織的犯行であることの証拠を摑みつつも、もう一歩踏み込んで徹底的な捜索を行うことを避けた。

二　なぜ起訴猶予処分なのか

一方、警察当局は公式的には盗聴を否定したばかりか、犯行の隠蔽を図った疑いすらある。例えば、事件発覚後間もない一二月初頭、警察当局は盗聴アジトを捜索した際に証拠隠滅的措置をとったのではないかと疑わせる行動（カッター音を出す作業を行うなど）をとっただけでなく、それと同時に行われた裁判所の証拠保全手続を妨害する挙に出た。また、取調べを受けた警官四名の否認・黙秘も警察当局の証拠隠滅的措置の表れとみられる。

このようにして犯行隠蔽を図る一方で、警察当局は盗聴を否定した。例えば、山田英雄警察庁長官は五月七日衆議院予算委員会において、過去も現在も電話盗聴は絶対にやっていないと答弁し、中山好雄神奈川県警本部長も翌日の記者会見において、県警は組織としても個人としても盗聴に関与していないと述べ、盗聴を強く否定した。それだけでなく、警察当局は、六月中旬から七月初旬にかけて行われた中山好雄神奈川県警本部長及び三島健二郎警察庁警備局長の辞職などの一連の人事異動について、それが引責人事であることを否定し、盗聴に関する責任の所在を明らかにすることを拒んだ。

このような経過があるにも拘らず、検察当局は、最初に述べたように不起訴処分・不立件処分を行った。すなわち、東京地検は、神奈川県警公安一課の警官二名につき盗聴行為（但し未遂という）を認めうる証拠はあるとしながらも、①電気通信事業法違反（通信の秘密の侵害）の点につき「起訴猶予」とし、②公務員職権濫用罪の点については「嫌疑なし」とした（その他、有線電気通信法違反〔通信の妨害〕の点については「嫌疑不十分」、業務妨害罪の点については「嫌疑なし」とした）。また他の二名についても盗聴関与を認めうる証拠がないとして被疑者として立件しないこととした。

東京地検は、これらの処分のうち二名につき「起訴猶予」とした理由として、①盗聴は神奈川県警公安一課による組織的犯行との疑いがぬぐい切れず、個人的利欲による犯行でないこと、②神奈川県警が盗聴に関与した警官二名の懲戒を確約していること、③警官二名が首謀者ないし責任者的立場にあったとは認め難く、二名のみを処罰することは厳しすぎること、④警察当局が「遺憾」の意を表明し、再発防止を誓約したこと、⑤警察庁警備局長や神奈川県警本部長らの人事異動（更迭）が情報収集活動是正の趣旨で行われたと認められることなどを挙げている。要するに検察当局は、緒方宅盗聴が組織的犯行であることを認めつつも、再発防止措置がとられたことを主な理由として起訴猶予処分を行うことにより事件の政治的決着を図ったわけである。

三　なれ合い的な政治決着

しかし、今回の不起訴処分・不立件処分が、「起訴猶予」とした点も「嫌疑なし」「嫌疑不十分」とした点も不当なものであることはこれ迄の経過を検討したところからも明らかであるが、とりわけ起訴猶予処分は、政党幹部に対する警備公安警察当局の組織的盗聴という事案の重大性、悪質性からみて極めて不当なものといわざるをえない。

ここで改めて説くまでもなく、情報収集の手段として行われる盗聴は、通信の秘密、思想・言論の自由、プライヴァシーの権利を侵すものであって、違憲・違法なものである。もともと警備公安警察当局が、特定の団体、人物が犯罪を犯していないにも拘らず犯罪を犯す可能性があるという理由で行っている捜査まがいの情報収集活動は、法的根拠が欠けているだけでなく、人権侵害の危険が大きく、違憲・違法というべきであるが、とりわけその活動が盗聴という手段を通じて行われる場合には、侵害される権利の重大さからみて、その違憲・違法性は極めて強い。しかも、今回の緒方宅盗聴事件のように盗聴が政党幹部に対して行われる場合には政党の政治活動の自由が大きく侵害され、その結果民主主義の基礎が揺らぐ危険が生ずる。このように考えてくると、今回の起訴猶予処分は、検察官に与えられている起訴猶予裁量の範囲を逸脱する違法なものというべきである。

検察当局は、起訴猶予処分とする主な理由として、前に述べたように再発防止措置が警察当局によってとられたことを挙げている。しかし、警察当局が再発防止に向けてとったとされる措置は、いずれも実効性を期待できない。何故なら、警察当局が行った関係警官に対する懲戒処分は事件の重大性に比べて極めて軽く、またその範囲も起訴猶予となった警官二名（戒告）とその直接の上司である神奈川県警公安一課長(県警本部長訓戒)とに限定されている。また、警察庁及び神奈川県の幹部クラスに対して行われた人事異動（更迭）も、盗聴犯罪の責任をとらせるものとして行われたものであることが外部（国民）に対して直接的に明示されたとはいい難い。不起訴処分発表の当日出された警察庁警備局長緊急通達も、情報収集活動は適法に行われるべきである旨を指示するに止まり、情報収集活動一般及び盗聴を禁止したものではない。それどころか警察当局は、違憲・違法でない盗聴（そういうものが存在しうるかどうか疑問だが)は今後も行う方針をとっているかにさえみえる。

それだけではない。検察当局は、緒方宅盗聴が警備公安警察による組織的犯行であることを認めるに足りる証拠をかなり摑んだと思われるにも拘らず幹部クラスの刑事責任の明確化を放棄し、末端警官の刑事責任を不問に付した。警察当局と一種の取引を行うことによりなれ合い的な政治的決着を図り、これによって事態を拾収しようとしたのである。この処理により、組織的犯行たる盗聴には刑事責任追及の手が及ばないという悪しき先例が開かれたことになる。これでは検察当局は盗聴を容認し野放しさえする危険を生ぜしめたとのそしりを免れないであろう。

四 「公務員職権濫用罪」は成立する

ところで、前述のように今回検察当局が行った不起訴処分のなかに、公務員職権濫用罪について「嫌疑なし」とする処分がある。その理由について、検察当局は、職権を濫用した事実はあるが、「具体的な権利を妨害したとはいえない」ので嫌疑が成立しない、と説明しているようである。公務員職権濫用罪は、「公務員其職権ヲ濫用シ人ヲシテ義務ナキ事ヲ行ハシメ又ハ行フ可キ権利ヲ妨害シタル」ときに成立するのに、盗聴が現実に実行され既遂に達したことは証拠がなく認められないので「権利ヲ妨害シタ」とはいえない、というのであろう。しかし、検察当局のこの判断は次の二点で疑問があり、支持できない。

第一に、盗聴が現実に実行され既遂に達したとは証拠上認められないとする検察当局の判断には作為的な消極性が感じられることである。状況証拠から既遂を認定することも不可能ではなかったのではないか、捜査をもっと徹底的に行えば既遂を認定しうる証拠が発見できたのではないか、という疑いがあるからである。

第二に、仮に盗聴の既遂が認定しえないとしても「人ヲシテ義務ナキ事ヲ行ハシメ又ハ行フ可キ権利ヲ妨害シタル」ことを認定することは法律的に十分可能である。そもそも盗聴が可能な状態が作り出されていたということは、被害者が不知の間に盗聴による人権侵害を忍受せざるをえない状態に置かれていたことを意味する。もし被害者が盗聴装置のことを知ったならば、当然電話を控えたり盗聴装置を撤去するなど対抗措置を講ぜざるをえないであろう。が、盗聴装置のことを知らなかったとすればこのような措置を講じうべくもなく、盗聴受忍義務を事実上課されたに等しい状態に置かれる。この点に注目するならば、公務員職権濫用罪は盗聴の既遂・未遂に関わりなく成立するとすべきである。

五　マスコミの鈍さ

検察当局の今回の盗聴不起訴処分は警察当局と癒着し権力犯罪を容認したもので、法秩序の維持者としての検察当局に対する国民の信頼を大きく低下させた。権力犯罪を摘発し糾弾するどころか、逆にそれを隠蔽し庇ったとしか思われないほど不当な態度をとった検察当局は、自ら法秩序の維持者としての権威を回復し難いほど深く傷つけたのである。

一体なぜこのような事態が生じたのか。その要因としては、警察当局と検察当局との間で永年にわたり培われてきた協力・依存の癒着関係、警察当局の圧倒的に強い政治力、警備公安警察の情報収集能力がわが国の治安体制上持つ巨大な重要性など、さまざまな問題が考えられるが、それらと並んで今回の盗聴事件に対する世論、とりわけマスコミや共産党以外の野党の反応（批判）の鈍さの問題が挙げられなければならない。今回の盗聴事件が共産党幹部宅で発生したことが反応の鈍さを生んでいるのかもしれない。しかし、ことは共産党の問題ではない。それは、共産党のみならずその他の政党、労働団体、市民団体、個人を対象として驚くほど広範囲に展開されている警備公安警察の違法な情報収集活動に対して、民主主義と人権の観点に立ってどう規制すべきかという問題なのである。

緒方宅盗聴事件に氷山の一角を現わした情報収集活動の恐るべき実態に対し、さらに深く鋭くメスを当て、その政治責任と刑事責任を徹底的に追求することは、日本の民主主義と人権にとって死活に関わる重大事である。私達はこのことを銘記しつつ検察当局の今回の不起訴処分・不立件処分を強く批判すると共に、不起訴処分の当否につき検察審査会や付審判請求を受けた裁判所がどのような対応を示すか厳しく見守っていかなければならない。

(世界一九八七年一〇月号)

[補記] 本事件に関する付審判請求に対し、東京地裁（一九八八年三月七日）、東京高裁（同年八月三日）、最高裁（一九八九年三月一四日）は、いずれも職権濫用罪の成立を解釈論上の理由で否定した。

一九八八年

近代司法原理の現代的意義

最近、人権擁護の砦という基本的使命を忘れ、国家や大企業の利益を重視する行政寄り、国家寄り、大企業寄りの裁判が続出している。

一　強まる裁判統制

なぜこのような事態が生じているのか。それは、最高裁判所を頂点とする司法行政当局が行政権との癒着、一体化を深めつつ、強力な裁判統制をおこなっているからである。今日、裁判統制は、人事管理面における裁判官統制を通じて間接的におこなわれたり、裁判官会同などにおける裁判指導を通じて直接的におこなわれたりしている。

司法行政当局は、裁判官を思想面から生活面に至るまで統制している。その結果、裁判官の自由で自主的な活動は、たとえ研究活動的なものであっても司法行政当局の厳しい監視や妨害にさらされている。これにたいし多少とも批判的な動きを示す裁判官にたいしては、昇給、任地、配属などの点で差別的措置が加えられ、場合によっては解雇同然の再任拒否されおこなわれている。

その一方で、裁判官の研修が強化されている。たとえば、中堅裁判官が官庁や民間企業に派遣され、行政感覚や効率的利潤追求システムを体得するよう訓練されている。

それだけでなく、裁判官と法務省との人事交流が活発化し、その結果行政官経験者が全裁判官の二割近くに達している。

このような人事政策のもとで、裁判官は自主性、自立性、独立性を失い、司法行政当局の裁判統制や最高裁判例に無批判に追随、服従する傾向を強めている。

司法行政当局の直接的な裁判統制として重要な役割を営んでいるのは、裁判官協議会や裁判官会同などを通じておこなわれている裁判指導である。

たとえば、一九八三年一二月に水害訴訟にかんする裁判官協議会が開かれたが、その席上、河川の瑕疵の判断方法についての最高裁判所民事局の見解が詳しく示された。国側の責任を極力限定したこの見解は、その後間もなく出された最高裁大東水害判決（一九八四年一月二六日）を先取りしただけでなく、その後の下級審判例を拘束している。

このような裁判官統制、裁判統制は、近代司法が立脚する原理である裁判官の独立と真っ向から対立する。

二　司法の独立と人権

そもそも近代司法は、行政権や立法権から独立し、法の正しい適用を通じて国民の基本的人権を擁護することを基本的使命とする。この使命をよく遂行するために、裁判官は職務上の独立と身分上の独立とを保障されなければならない。

裁判官は、職務上も身分上も独立を保障されてこそ、自由な立場で、理性と良心の命ずるところに従って法の正しい意味を発見して適用し、基本的人権を擁護することができるのである。

上から裁判官と裁判とを管理・統制することは、自由な理性と良心とを生命源とする司法を衰退させ、その存在意義を否定するのに等しい。

右のような近代司法の原理は、行政権力と企業とが巨大化し、社会的諸関係の隅々にまで入り込んで国民生活を支配し、人権侵害をひき起こしている現代にあっては、ますますその意義・重要性を強めている。

ところが、日本の裁判所は逆に近代司法の原理から遠ざかり、行政権との癒着、一体化を深めつつ裁判統制の度合を深めている。

このような逆行的な動きは、近代司法の原理に立つ西欧諸国にはみられない特異なものである。たとえば、西ドイツやフランスでは、裁判官は表現の自由や結社の自由を享受しており、政治的見解の表明に名を連ねることも珍しくない。

このように裁判官に市民的自由が保障されているもとでは、裁判官統制や裁判統制をおこなおうとしても、それを成功させることは、きわめて困難である。

市民的自由を制限され、独立性を奪われ、ますます官僚化していくわが国の裁判官にたいし、近代的原理に立脚する司法像の現代的意義を明らかにすること——ここにわたくしたちのなすべき作業の糸口があるように思われる。

（赤旗一九八八年二月一三日）

一九八八年

日本の陪審制をさぐる

最近、国民の間で陪審制に対する関心が高まりつつあるようにみえる。では、このような動きを生み出しているものは何であろうか。それは大きく分けて二つあると思う。ひとつは、刑事裁判の現状に対する不満・不信である。もうひとつは、司法に対する国民の主権者意識の高まりである。

現在、刑事裁判は、人権無視の糺問的捜査に基づいて作られた捜査書類（自白など）に依存し、捜査結果を追認するような形で行われている。そのため、捜査における人権侵害は黙認・放置され、捜査結果が無批判的に信用され、公判廷における被告人側の弁解や主張に余り耳を傾けようとしない傾向があり、誤判が生じることも珍しくない。最近、免田事件、財田川事件、徳島事件、松山事件、梅田事件など再審で無罪となる事例が相次いで出ていることは広く知られているが、このような冤罪事件も上に述べたような捜査書類依存型の刑事裁判が生み出したものにほかならない。

このような刑事裁判をどのようにして改善すべきか。その一つの答えとして提唱されているのが陪審制である。刑事裁判が官僚的な職業裁判官の手に委ねられているかぎり人権侵害黙認の捜査書類依存型刑事裁判を改善することはできないので陪審制を導入すべきだというのである。

また、国民の主権者意識の高まりは立法、行政に対する直接的な国民参加の度合いを強めているが、このような動きは当然に司法にも及ぶべきである。民主主義国家における司法は「国民の、国民による、国民のための司法」でなければならない。陪審制は国民の直接的な司法参加の一形態であり、「国民による司法」の実現を担うものとして正当性を持つというのである。

このように刑事裁判に陪審制を導入すべきであるとする考え方は、切実な具体的問題意識に支えられて主張されている。

もともと陪審制はイギリスで発達し、アメリカやヨーロッパ諸国に伝わっていったものである。現在でもアメリカでは刑事事件において陪審裁判を受ける権利が憲法上保障されている。またイギリスにおいても陪審制度が維持されている。一方、ヨーロッパ諸国では西ドイツやフランスのように陪審制は参審制（素人の参審員が職業裁判官と共同して事実認定、法適用、量刑を行い裁判するしくみ）に変化していく傾向もみられるが、しかしベルギー、オーストリア、ノルウェー、スウェーデンなどでは現在でも陪審制が維持されている。

わが国においてもかつて陪審制が実施されたことがある。大正デモクラシーの思想と運動は、「裁判の民衆化」をめざし、一九二三年に陪審法を生みだした。この法律は法定陪審（死刑・無期の事件につき開かれる）と請求陪審（長期三年を超える有期の事件で被告人の請求があった場合に開かれる）とを定め、三〇歳以上の男子で直接国税二円以上を収め読み書きのできる者のなかから陪審員を選び、犯罪事実の有無を答申させることとした。この法律に基づき一九二八年から陪審制が実施され、当初はかなり活発に利用されたが、昭和一〇年代に入ると急激に件数が減少し、とりわけ太平洋戦争発生後はほとんど利用されなくなった。そして一九四三年に陪審法は施行を停止された。一九二八年から一九四三年の間で陪審によって裁判された件数は四八四件であった。

このように陪審制はわが国では定着しなかったが、それは何故であろうか。わが国では職業裁判官に対する信頼が強い反面、仲間の裁判を嫌う風潮がつよかったからとか、権利義務観念の弱い国民性に合致しなかったからと説明されることがあるが、それよりももっと根本的なのはわが国の陪審法に欠陥があったこと、司法部が陪審制を厄介視したことである。

ではどういう欠陥があったかといえば、有罪の答申が一二名全員一致でなく過半数でなされ得たこと、裁判所は陪審答申を不当と認めるときはこれを採用せず他の陪審に裁判させることができたこと（陪審の更新）、陪審答申を採用した判決に対し控訴が一切許されなかったこと、請求陪審において刑の言渡をうけた者に陪審費用を負担させたことなどである。司法部はこのような欠陥を巧みに利用し、被告人に法定陪審の辞退や請求陪審の不請求および請求取り下げを迫り、陪審制を空洞化に導いたのである。

とはいえ、陪審制は国民の立場からみれば誤判防止の機能をかなりよく果たしたとみていいだろう。このことは陪審事件の無罪率の高さ（約一八パーセント）からうかがい知ることができる。そして、この歴史的事実は、誤判防止、人権保障に向けて陪審制が今日においても有効な機能を発揮するであろうことを期待させる。

だが、陪審制導入に対する懸念・危惧も根強く存在する。素人の陪審員は予断・偏見に基づく感情的判断をしがちではないか。陪審員はこみいった事実認定を行う能力に欠けるのではないか。その結果、陪審制はこれまでとは違ったタイプの誤判、冤罪の原因を生みだすのではないか。

このような懸念・危惧は根拠のないものではなく、陪審の公平な構成を保障する手続、予断・偏見を取り除く手続、誤判救済の手続などが工夫されなければならない。また、被告人の陪審裁判を受ける権利を保障するしくみも必要である。

このような工夫に加えて、さらに次の二点も必要である。その一は裁判官を官僚的統制システムから解放し、その市民的人権感覚をのびのびと発揮させることである。その二は捜査手続の改善である。以上のような慎重な工夫がこらされ、かつ前提条件が充たされてはじめて、陪審制は優れて人権保障的な誤判防止機能を発揮できるであろう。

（月刊高校通信〔東京書籍〕一九八八年九月一日号）

［補記］本書二三三頁参照。

一九八九年

誤判防止策の確立を

今回の島田事件再審無罪判決により、三一年前に静岡地裁が下した死刑判決が誤りであり、赤堀政夫氏は無罪であることが明らかになった。死刑事件で再審が開かれ無罪判決が下されたのは、免田、財田川、松山の三事件に引き続き島田事件が四件目である。

そもそも誤判は、国家（裁判所）が正義（法）の名の下に犯す一種の罪悪であり、被害を受けた者にとってその凶暴さは戦争にも匹敵する。それは、どんなに小さい事件であっても被害者に癒しがたい心の傷と回復不能の損失とを与える。ましていわんや死刑事件の場合には、取り返しのつかない悲劇に至る危険が大きい。

それなのに死刑判決が誤りであったというのである。しかも、この信じがたいことが四件もたて続けに明るみに出たのである。

この深刻な事態を前にして、いったい何故誤判が起こるのか、どうすれば誤判を防ぐことができるのか、誤判を迅速、的確に発見し被害者を早期に救済するために、何をしなければならないかを真剣に考えなければならない。

なぜ誤判が起こるのか。死刑再審四事件に共通する誤判のメカニズムはおよそ次のとおりである。

捜査当局は、犯人を早期に検挙できない焦りから、根拠のない見込み、憶測、予断のもとに、怪しいと見る者を強引に別件逮捕する。密室の警察留置場（代用監獄）に拘禁して外部から遮断し、暴行、脅迫、偽計、利益供与などを混じえた強制的取り調べを行う。犯行状況や聞き込みなどに合わせて自白させ、また自白に合わせて証拠を固める。

例えば、鑑定に合わせて自白をとり、あるいは自白に合う鑑定を確保する。このような強引で執拗な見込み捜査、自白追求に対し、被疑者は追いつめられた心理状態になり、捜査当局に思うがままに操られ、その見込み、筋書きに沿う虚偽の自白をしてしまう。

裁判所は、基本的に捜査を信頼する姿勢で審理に臨む。どのような捜査過程を経て自白がなされ、証拠が集められたのかについて関心をもとうとしない。虚偽自白のもつ特徴、例えば自白内容のめまぐるしい変遷、非常識性、不合理性、矛盾、自白以外の客観的証拠との不一致などに目を向けず軽視する。ずさんな鑑定についても、権威ある者が鑑定している、自白と合致しているというだけで信用する。

このように、根拠のない見込みに沿った強引な証拠固めに無批判的に依存する裁判――これこそ死刑再審四事件の誤判の実体なのである。誤判を防ぐためには、この実体を変えなければならない。

例えば、別件逮捕を禁じなければならない。代用監獄制度を廃止しなければならない。取り調べに弁護人の立ち会いを許し、暴行、脅迫、偽計、利益供与などによる違法な取り調べを許さないようにしなければならない。自白を正しく評価できるようにするため、検察側に捜査過程や、捜査書類を開示させなければならない。捜査癒着型のずさんな鑑定を防ぐため、中立的な鑑定機関を設ける必要もある。

以上のようなことを実現するだけでも誤判をかなり防ぐことが可能となるだろう。

また、誤判の早期、迅速な発見、是正、救済に向けて再審手続を改正する必要がある。例えば、最高裁白鳥事件決定（一九七五年）に沿い、「疑わしきは被告人の利益に」の原則に基づいて再審開始理由（特に証拠の明白性）を緩めること、再審請求人（被告人）側に検察手持ちの証拠の開示を請求する権利を与えること、再審開始決定に対する検察側の不服申し立て（即時抗告）を禁止すること、再審請求審および再審公判における検察側の主張・立証活動を制限することなどが、最低限必要である。

では現状はどうか。捜査改善の動きは全くといっていいほどみられない。それどころか拘禁二法案（国会で継続審議中）の代用監獄制度強化の動きすらある。一九八六年に最高検内部で行われた死刑再審三事件についての検討も、ある程度捜査の実態に立ち入っているものの、虚偽自白のメカニズムの核心にメスを入れることを避けている（本年一月七日付毎日新聞）。再審関係規定改正の作業も放置されたままである。

また江津、丸正、山本、布川、牟礼、名張などの事件について再審請求が相次いで棄却されるなど、最高裁白鳥事件決定の趣旨とは背馳《はいち》する動きが裁判所にみられる。

このような現状は遺憾きわまりない。今回の島田事件再審無罪判決を契機に、警察、検察、裁判所は、権威やメンツにこだわることなく、真摯に誤判の原因を究明し、赤堀氏の悲劇を二度と生み出さないようにすべきである。

（毎日新聞一九八九年一月三一日夕刊）

一九八九年

松川事件が訴えるもの

松川事件無罪確定二五周年に当たって

一　松川無罪確定二五周年

私は／何かしなくてはならぬ
いつの日か／日本の子供たちに
松川のことを聞かれたとき
日本の親たちが／決して、日本人として恥かしいような生き方をしなかったといえる／何かをしなくてはならぬ

（たむら・ゆりこ）

この詩は、一九六一年八月の松川事件差戻第二審判決を前にして松川救援運動参加者がつくった詩の一節であるが、同じような気持で裁判の行方をみつめ活動していたひとが何万、何十万、いや何百万といたのである。

その年の八月八日仙台高裁は全員無罪の判決を言い渡し、一九六三年九月一二日最高裁の再上告棄却の判決により確定した。それから四半世紀の歳月が流れた。あの頃に生まれ育った子供たちはいま青年となり、日本の歴史の形成の一翼を担いつつある。この青年たちに、松川の時代を生きた者は松川事件のこと、松川救援運動のことを語り、それが現代にどうつながっているかを一緒に考えなければならないのではないか。

そんな思いが期せずして湧き起こり合致したのであろうか、松川事件無罪判決確定二五周年の一九八八年秋、事件発生の地福島では五万点の資料を集めた松川資料室が福島大学経済学部に開設された。また、無罪判決を生みだした差戻第二審の行われた仙台では作家日向康氏、弁護士佐藤正明氏などが中心となって記念のレセプション、映画「松川事件」上映会、市民大集会が催された。

そして、これらの行事が終って間もない晩秋に、作家の良心をかけて松川事件被告人の無罪を論証し、「何よりも先づ正しい道理の通る国にしよう　この我等の国を」と裁判批判を展開された広津和郎氏の長女、広津桃子氏が亡くなった。そういえば、一九八八年は広津和郎氏の没後二〇年でもあったのである。

このように松川事件のことが思い起こされた一九八八年であったが、今年一九八九年は事件発生四〇周年の年である。

二　正しいことは訴え続けねば

一九四九年という年は、ドッジ・プランに基づく行政整理、企業整備のもとで国鉄をはじめとして大量の首切りが強行され、これに対する反対闘争が各地で激しく行われた年であったが、この反対闘争の抑圧を狙う謀略が権力側によりさまざまな形でしくまれた。この年の夏に連続的に起こった下山事件、三鷹事件、そして松川事件にも謀略的様相が色濃くみられたのである。

一九四九年八月一七日午前三時九分、東北本線松川駅附近で上り旅客列車が脱線転覆し、機関士ら三名が死亡した。捜査検察当局は、福島県内の国鉄および東芝松川工場の労働組合の活動家による計画的な列車転覆とみて二〇名を起訴した。第一審（福島地裁一九五〇年一二月六日判決）と第二審（仙台高裁一九五三年一二月二二日判決）は有罪判決を言い渡したが（但し第二審判決は一部無罪を含む）、最高裁は一九五九年八月一〇日有罪判決を破棄し仙台高裁に差し戻した。仙台高裁は一九六一年八月八日全員無罪を言い渡し、一九六三年九月一二日最高裁の再上告棄却判決により無罪判決が確定した。

その夜、日比谷野外音楽堂で開かれた松川無罪判決報告中央集会で広津和郎氏は、「私は松川からたくさんの教訓を得た。その中の一つだけを申せば、正しいことは訴えつづけなければならないということだ。絶望は禁物である。」と述べたが、この感慨は被告の人々はもちろんのこと、松川救援運動に参加した者、それを暖く見守り支援した者すべてが共有した思いであったのである。この思いをこめつつ日比谷から新橋まで行われた二万人の提灯デモの情景は、今も鮮やかに私の胸によみがえり、心が熱くなる。

三　松川の歴史的・現代的意義

それから二五年、昨（一九八八）年九月一二日、仙台で開かれた二五周年記念レセプションには元被告の鈴木信、佐藤一、岡田十良松、斉藤友紀雄（旧名千）の四氏、元弁護人の勅使河原安夫氏をはじめ百四十人余が集まった。その多くは当時宮城県内で熱心に松川救援運動に参加した人々であったが、この日は県内のみならず遠く大阪、東京、福島などからも駆けつけた。

開会に当たり発起人を代表し、私はレセプションの趣旨を次のように述べた。少し長くなるが引用したい。

「冒頭に申し上げましたように本日のレセプションの趣旨は、松川事件とはいったいどのような事件であり、松川闘争が引き受けざるを得なかった課題とはいったい何だったのか、その歴史的、現代的意義は何か、について回想と情緒を混じえつつ、お互いに再確認し、それを次の時代を担う人びとに伝える準備をするということにあると思います。

いうまでもなく松川事件はアメリカの対日政策の転換に伴い、国鉄労働者九万七〇〇〇名の大量首切りを強行するために、これに反対する労働運動の押え込みを狙った謀略的要素の非常に強いフレームアップ事件であります。

これに対し被告団、弁護団そして救援組織は真実と平和と正義の旗印を掲げ、ヒューマニズムの一点で結束し、思想・信条・党派を超える統一的連帯を組み、道理をつくして大衆に訴え、裁判所を説得して闘い、ついに勝利したのであります。

真実と正義、道理の前には国家権力といえども退くべきであり、また退かざるを得ない。これこそが松川闘争が歴史に示したところであったと思います。

そしてこの闘争は三池闘争とともに一九六〇年の安保闘争の昂揚を用意しました。それだけではありません。松川闘争こそ基本的人権というものの冒しがたい重要性と人権闘争の重要性とを国民に深く認識させ、六〇年代以降の各地の人権擁護の闘いの思想的基盤を形成したのであります。

四　広津和郎氏が起草された松川の塔の碑文

広津和郎氏が起草された松川の塔の碑文には

「人民が力を結集すると如何に強力になるかということの、これは人民勝利の記念塔である」

と記されております。これこそまさしく松川闘争が歴史に刻みこんだ教訓であるといってもよいでありましょう。

松川闘争の思想的、運動的成果をいま改めて再確認することは、国民の間の利害対立が錯綜し、思想・信条の多様化が進行する一方で、国家の側の統治のシステムが極めて巧妙化し、強権化しつつある現代において、ますます重要な意味を帯びているというべきであります。

とりわけフレームアップの温床となった代用監獄制度の存続強化が拘禁二法によってたくらまれている現在、松川事件のフレームアップの実態を国民に訴える必要性を痛感いたします。

このようなときにあたり、松川事件、松川闘争を語ること、それを語り伝えることは、松川事件の時代を生き、松川闘争の一翼を担った者が、次の時代に生きる者に対して負うべき歴史的な責任であり義務であると思います。本日がこのきっかけになることを願いつつ、開会のあいさつといたします。」

五　元被告の思いと生きざまと

開会の挨拶に続き弁護士勅使河原安夫氏が、旧第二審以降仙台から袴田重司、大川修造両氏をはじめ三十数名が弁護人となったいきさつや、旧第二審判決直後に日弁連理事会が広津氏ら文壇人をはじめとする裁判批判を非難する決議を採択しようとする動きを示したのに対し、仙台弁護士会が敢然と反対し阻止したことなどをくわしく述べられた。

また、当時仙台弁護士会長でもあり、自由党宮城県連会長や県公安委員などの要職にありながらも率先して弁護に当られた袴田弁護士（一九六一年死去）の子息、袴田茂氏は、中傷やいやがらせにも屈せず、他事件の依頼者に対しても松川事件の内容をじゅんじゅんと説いて説得していた御尊父の姿をとつとつと語られた。

次いで挨拶に立たれた元被告の鈴木信氏は、旧第二審段階以降宮城の人々からうけた支援に対する感謝の念を述べられた。そして、袴田弁護士が最初の面会で、自分は自由党員であることを明らかにしたうえで、「君は死刑になっても主張に変りないか」と静かな声で聞かれ、「真実は真実として守ります」と答えたところ、「分った。君は無実だ」といわれて即座に弁護を引き受けてくれたことを回想しつつ、くり返し感謝の気持を述べられ、深い感銘を与えた。

元被告の佐藤一氏は、「袴田弁護士から『ウソをいうな』と誓わせられ、そのことが今でも自分をしばっている。そろそろ誓いを破ってもいいのではないかとも思うが、冤罪事件が跡を絶たないのでこれからもこれに取り組んでいきたい。」とややユーモラスな口調を混じえつつ述べられた。

元被告の岡田十良松氏は、在京の元被告九名がいまでも毎年広津氏の命日やお彼岸にお墓参りをしていることを述べられたあと、「月日が経っても変らぬものは真実であり、松川の闘いが真実を守ってくれたことは有難い。その恩の万分の一でも返したいと思い平和運動や冤罪事件に取り組んでいるが、この生きざまをこれからも続けたい。」と力強く述べられた。

また元被告の斉藤友紀雄氏は、改名のいきさつに触れつつ有罪認定の基礎となった「共犯者」の自白の恐ろしさや捜査当局のアリバイ証拠隠しについて述べられ、虚偽自白強要の装置である代用監獄制度の下での恐ろしい体験を踏まえつつ、拘禁二法阻止を熱っぽく訴えられた。

四人の元被告の方々の感動的な挨拶ののち、奥山紀一氏（当時県労評議長）、高橋実氏（当時坂病院院長）、竹内峯氏（当時東北大学学生、特別弁護人竹内七郎氏の子息）、安藤重男氏（当時東北学院大学学生）をはじめ多数の方がスピーチに立ち上り、当時の思い出を交々語られた。

六　真実を知る者は被告人

映画「松川事件」（一九六一年製作、監督山本薩夫）の上映会には約四百人が参加した。ドキュメンタリータッチで描かれた自白追求のすさまじさは、永井智雄氏、西村晃氏など俳優の演技力とあいまって観客に強い衝撃を改めて与えた。

また、旧第二審判決言渡の際の裁判長と被告人たちとの対決は裁判の本質、真実の意義について考えさせずにはおかない、すさまじい迫力をもっている。そのシーンは、当日の録音と速記により忠実に再現したものというが、その速記の一部を抜粋してみたい。

佐藤一被告　裁判長、私は裁判長の宣告によって生命をうばわれるものであります、しかしながら、裁判長、私は又私以外の全部のものはこの事件には全然関係はないのです。あなたは先程我々の発言は聞いて来たと云っておられる、しかし今になって考えればそれはとんでもない。我々の発言を真に聞いてそして法廷に出された証拠を見るならば必ず無罪の判決がある筈だ、我々の発言を本当に聞いたならば必ず今日この法廷では無罪の判決がある筈です、それがない。我々を有罪にする証拠はない。何がある、証拠はないが、拷問によってデッチあげた自白調書以外はないではないか。

裁判長　後で説明します。

佐藤一被告　デッチあげた自白調書以外ないではないか、そこに我々に対する偏見があり、公正をよそおって検察官と同じ立場に立って、我々をただ死地に追いやろうとする態度ではありませんか、私達はこういう裁判には絶対承服出来ません、裁判官も記憶しておられるであろう、私は七月二十三日の公判廷で言った、この裁判が単にこの法廷だけで闘われてきたのではない、全日本、全世界からあらゆる関心が寄せられ、あらゆる支援がよせられて闘われて来た法廷なんです。だから法廷だけを納得させるだけでなく、全世界の人々、全日本の国民を納得させる様な裁判を要求した。裁判長もその時うなづいたではないか。

裁判長　そのつもりで判決しています。

佐藤一被告　そういう判決では絶対ない。

裁判長　それは見解の相違です。もうこれ以上聞いてもしようがない。分りました。

鈴木被告　見解の相違と云いますがね、そうじゃないですよ。あなた達はそう思うと云っても実際やっていないんですから。

裁判長　やっているかやってないかは神様しかわかりません。
鈴木被告　我々は知ってるんだ。
裁判長　黙らないならあなたがたに退廷してもらうより外ない。まだまだ我々が聞いてもらいたいことは用意してあるんです。それをみな聞いて下さい。
鈴木被告　やっていないものを殺すというのか。
裁判長　とにかく続けますから。

（中略）

鈴木被告　無実の罪で死刑の判決をされて、あなただったらどうしますか。
裁判長　法律に従って責任をおいます。三十分休憩します。（午前十一時五分）

「やっているかやってないかは神様しかわかりません」という鈴木禎次郎裁判長の発言は、無実の被告人たちに深い疑問を抱かせた。鈴木信氏はレセプションで「被告という立場は事実そのものであり、真実を知っているのは神でなく被告なのだ」ということを獄中で考え続けていたと述懐されたが、この述懐には無実を訴える被告人の原点ともいうべき立場がクリアな形で表明されており、事実認定上の大問題が提起されている。

七　裁く者は裁かれる者

一九八八年一〇月二六日の市民大集会には、岡田氏を除く元被告の前記三氏が再度来仙され、挨拶に立たれた。その後、新藤兼人、永井智雄、大塚一男の三氏が講演された。

前夜からの高熱を押して演壇に立たれた新藤氏は、映画「松川事件」のシナリオ執筆の経過を率直に話され、「自分としては旧第一、二審判決の認定した事実に即して事実を構成していくと自づと裁判の虚構性が明らかになるという手法でシナリオを書いたのだが、訴える力が弱いという批判がつよく、結局山形雄策氏が書き直して完成した。だが、今読み返してみても当初のシナリオのほうが芸術的に優れていると思う。」と淡々と述べられた。そして、「松川は心と情熱を一つに結集していくことの素晴らしさを知るいい体験だった」と結ばれた。

また不自由な足を杖で支えつつ壇上に立たれた永井氏は、映画「松川事件」出演の経験と戦前治安維持法で検挙され拷問を受けた体験とを混じえて、代用監獄制度の恐ろしさを切々と訴えられた。

最後に岡林辰雄氏と共に第一審以降中心的に弁護に当たられた弁護士大塚一男氏が立ち、松川事件の権力犯罪性、広津氏の散文精神の強靭さなどについて述べられたのち、誤判者の問題について次のように鋭く指摘された。

旧第二審判決言渡のときに鈴木信被告に「無実の罪で死刑の判決をされて、あなただったらどうしますか」と問われて、鈴木禎次郎裁判長は、「法律に従って責任をおいます」と答えた。この答を「誤判の責任をとる」という意味に受けとってきたが、いま改めて読んでみると「刑に服する」という意味のことだったようだ。鈴木裁判長は「確信をもって」死刑判決を言い渡すと述べたが、しかし実際には主任の左陪席裁判官（佐々木次雄）は無罪、右陪席裁判官（高橋雄一）は全員有罪、鈴木裁判長は一部（三名）無罪・残り有罪と三者三様に心証が分かれていたらしい。裁く者は裁かれる者であり、誤判者は生涯その重荷を負わなければならない。

大塚氏はこのように述べられた後、「統一した闘いにより正義と真実の闘いは敗北の闘いから勝利の闘いに変る。このことが松川闘争が歴史に残した教訓であり、この教訓を踏まえて拘禁二法反対の闘いが組まれなければならない。」と結ばれた。

市民大集会は、拘禁二法反対の緊急決議を採択した後、小田島森良氏（当時松川事件対策東北地方協議会事務局長）の「統一した力こそ松川勝利の原動力であったことを次の世代に語り伝えたい」との感動的な閉会宣言で幕を閉じた。参加者は約四百人であった。

八　現実変革の契機

このように仙台での記念行事には総計して約千人が参加したが、その年齢構成は多様で、若い人の姿も多かった。この青年たちに、松川の時代の人々の心を捉え魂を揺り動かした「正義」「真実」「統一」の訴えはどう受け止められたのだろうか。松川事件、松川救援運動が四半世紀を経てなお必死に訴えている歴史的教訓は現代の青年たちの心に果たして届いたのだろうか。

私が感想を聞いたほとんど全ての学生は、真実と正義を守る闘いに新鮮な驚きと感動を覚えたことを率直に語り、「いまもやるべきことがある、やらねばならない」との思いを抱いたようだった。そしてある学生は次のようにエピソードを語ってくれた。

市民大集会のあと、京都の父親に電話をかけ集会の話をしたところ、自分が二三歳のときに買い求め読んだという広津和郎著『松川裁判』を送ってくれた。繋りの不思議さを感じ、感慨深いものがあった、と。

このような反応を知るにつけても、私達は十五年戦争を語り、治安維持法を語り、戦後民主化を語り、松川を語り、六〇年安保闘争を語り、公害闘争を語り……そして現代の真実と正義と連帯とについて語り、語り伝えなければならないと思う。現実を変革する展望的契機はこのような営みの中でこそ発見できるであろうからである。

（法律時報一九八九年二月号）

一九八九年

警察国家再現の防止のために

現行刑事訴訟法は、第二次大戦後の民主的変革の重要な一環として、大きな歴史的任務を与えられて制定された。その歴史的任務とは、日本社会の民主的発展を抑圧し戦争とファシズムへの道を用意した警察国家を克服し、その再現を防止することであった。人身の自由を厚く保障することにより警察国家の再現を防ぎ、日本社会の民主的発展に寄与することこそ現行刑訴法の使命であり魂であったのである。

現行刑訴法は、民主主義運動、人権闘争の拡がりのなかで弁護士層はもちろんのこと、それのみならず裁判官層のなかにもかなり多くの共鳴者、担い手を見出してきた。また刑訴法学者も現行刑訴法の歴史的任務の重大性を深く理解し、当事者主義やデュー・プロセスの基本的観念に依拠しつつその理論的定着に力を尽くした。

それから四〇年経った今日、刑事訴訟法をめぐる事態は深刻極まりないものがある。現在、憲法、刑事訴訟法、警察官職務執行法に違反する不当な警察活動が横行している。例えば、大喪の礼の実施に当たり東京でくり拡げられている職務質問と所持品検査は、異常に強圧的なもので、合法的とは到底いい難い。また昭和天皇死去をめぐる一連の事態に対する抗議意思を表明するビラやステッカーの貼付行為をとらえ、軽犯罪法違反や屋外広告物条例違反を名目とする大規模な捜査・押収が大学施設に対してまで強行されるに至っている。

その他、別件逮捕、接見妨害、代用監獄制度濫用、強圧的被疑者取調などを始めとする違法捜査が日常的に横行していることは周知の事実である。ところがこのような違法捜査に対し司法的抑制がほとんど全くなされていないに等しい。そればかりか違法捜査の結果に無批判的に依存する事実認定が公判に於てなされ、その結果信じ難い重大な誤判がなされる例が少なくないのである。

現在の日本は、戦前、戦時に優るとも劣らぬ警察国家になりつつある。現行刑訴法は歴史的任務を果たし得ていないのである。

一体なぜこのような事態が生じているのか。その原因として、現行刑訴法それ自体のもつ欠陥を挙げることができるだろう。また警察の非民主的体質も指摘されるべきである。しかし、それ以上に問題とされるべきだと思われるのは、裁判官層の変質である。かつて裁判所には現行刑訴法の魂に共鳴し、その実践に裁判官としての使命を見出そうとする裁判官がかなりおり、強い理論的なリーダーシップをもっていた。青年法律家協会裁判官部会が一九七一年に刊行した『刑事実務の研究』（日本評論社）にもその一端が窺い知られる。この書物で開陳されている強い人権意識に基づく意見の数々は、当時の裁判所に於て決して異端視されることがなかったばかりか、実務のあるべき方向を示すものとみられていた。しかし、現在では検察官まがいの論理を操る裁判官が裁判所内の理論家と目され、リーダーシップを握るという事態が生じている。三井誠ほか編『刑事手続（上）（下）』（筑摩書房、一九八八年）は、この種の裁判官にとってのフォーラムの如き観を呈している。

裁判官の意識は、大量的にみて明らかに一定の変化、変質を示しており、検察官への同一化傾向をつよく示している。前述したような刑事訴訟法をめぐる深刻な事態は、このような傾向と深く結びついているのである。

では一体なぜこのような傾向が生じているのだろうか。どうすればこのような傾向を押し止め、裁判官の意識を刑事訴訟法の魂に近づけ、その担い手たらしめることができるのだろうか。

これまで刑事訴訟法学者は、一部の者を除いては必ずしも右の問題に真正面から取り組んできたとはいい難いように思う。そして、その裏返しとして、もはや事態は絶望的であり、陪審採用に活路を求めるより外ないのではないかという考え方が出てきているように思う。私は陪審採用論が正しい方向性をもつことを十分に評価するが、しかし、陪審採用のみによって事態を打開できるとは思えない。このことは、捜査の司法的抑制の問題を考えればよく分る。

私自身は、前述のような裁判官の意識の変質は司法官僚の司法統制政策によって育成されているものであり、裁判官をその軛から解放しなければならないと考えている。そしてそのための理論的鍵は、裁判官の独立性と市民的自由とにあると考えている（法と民主主義本年三月号掲載予定の拙稿「裁判官論の課題」参照）。

いずれにせよ刑訴法学は、刑事訴訟法の担い手の問題に関心をもち、これに真正面から取り組まなければならないときだと思う。刑訴法学を「嘆きの刑訴法学」にしてはならない。

（ジュリスト九三〇号、一九八九年三月）

一九八九年

人権侵害、誤判の温床　拘禁二法案

一　代用監獄の恒久化

現在、いわゆる拘禁二法案が、国会で審議中である。拘禁二法案とは、刑事施設法案と留置施設法案である。前者は、一九〇八（明治四一）年から施行されてきた監獄法を全面的に改正しようとするもので、有罪判決が確定した受刑者に対する処遇を定めた部分と、有罪判決が確定していない未決拘禁中（逮捕、勾留中）の者に対する処遇を定めた部分とからなっている。

一方、留置施設法案は、逮捕・勾留中の者のうち、警察の留置場に収容された者に対する処遇を定めたもので、これまで警察は、被疑者留置規則という内部規則を作って運用してきたが、これを、法律に格上げするため新法案を提出したのである。

この拘禁二法案が初めて国会に提出されたのは、一九八二年四月だったが、翌年一一月いったん廃案となった。その後、一部修正されて一九八七年四月国会に再提出された。現在、委員会レベルで継続審議中であるが、今国会で成立しない場合には（その見込みが大きい）、つぎの国会に継続審議となるであろう。そして、もし年内に衆議院が解散されるならば、再び廃案となるわけである。

拘禁二法案の国会審議が、このように難航をきわめているのはなぜか。それは、この拘禁二法案が、従来から人権侵害の温床として批判の強かった代用監獄制度を存続させようとしているのみか、その例外的性格をぬぐいさり、恒久化しようとしている規定もみられるからである。

二　糺問的捜査に固執

代用監獄制度とは、本来は監獄の一種である拘置所に収容すべき未決拘禁中の者を、代用監獄である警察の留置場に収容することを認める制度で、監獄法第一条第三項によって例外的に認められてきた。この例外的な取り扱いは、拘置所の増設がただちには実現しえなかった明治当時の財政事情のもとでは、やむをえないものであったにせよ、早晩廃止されるべきはずであった。

ところが、その後もこの制度は、廃止されることなく現在にいたった。それどころか、今回の拘禁二法案によって恒久化されようとしているのである。

いったいなぜ代用監獄制度はこれまで維持され、恒久化されようとしているのだろうか。それは、この制度が糺問的な捜査方法に固執する捜査当局にとって必要不可欠のものだからである。

代用監獄制度のもとでは、捜査当局は逮捕、勾留した被疑者を、一三日間もの長期間（勾留延長の場合は二三日間も）、その管理、監視下におき、支配することができる。しかも、必要に応じて何時間でも、被疑者を取り調べることもできる。食事をあたえず、睡眠もとらせず、病気でも医者にみせず、長時間、連続的に深夜まで取り調べることすら可能なのである。

三　恐るべき人権侵害

それだけではない。警察の留置場に収容されている間は、被疑者は警察関係者や検察関係者以外の第三者の目に触れることは、ほとんどない。弁護人や家族との面会は、できることになっているが、しかし事実上は、捜査当局の裁量にゆだねられているも同然である。

このように、ほとんど密室内に監禁されたに等しい状態においた被疑者に対し、捜査当局は、法律に定められていない違法な措置をとる例が日常的に生じている。たとえば、取り調べの際の暴行、脅迫、偽計（トリック）などである。

このほか、メンドウミ（面倒見）といわれる利益供与をすることもある（たとえば、自白したら子どもに会わせてやる、など）。

このようにして代用監獄制度は、捜査当局に対し、暴行、脅迫、偽計、利益供与などを混じえた糺問的取り調べを可能にする制度である。だからこそ、捜査当局は、糺問的取り調べが捜査にとって必要不可欠であり、これなしに治安の維持は不可能だという考え方に固執して、この制度の廃止に強く反対し、その恒久化をはかっているのである。

代用監獄制度のもとで生じる人権侵害がいかにすさまじいかは、つぎの二つの例からもうかがえる。その一つは、昨〔一九八八〕年二月に起きた長野県警で女性被疑者を全裸にして身体検査をした事件である。いま一つは、昨〔一九八八〕年六月、静岡県で発覚した看守による強姦類似の強制わいせつ事件である。

代用監獄制度は、このように人権侵害の温床であるだけでなく、誤判の温床でもある。この制度のもとで進められる糺問的取り調べは、無実の者を虚偽自白に追い込み、この自白に依存した裁判によって誤判が生じる。最近、つぎつぎと明るみにだされた誤判、再審事件は、その恐ろしい実態をまざまざと示している。

四　高まる内外の批判

代用監獄制度こそ、日本の刑事手続の恥部であり、その廃止なしに人身の自由の確立はありえない。このような批判は、国内でますます強まっている。今日、学界で代用監獄制度を支持する者はほとんどいない。弁護士層も、日本弁護士連合会を中心に、これに強く反対している。

それだけでない。代用監獄制度は、強い国際的批判を浴びている。国連非政府組織（NGO）の国際人権連盟（本部パリ、五〇か国加盟）は、昨年秋に調査団を日本に派遣し、代用監獄制度の実態調査に当たらせた。その調査にもとづいて最近発表された報告書では、代用監獄制度が国際人権規約（市民的および政治的権利に関する国際規約第九条三項）に違反することを指摘し、すみやかに廃止するよう勧告している。

また、昨〔一九八八〕年一一月二一日付ニューヨーク・タイムズ紙と、本年三月三日付のインターナショナル・ヘラルド・トリビューン紙に、代用監獄の廃止を訴える意見広告が掲載され、海外で大きな反響をまき起こした。

代用監獄廃止は、国内的、国際的世論だといえよう。この批判の高まりの前に、拘禁二法案はその正当性を失いつつあるが、それと同時に、この制度を支柱として組み立てられている捜査中心の自白依存型刑事裁判の構造そのものも、正当性を問われているのである。

（時事教養一九八九年四月号）

［補記］本書一二三頁の補記を参照のこと。

一九八九年

少年法の基本忘れた警察

さる九月一二日に出された綾瀬母子殺し事件の不処分決定（無罪判決と同じもの）は、いま少年の人権が警察や検察（そして裁判所）との関係でどんなに危険な弱い立場に置かれているかをくっきりと示している。

私がとくに注目したいと思うのは、この東京家庭裁判所の決定が、三少年が虚偽の自白をするに至った原因について「やや無理な取調状況」による畏怖心に加えて、少年たちに特有の事情があることをあげ、「少年らが年少者である上、いずれもいわゆるいじめられっ子の萎縮し易い弱い性格を持っていて、強い者や権威ある者に迎合し、一時逃れにその場限りの供述をし易い傾向がある」ことと、「互いに特に大切と思う他の少年が既に自白したとの偽りの取調を受け、そうならば仕方がないとの諦めの気持もあ」ったことを指摘している点である。

ＡＢＣは、中学校ではいわゆるいじめられっ子であり、暴力、脅迫、罵言などにたいし深い恐怖心をもち、それが原因で当時登校拒否の状態に陥っていたのである。

警察・検察は、三少年のこのような特性、弱点を狡猾にも利用し、容赦なく暴力、脅迫を加え、罵言をあびせ、偽計を用い、思うがままに虚偽自白を引き出すことに成功した。

＊

もともと少年は、心身ともに未発達の過程にあり、みずからの正当な利益や権利を守る能力がきわめて不十分である。

そうであるからこそ少年は、たとい非行を犯したとされる場合も成人とは違い、正当な利益や権利を守るための保護的、教育的な配慮・措置をうけ、いやしくも心身の発達を妨げられることのないよう特別の手続が設けられなければならない。

このような考え方こそ現行少年法の基本をなすものであり、綾瀬母子殺し事件の場合のような、とりわけ弱い立場に立つ少年たちにたいしては最大限に生かされなければならない。

ところが警察・検察は、犯人検挙を焦るあまり少年法の基本を忘れ、それとはまったく逆に弱い少年たちに襲いかかり、その弱点をついて虚偽自白を無理やり引き出し、無実の少年たちに殺人者の汚名を着せる誤りをおかしたのである。このことは本当に許し難いことである。

＊

幸いにして、この事件では付添人らの適切な弁護活動により警察・検察の誤りは正され、少年たちは救われた。

この経験は、少年事件において、付添人の援助を受ける権利をはじめとする少年の防御権を十分に保障し、デュー・プロセス（適正手続き）を保障することの重要性を私たちに教えている。

家庭裁判所の裁判官も、少年審判手続におけるデュー・プロセスの重要性を深く認識し、その実現に心すべきである。そしてこのことは現行法のもとでも十分に可能である。

＊

ところが、昨年から今年にかけて名古屋アベック殺人事件、女子高校生コンクリート殺人事件、そしてこの綾瀬母子殺し事件などを契機にして、少年犯罪事件の「凶悪化」が指摘されるとともに、非行少年過保護の傾向があるとして現行少年法の改正を望む声が一部で上がっている。

しかし、今回の綾瀬母子殺し事件の不処分決定は、弱い立場に立つ少年にたいし保護的、教育的な姿勢で臨むことの重要性を示したものであり、この観点を欠落した安易な少年法改正論にたいする警鐘の意味をもつように思われる。

（赤旗日曜版一九八九年九月二四日）

1990年—1999年

一九九〇年

陪審論議に望む

最近、陪審制導入の気運が各方面で盛り上がりつつあり、埼玉陪審フォーラムの模擬裁判劇上演、大阪弁護士会のアメリカ陪審調査活動、自由人権協会の試案発表などが行われ、最高裁も関心を示している。

もともと私は、陪審制に対し積極的な意見を持っている。最近、戦前日本の陪審法の制定過程を帝国議会における審議経過をも含めつぶさに検討する機会があったが、制定推進派の人々の識見と情熱につくづく感心した。それとともに、枢密院を中心とする反対派の執拗な抵抗により、陪審の答申が拘束力のないものへと骨抜きにされ、「陪審法ならざる陪審法」に変容していくさまに、改めて明治憲法下の大正デモクラシーの宿命的限界を感じさせられた。

いまは陪審の採用を妨げるものは法的には存在しない。それどころか国民主権の原理は司法への国民参加を要求している。

また、職業裁判官による現在の刑事裁判が抱えている弊害、とりわけ糺問的捜査への無批判的依存のもたらす弊害（人権侵害放任と誤判）を克服するためには陪審制導入が効果的であるという見方も説得的である。

このことを認めつつも、私はここで陪審論議のあり方について注文をつけておきたい。それは、陪審制導入と同時に（あるいはむしろそれに先行して）裁判官の独立と自由とを保障することと、捜査手続の糺問的・人権侵害的な実態の抜本的改革に着手することとが必要であり、その意味で陪審制導入、裁判官の独立・自由の保障、捜査手続の抜本的改革の三つの問題を三位一体的に捉え論議すべきだ、ということである。

現在、裁判官は、最高裁（事務総局）のつよい規制のもとで自主的、自立的な判断を自由に独立して行うことが極めて困難な状態におかれている。自由と独立を失った裁判官は、官僚化して庶民感覚を失い、市民の人権意識を理解することのできない存在になりつつある。

また警察や検察の捜査は、極めて糺問的、人権侵害的なもので、未だに代用監獄制度のもとでの暴力的取調がその中核をなしており、そこには法的規制がほとんど及んでいない。

裁判所および捜査手続のこのような腐敗した実態をそのままにして陪審制を導入し、上に乗せるだけで、果たして日本の刑事裁判が、人権保障的な、適正なものに改善されるであろうか。率直にいって私は疑問を覚える。

裁判官の独立・自由の保障そして糺問的捜査の抜本的改革の着手という課題が放置されたままで、裁判所および捜査手続の腐敗的実態のうえに構築される陪審制は、官僚的裁判官と捜査官憲との巧妙なマニピュレーション(操作)のもとで、人権侵害および誤判を蔽い隠す役割を押しつけられかねないとの危惧の念を覚えるからである。

矢口洪一最高裁長官を中心とする最高裁の陪審への関心は右のような問題意識とはおそらく無縁であろうから論外として、私と問題意識を共有しつつも陪審制導入に現実改革の先導的効果を期待して陪審早期導入論を展開している人がかなりいる。しかし、このような期待は、前にのべた危惧感を踏まえて考えてみれば、少しく楽観的にすぎはしないか。その意味で、私は前述のような三位一体的な観点に立つ陪審論議の発展を期待したいのである。

(法と民主主義二四四号、一九九〇年一月)

[補記] 二〇〇四年四月、裁判員法(裁判員の参加する刑事裁判に関する法律)が制定された。これは、本稿で述べた三位一体的な観点とは逆の発想に基づく、権力主義的な擬似的「国民参加」(国民動員)のシステムである。

一九九〇年

何を守るための裁判所か

一 行政・企業寄りの判決

この四月から入学式で、君が代の斉唱や日の丸の掲揚が全国でいっせいに強行され、さまざまな混乱やトラブルが生じている。それというのも、昨年三月に改定された学習指導要領が、入学式や卒業式などの学校行事で君が代、日の丸を国歌、国旗として斉唱、掲揚することを国公私立の学校に義務づけるようになり、今年の四月から全国いっせいに実施させることにしたからである。

しかし、このような文部省の措置に対しては、法的に二重の意味で疑問がもたれている。第一に、君が代、日の丸を国歌、国旗だとする法的根拠が見当たらない。第二に、学習指導要領に法的拘束力を認めることは、憲法や教育基本法に抵触する疑いがある。

ところが、このような疑問を無視するかのような措置が堂々と強行されている。それはなぜかといえば、今年の一月一八日、学習指導要領に法的拘束力を認める判決(伝習館訴訟判決）が、最高裁判所によって下されたからである。

この判決は、憲法学、教育法学の通説や下級審判例の大勢に反したもので、君が代、日の丸の徹底をはじめとする教育への国家介入、教育統制に対し強力な武器を提供することになった。

最高裁判所のこのような行政追随的な姿勢を示した判決としては、このほか後述の大東水害訴訟判決をはじめ多数あるが、ここでは企業寄りの姿勢を示す例として、昨〔一九八九〕年一二月八日にでた鶴岡灯油訴訟判決をみておきたい。

この判決は、一九七三年に石油業界が総ぐるみで結託してヤミカルテルをつくり、灯油を値上げして消費者に損害をあたえたとして起こされた訴訟で、第二審の原告（消費者）勝訴の判決をくつがえし原告敗訴とした。その理由は、ヤミカルテルと損害との因果関係についての挙証責任（証拠を提出して立証する責任）が原告側にあるのに、その責任を果たしていない（その立証がない）、というものであった。

しかし、ヤミカルテルがなかったら安い小売価格が形成されていたはずだということを一般消費者が立証するのは、不可能に近い。消費者救済に道を閉ざす企業寄りの姿勢を顕著にみせた判決と評されても、やむをえない。

二　人権擁護の使命いずこ

このように行政寄り、企業寄りの姿勢を強めている最高裁判所の判例は、下級審にも強い影響をあたえ、つぎつぎと同様の傾向をもつ下級審判決が出ている。そのもっとも典型的な例として、長良川水害訴訟を取りあげてみよう。

この訴訟は、一九七六年九月の長良川堤防決壊で被害を受けた岐阜県の安八町と墨俣町の住民がそれぞれ国を相手に損害賠償を求めて起こしたもので、名古屋高等裁判所は今年の二月二〇日、原告（住民）敗訴の二判決を下した。この二判決は、それまでの下級審判例の動向とは逆に、行政当局の河川管理責任を限定的に狭くとらえた大東水害訴訟の最高裁判所判決（一九八四年一月二六日）にならったものである。

このように日本の裁判所は、いま最高裁判所を先頭にますます行政寄り、企業寄りの傾向を強め、人権擁護の使命をおろそかにしている。もちろん人権擁護の使命をふまえた優れた判決が下級審で下されることもないわけではない（一九九〇年二月二八日、常磐じん肺訴訟の福島地裁いわき支部判決など）。しかし、こうした判決も上級審で破棄される危険が大きい。

三　行政マン優位の構成

ではいったいなぜこのような傾向が生じているのだろうか。その原因を深く究明することは、紙数の関係もあって、ここではできないが、直接の原因の一つとして、最高裁判所裁判官の任命権が、行政権への癒着や親和性の強い歴代最高裁長官と、その下にある最高裁事務総局の最上層部の手に事実上にぎられ、行政や企業への癒着、迎合性が、人的に拡大再生産されていることをとくに指摘しておきたい。

よく知られているように、最高裁判所は一五人の裁判官で構成されており、発足時から裁判官出身者五人、弁護士出身者五人、学識経験者五人という構成比率がほぼ守られてきた。問題はその中身である。現在裁判官出身者六名のうち、最高裁事務総長または最高裁局長の経験者が四人おり、そのうちの一人は検察官の経験をもつ。また学識経験者五人のうち、検察官出身者が二人、外交官出身者が一人、元内閣法制局長官が一人、元京大助教授が一人である。ところが、元京大助教授も、大学勤務後裁判所入りし、最高裁調査官や東京地裁判事などを長年歴任した人物なので、実質的には裁判官出身者とみていい人物である。したがって、最高裁判所には現在、学者出身の裁判官が一人もいないという異常な事態にある。

こうしてみると、現在の最高裁判所の人的構成が、歴代長官に引き立てられて事務総長や局長の経験をもつ行政マン的裁判官や、行政官（検察官、外交官、法制局長官）の優位のもとにおかれ、いかに偏っているかがわかる。

しかも、見落としてならないのは、最高裁判所調査官の存在である。かれらは、最高裁裁判官を補佐する形をとりながら、事実上は判決の形成に深くコミットしているといわれる。その任命権は、最高裁事務総局の最上層部（おそらくは事務総長や人事局長）に掌握されている。

このような人的構成をもつ最高裁判所に果たして優れた人権感覚の判決を期待できるであろうか。その答えは、前に述べた現実そのものが示している。

四　任命制度など改革を

それでは、このような現実を変革する道はないのだろうか。さしあたり考えられるのは、最高裁裁判官の任命制度の改善や国民審査制度の改革などである。前者については、任命のための諮問委員会制度や国会承認制度の採用が検討されてよい。また、後者については、無印を信任とする現在の方式を改めて、信任の意思表示が明確な○印記載の方式を採用すべきである。

いま日本の裁判所は、最高裁判所をはじめとして下級裁判所にいたるまで、「何を守るための裁判所か」という問いを鋭く突きつけられている。行政寄り、企業寄りの傾向を改めないかぎり、裁判所は早晩、国民の信頼を回復不可能なまでに失うであろう。そうした事態の重大性、深刻性を考えるなら、先に述べた制度の改革は、緊急に必要である。それと同時に、裁判官は、憲法が司法に託した人権擁護の使命を深く思い、良心を活性化させ、自己変革をはかる道を模索すべきである。

（時事教養一九九〇年五月号）

一九九〇年

坂本弁護士のこと

このところ私の心から重く離れないことのひとつに坂本弁護士一家拉致事件がある。一家三人が忽然と姿を消したのが昨〔一九八九〕年一一月三日の夜だから、もう半年以上にもなる。それなのにその消息は全く不明で、なんの手掛りもない有様である。弁護士を中心に全国的に救出運動が展開されているにもかかわらず、である。

つい先日（一九九〇年五月二〇日）長野県の美ヶ原高原で、匿名で郵送されてきた×印つきの地図をたよりに救出運動関係者による捜索活動が行われたが、手掛りとなるものはなにも発見されなかったという。五月二七日にも、もう一通の匿名郵送の×印つき地図をたよりに長野県の野沢温泉村の山中を捜索する予定があるというが、このようなワラをも摑む気持の救出活動をみるにつけても、その必死の努力が坂本弁護士一家無事救出という大団円によって報われる日の近いことを祈る気持で一杯である。

＊

私は坂本堤弁護士とお会いしたことはないが、その人となりや仕事振りを『真相――横浜・坂本弁護士一家拉致事件』（教育史料出版会）で知り、心から感心した。高校の頃から「弱い立場の市民でも、法律を武器に闘えば強大な相手を打ち負かすことができる」と考え弁護士をめざした彼は、一九八七年に念願通り弁護士となってからは社会的に弱い者の味方となって世の中の不合理と果敢に闘う道を歩んだ。国労組合員に対する不当労働行為と闘い、障害者問題や子供の人権の問題に取り組み、じん肺訴訟など労働災害事件の弁護団として熱心に活動した彼――このような多彩な活動をしている彼がオウム真理教被害者の依頼をうけ、信者となっている子供の救出のため奔走しはじめたのは昨年五月のことであり、拉致事件発生の直前には教団側とかなり激しいやりとりをしていたという。

『真相』に生き生きと描かれている坂本弁護士の姿は、ヒューマニスティックで正義感に溢れる青年弁護士像であり、実に優しい心をもった魅力的な青年である。このような青年弁護士とその奥さん、赤ちゃんに襲いかかった凶暴な黒い手に対し、私は憤りを押えることができない。

＊

一体いかなる勢力が、いかなる意図・目的をもって坂本弁護士一家を拉致するという非道で卑劣極まりない攻撃を加えているのか。

いずれ真相は解明され、そのドス黒い全容が白日のもとにさらされるであろう。いや、一日も早くそうしなければならない。多くの人が直観的に感じとり見抜いているように、この事件は、弁護士の人権擁護活動に対して加えられている暴力的手口の挑戦であり、その本質はテロリズムそのものだからである。

そしてこの点でこの事件は、言論の自由を銃弾で抑えこもうとする朝日新聞記者襲撃事件、本島長崎市長襲撃事件、弓削フェリス女学院大学学長狙撃事件などと同質、同根のものなのである。

＊

私たちは、この種の事件を許してはならない。坂本弁護士一家の命運は私たち市民社会の命運であり、私たち自身の命運そのものである。

そうだとすれば、私たちはこの事件の真相の解明と坂本弁護士一家の救出に向けて警察が責務を果たすよう強く要求しなければならない。
マスコミの報ずるところによれば、これ迄警察当局はこの事件の捜査に余り熱意をみせなかったが、最近ようやく積極的姿勢に転じ、本格的な捜査に取り組みはじめたという。警察当局の当初の不可解な姿勢については厳しく批判する必要を感じるが、それにつけても私たちがこの事件に対する関心を持続し、真相解明と救出に向けて能う限りの努力を払うとともに、警察捜査に対し厳しい監視、督励の目を向けることの重要性を痛感する。

（ジュリスト九五八号、一九九〇年六月）

［補記］坂本事件は、オウム真理教信者によるテロ殺人であり、その実行者の一人（岡崎被告）に対し一九九八年一〇月二三日東京地裁は死刑判決を言い渡した。

一九九一年

なぜ空洞化したか司法権の独立

一　人権の擁護こそ任務

憲法は司法権の独立を保障するため、つぎのような規定をおいている。
「すべて裁判官は、その良心に従ひ独立してその職権を行ひ、この憲法及び法律にのみ拘束される」（第七六条第三項）
「裁判官は、裁判により、心身の故障のために職務を執ることができないと決定された場合を除いては、公の弾劾によらなければ罷免されない。裁判官の懲戒処分は、行政機関がこれを行ふことはできない」（第七八条）
このように、裁判官に対して職権の独立と身分保障とをあたえる「司法権の独立」の原則は、わが国のみならず、近代民主主義国家の憲法が採用している大原則である。
では、いったいなぜ司法権は、独立していなければならないのだろうか。それには大きく分けて、理論的な理由と実際的な理由とがある。理論的な理由としては、「裁判官は職権行使のうえでも身分のうえでも独立を保障され、全く自由な状態におかれたときに初めて、良心に従って法を正しく適用できるようになる」からである。一方、実際的な理由としては、「裁判官の最大の任務は、個人の人権を、法にもとづいて権力から守ることであるが、そのためには裁判官は、権力機関（とくに行政機関）からの圧迫をはねかえせるように、独立していなければならない」からである。

このように「司法権の独立」は、裁判官にとってきわめて重要な制度的な原則であり、独立性を持たない裁判官の裁判は、裁判の名に値しないといってよい。

二　事務総局が追随要求

ところが、この重要な制度的な原則が、日本ではさまざまの手段によって掘りくずされ、空洞化している。いったい誰が、何の目的で、どのような手段を使って、「司法権の独立」を空洞化しているのだろうか。「司法権の独立」の空洞化を推し進めているのは、最高裁判所事務総局を中心として司法行政にたずさわっているエリート裁判官たちである。司法行政とは、裁判所に関する人事や会計などの行政事務をいう。この行政事務を担当しているエリート裁判官たちは、「最高裁判所長官―最高裁判所事務総長―高等裁判所長官―地方裁判所所長」という指揮命令系統に属する司法行政機構の要所要所に配置され、一般の裁判官に対し、裁判内容を指示して職権の独立を侵害したり、退職に追い込んで身分保障を侵害したりしている。

かれらはどのような手段を用いて「司法権の独立」を侵害しているのだろうか。まず、裁判官会同（会議）や裁判官協議会をひんぱんに開き、その席上で最高裁判所事務総局の見解を述べ、それに従うことを暗に要求する。また、最高裁判所の下す判決や決定に対し、無条件的に従うことを要求する。そして、もしこのような要求に一般の裁判官が従わず、自己の良心にもとづいて独自の判断を下すと、その裁判官を左遷する。そればかりでなく、その裁判官が任期を迎えると（裁判官の任期は憲法で一〇年とされている。ただし、再任されるのが普通である）、否応なしに退職せざるをえない状態に追い込むのである。

三　行政・大企業寄りへ

このような信じがたいことが、「司法権の独立」を保障されているはずの裁判所のなかで、なかば公然と行なわれている。その目的はいったい何か。司法行政にたずさわるエリート裁判官たちは、一般の裁判官たちをどのような方向に導こうとしているのだろうか。私のみるところ、その目的は裁判内容を行政寄り、大企業寄りにしていくことにあるようだ。このことは、公害に関する裁判の動き一つをとってみてもよくわかる。

それではなぜ、司法行政にたずさわるエリート裁判官が、「司法権の独立」を空洞化してまでも行政寄り、大企業寄りの判断を一般の裁判官に押しつけようとするのだろうか。この問いに答えることは容易でないが、ごく簡単にいえば、保守党一党が長期にわたって立法権と行政権とを完全に掌握しているという権力構造のもとで、裁判所のなかにもこの権力構造に進んで癒着し迎合することで裁判所内での自己の権力を維持しようとする層が生じ、それが自己増殖をとげたからだといえよう。つまり、裁判官層の変質が進んでいるのである。

しかも、最近の裁判所のなかの事態は、もっと深刻である。行政官庁（法務省、検察庁）と裁判所とのあいだに、人事交流がさかんに行なわれており、法務省、検察庁上層部とエリート裁判官層との人的一体化が進んでいる。

四　裁判官の強い自覚を

「司法権の独立」は空洞化している。残念ながら、私はそう断定せざるをえない。このことは、国民にとって重大なことである。なぜならば、「司法権の独立」を失った裁判所は、もはや行政権や大企業に抗して国民の人権を守る役割を果たしてはくれないからである。では、どうすれば「司法権の独立」の空洞化をはばみ、裁判所を人権の守り手とすることができるのだろうか。いや、もはやその方策は存在しないのだろうか。

この重苦しい問いかけに答えることは残された紙数ではできないが、私としては、一般の裁判官が国民の要望に応え、「司法権の独立」を擁護するための行動に立ちあがることを期待したい。裁判官が行動に立ちあがるとき「司法権の独立」の展望が開けることは、フランスやドイツの現実の例が生き生きとした形で示しているのである。

ひるがえってよく考えてみれば、「司法権の独立」は、決して「あたえられるもの」ではなく、裁判官たちがときの権力層とたたかいながら獲得してきたものである。裁判官一人ひとりの強い自覚がなければ、「司法権の独立」は守れない。その意味で日本の裁判官は、いま真価を問われているというべきである。

（時事教養一九九一年五月号）

一九九二年

「司法問題」を考える

「司法の危機」から二〇年

時間の制限もありますのでなるべく簡単に、しかも率直に話をしてみたいと思います。この連絡会議（「司法権の独立」を守る国民連絡会議）は二〇周年ですが、これは「司法の危機」から二〇年ということであります。この時点に立って「司法問題を考える」に当たっては、どういう問題意識をもって議論すべきかということ自体をまず問題にしなければならないと思います。

これまで「司法の危機」とは、民主主義、人権、司法権ないし裁判官の独立、国民の裁判を受ける権利ないしは裁判を求める権利の危機であるという観点から、司法の現状を危機意識を持って捉え、それに対して働きかけるという問題意識が持たれてきたと思います。私は、このような問題意識はいまも依然として有効性を持っており正しいと考えます。

一　以上をまえおきといたしまして、まず第一に、「司法の危機」といわれてきたものはいったい何であったのかということについて、さかのぼって考えてみたいと思います。いわば歴史的なアプローチということになります。

(1)　五〇年代、六〇年代は、民主主義運動が相当に力量を持っていたと思います。もちろん、現在と組織の形態も違い、運動のスタイルも違うわけですが、その組織、スタイルの違いを抜きにいたしましても、五〇年代、六〇年代における民主主義運動は、相当な力量を持っていたと言えるのではないだろうか。

それに対して、権力側の反動攻勢、しかもそれの極めて重要な一環として、司法の反動的再編成というものが行われ始めた。これが七〇年代に始まる司法の問題であり、「危機」の実相であったと思います。

ではなぜ司法に対する反動的な再編成というものが権力側にとって重要な一環であったのか。特殊に重要であったと言えるのだろうか。この点についての私の考えは以下の通りです。

戦後の民主主義運動というものは、憲法を大きな武器、よりどころとして展開されてきています。もちろん戦前にあっても、明治憲法が民主主義的運動のよりどころでなかったとは言えません。しかし、特殊に日本国憲法というものは、戦後の価値理念を体現し、人権、平和、民主主義という点で徹底した価値的内容を持っており、その価値の実現を司法ないし裁判に託するという構造を持っていると思います。

それだけに、戦後の日本の民主主義にとって、司法のあり方は、権力側にとっても重要な問題でもあり、また、当然にわれわれにとっても重要であったと思います。そうであるだけに、司法に対する反動的再編が政治勢力によって掲げられたということは、非常に大きな、重要な歴史的な意味を持っていたわけです。現に、司法の反動的再編成のなかで、裁判官に対する官僚的統制が強化され、それが裁判統制に発展し、さらには判検交流の活発化を通じて、その一体化がはかられる現象が進んできたのであり、これをわれわれは裁判官の独立、司法権の独立の危機として捉えたのであります。

それと同時に、司法の合理化も進んだことはご承知の通りです。これはまた、国民の裁判を求める権利、裁判を受ける権利というものに対する挑戦であったのです。

このようにして作り出されていった「司法の危機」は、その後、二〇年の軌跡のなかで、解消されるどころか、逆にむしろ日常化し、常態化し、全般化していると言えます。

しかし、「司法の危機」の現段階をそのように捉えるのではまだ不十分であり、私の見るところでは、司法がいまや全般的に見てその権威を失い、正当性を失い、腐朽化しつつあると言うべきではないかと思います。

なぜそのようになってきているのか。これ自体が今日の討論のテーマにもなりうるのですが、一つには、現代における様々な紛争処理システムの発展ということもあります。しかし、私はむしろ現在司法の正当性と権威の喪失、そして腐朽化は、司法が司法固有の任務を果たそうとしてこなかった二〇年の軌跡の到達点と見るべきであり、その点を見失ってはならないと思います。

このような司法の全般的な腐朽化の動きのなかにあって、国民の側からみれば、次のような現象が生じてきていると思います。それは、国民の権利意識の奇形的定着であります。現在、日本では市民社会がかなり成熟、定着しているといわれていますが、それはあくまでも奇形的な定着ではないかと思います。このことは渡辺洋三先生が「利益社会だ」と指摘しておられることとも共通するわけですが、国民の人権意識、市民意識、権利意識というものがきちんとしたかたちで定着せず、いわばそれを抜きにし、利益を中心とする奇形的なかたちで市民社会化現象が進んでいるのであります。

二　以上が、大きな柱の一であります。次に、第二の柱として、基準自体の全状況、つまり民主主義とか人権とか平和とか権力分立とか地方分権といったものについて、さらには裁判を受ける権利状況などについて述べようと思ったのでありますが、釈迦に説法のような感じもいたしますので、この部分は今日は全部省略しまして、そのような全状況のなかにあって、司法がどういう役割を果たしているかということを、簡単に確認しておくにとどめることにします。

(1)　この市民社会の奇形的な定着に、司法の危機、そして腐朽化現象は大きく貢献し、その意味において、司法の反動的再編成は権力側にとって大きな成果を上げたということが言えるのではないだろうか。

たとえば民主主義という基準の面で考えてみましても、民主主義のメカニズムのなかにあっては政治的な自由、言論の自由の保障、そして選挙のメカニズムの円滑な民主的な運行といったものが基礎的な条件になるわけですが、そういう条件の問題について裁判所が果たしている役割は、むしろ逆向きの方向であります。

また裁判所の中においては、民主主義というものが殆ど確立されておらず、異端排除という抑圧的な現象がみられるのであります。

人権という面で見ましても、裁判所の果たしている役割は逆行的であります。労働基本権に対しても、生存権に対しても、自由権に対しても、七〇年代以降の判例の後退現象は顕著であります。裁判官自体の人権の抑圧状況すら依然として解消されていない状況です。

さらに、司法権ないし裁判官の独立という面でみましても、冒頭でも言いましたように、最高裁主導のもとに裁判統制が進行しています。しかも最近では、最高裁の情報独占とあいまって極めて強固な統制体制が敷かれるに至っています。また、裁判の合理化という面から裁判を受ける権利が大幅に侵害されている。

こういった状況のもとで、裁判の内容的正当性、手続的正当性、さらには主体的正当性が大きく揺らいでおり、このことが、司法が固有な任務を果たしていないという状況を生んでいるのです。

(2)　この状況を、私は「司法の腐朽」というふうに呼んで問題提起をしたいと思うのであります。「腐朽化」のメルクマールは、まず第一に裁判の正当性の喪失であり、第二には裁判の権力を執行している担当者（裁判官）の良心の不活性化現象です。

三　以上が第二の柱ですが、第三の柱は、それでは、このような現象をどのように批判していくべきかという問題であります。

(1) 以上のべたように現状を捉えてみますと、われわれにとっていちばん大事なのは、裁判をして裁判たらしめること、つまり裁判の正当性の回復ということではないか。司法が司法らしいものになっていけば、自ずと国民も司法に対して期待を持つわけです。そして、司法に対して関心を持ち、それに取り組むということになります。その意味において、裁判、司法について今いちばん求められていることは、正当性をいかにして回復するかということではないかと思います。

それでは、裁判の正当性を回復するにはどうすればよいか。正当性の要素としては、主体的な面、手続の面、内容的な面の三つの面があるわけですが、今日のシンポジウムのテーマに即して主体的な面に焦点を絞って考えたいと思います。

裁判の正当性の主体的な要素としては三つあると思います。第一は裁判機関の民主性であり、第二はその独立性であり、第三はその公平性です。

(2) まず民主性について言うならば、第一には、裁判官選任過程の民主化が非常に大きな問題であります。この問題はこれまでも、いろいろなかたちで制度改革の問題として提起されてまいりました。たとえば国民投票制度の改革とか、最高裁裁判官任命に当たっての諮問委員会制度の提案とか、一般裁判官任命についての諮問委員会的要素の導入といったような提案がなされてきたところであります。最近ではそれらに加えて、最高裁裁判官候補者に対する国会聴聞会制度というものが提案されていることが目を引きます。これは、高橋利明弁護士によって提案され、広く関心を集めている制度であります。これらをも含めて、裁判官選任過程の民主化という問題についてわれわれは、これから正面から取り組んでいく必要があるのではないでしょうか。

第二に、裁判官の市民的自由の保障の問題です。裁判官の市民性を活性化させ、裁判官をして一般市民たらしめるということです。このことの持っている意味は非常に大きなものがあると考えます。裁判官をして、市民社会において市民として成熟させ、それを裁判の場面で反映させていくということが重要な課題になっていると思うからです。そのためには、裁判官の市民的自由の回復という問題を避けて通るわけにはいかないと思う。

第三に、裁判官の自覚の問題であります。市民的自由の主体としての市民的自覚が重要であり、われわれは、裁判官に対してそのような自覚を持つよう働きかけることが重要であります。

最近はドイツとかフランスにおける裁判官運動の状況が文献等によって知られるようになってきていますが、一九七〇年代のドイツやフランスにおいては裁判官の市民的自覚が強まっていき、それが運動体に結集されているのであります。わが国で七〇年代から裁判官が市民性を喪失していくのとは全く逆の現象がそこには見られるわけであります。

いったいなぜこのような違いが生じたのか。この点について、私たちは、裁判官を交えて真剣に議論してみる必要があるのではないでしょうか。われわれの運動論が間違っていたのか。そういう問題をも含めて議論してみる必要があるのではないだろうか。

第四に、裁判所の自治です。これも私は民主性の問題として提起してみたい。これは、独立の問題以前の民主性の問題として議論していくべき問題です。裁判官会議が殆ど形骸化しているという現象はご存じの通りでありますが、なぜそうなっているのだろうか。なぜ裁判官たちは自覚的な取り組みをしないのだろうか。なぜ裁判官たちはこうも唯々諾々と官僚的な統制のなかに組み込まれていくのだろうか。この問題は、われわれにとって避けて通ることのできない大きな問題です。

さらには、裁判所の自治の問題の一環として、裁判官会議と並んで裁判官の自主的・民主的な自己研修権の問題を取り上げてみたいと考えます。裁判官は、現在、最高裁の研修システムの中に完全に取り込まれておりますが、裁判官がなぜ自主的・民主的な自己研修権という概念と運動を生み出しえないでいるのか、という問題であります。これは最高裁の持っている情報独占のシステムとも関連していると思いますが、それに対抗するためにいかにすべきか。

次に、国民の司法参加ないし裁判参加の問題があります。国民主権原理というのであれば、当然のこととして陪審なり参審なりの問題が提起されてくるわけであり、現にこれに対する関心が最近強まってきております。

他方においてはそれに対する危惧の念があることも事実であります。第一には、素人の陪審員というものの持っている事実認定能力、法解釈能力に対する疑問です。第二には、現在のようなマスコミの発達のなかにあって、本当の意味で素人が適正な事実認定能力を持ちうるだろうかという疑問です。

これらの疑問は重要な問題点を含んでおり、これらの問題をクリアしない陪審論議というものには問題がありましょう。その点も含めて、陪審、参審の問題についても率直に議論してみる必要があるだろうと思います。

(3) 次に裁判所の独立の問題です。これまたいろいろな問題がありますが、結論的に言えば、独立性の基礎には市民性がなければならないということを指摘したいと思います。

ともすれば、独立性と市民性ないしは民主性とを対立的に捉える傾向がありますが、私はそうすべきではないと思う。市民性、民主性を持った裁判官こそが真の意味で独立できるという関係にあるということを私は指摘したい。

(4) 最後に裁判所の公平性の問題です。私はここでも、裁判官の市民性、民主性との関連性を指摘したいと思います。

ともすれば、民主性、市民性と公平性とは対立的な関係にあるとして捉える傾向がありますが、私はそうすべきではないと思います。裁判官が市民社会の一員として成熟した市民である限りにおいては、市民的公平性を持たざるをえないし、持つであろう、われわれが依拠すべき公平性とはそういうものではないだろうか、と考えるからです。

以上のようにして、私は、主体の問題として言えば、裁判官の市民性ないしは民主性ということを強調したいと考えるのであります。

四 以上が第三の柱ですが、第四の柱として「裁判所を国民のものに」という柱を立てていくつかの問題を考えてみたいと思います。

(1) 現在、裁判所というもの、裁判というものが国民から離れていっています。それは裁判、司法というものが固有の任務を果たしていないところから生じていると私は考えるのですが、いずれにしても、裁判所が国民から離れ、国民から見離されつつあると言っても決して言い過ぎではないような現象が生じ始めています。

ところで、「裁判所（司法）を国民のものに」という課題は、運動論的にみれば極めて困難な課題であります。第一に、民主主義運動全体の力量がかなり分散化しておりますし、政治的状況もけっして好ましい状況とは言えません。裁判所の中でも、これに呼応する主体な力が弱くなっています。また、これまで司法運動を支えてきた在野法曹にも、司法の全般的な地盤沈下現象とあいまって、司法の問題についての意識が変わってきているという面があるように思われます。

こういう全般的な状況のなかにあって、「司法を国民のものに」、しかも、民主主義と人権という側面からこの課題にアプローチするということが非常に難しい運動課題になっていることは否定できません。

しかし、他面において、われわれはまだ絶望すべき状況にはないと思います。これは今日の一つの討議課題にもなるかと思うのですが、国民は司法に対して依然として深いところで期待を持っていると考えるからです。

たしかに国民は、司法に対して期待を失い絶望しているという面もあるわけですが、しかし深いところで国民が依然として司法に期待を持っていることを否定することはできない。憲法が規範としての力を持つことを国民が期待するかぎり、国民は司法に対してその期待を向けざるをえないという面があるからであります。

国民のそういう期待、要求というものに目を向ける限りにおいて、司法運動は再活性化する契機を持っているに違いない。ただ、その活性化の具体的契機を何に求めるかという、その運動論を、私たちはまだ探り当てていない。その意味で、この難しい課題に対して取り組みうる多様な運動論がもっともっと真剣に裸になって模索されるべきだと思います。

ただし、多様化したとは言え、多様化した課題のなかでそれにアプローチする基本的な視点は、民主主義、人権、司法権の独立、裁判を求める権利といったようなところにあるのであって、それを見失ったアプローチは正しい成果を生まないだろうということも併せて指摘しておきたいと思う。

(2) 最近、私は、「裁判官論の現代的課題」(石松竹雄判事退官記念論文集『刑事裁判の復興』勁草書房、一九九〇年、所収)という論文の中で、第二の柱として述べた裁判官の良心の活性化という問題について詳しく書いたのですが、その論文を読んだある裁判官から手紙をもらいました。現在、裁判官がもはや良心を失った状況だと言われるのはやむをえないが、裁判所の中には、外からの批判に対して、それを受け入れる余地が全くないとは思えない、外からの批判こそが裁判官の良心の活性化を促す最大のカギである、というのがその骨子でした。

それを読んで、裁判官の中の良心的な層に働きかけ、また弁護士の中の良心的な層というものの輪を広げていき、司法というものを国民の人権、民主主義の守り手とするために、なすべきことがまだまだ多い、いまわれわれの力量を問われる正念場にきているのではないだろうか、という感じがしたのであります。

(法と民主主義二六五号、一九九二年三月)

一九九二年

なぜ後を絶たぬ誤判

一　再審を求める訴え

一九九二年三月二四日、日産サニー事件の再審開始が決定された。二三年前の一九六九年四月二日福島地方裁判所いわき支部が斎藤嘉照さんに下した無期懲役の判決は誤判の可能性が高い、と判断されたのである。

この事件は、一九六七年一〇月、福島県いわき市内の日産サニーいわき営業所で起きた。六か月後に斉藤さんは全く別の事件で逮捕され、一〇日後に日産サニー事件について自白した。深夜に風呂場の窓から忍び込んで金などを物色していたところを宿直員にみつけられ、その宿直員が持っていた果物ナイフで首などを切りつけて殺し、現金二〇〇〇円余りとズボン一着を盗って逃げた、というのである。この自白がきめてとなって斎藤さんは起訴され、有罪判決を受けた。

ところが、今回の再審開始の決定によればこの自白は信用できないという。たとえば、宿直員の体には果物ナイフでつけられたものとは認められない傷がある。これは、果物ナイフとは別の凶器も使われた疑いを持たせる。それなのに自白がそのことに全く触れていないのは不自然で信用できない、というのである。

斎藤さんは有罪判決をうけて服役したのち仮出所し、再審を請求した。今回ようやく無実の主張が認められ、再審開始決定が下った。

この決定に対し検察側は、不服（即時抗告）を申し立てて争うことにしたので、再審開始は先に延びてしまった。しかし、遠からず再審が開かれ、無罪の判決が出されるだろう。

二　白紙の調書に署名

このようにして日産サニー事件は、とにかく再審開始の一歩手前までこぎつけることができた。「汚れた手で再審開始決定書を受け取りたくないと、何回手を洗ったことか」と心境を打ち明ける斎藤さんの姿は、冤罪に苦しむ人の切ない心情を惻々と私たちに伝える。

一方、いまだに再審請求が認められない人びとがかなりいる。帝銀事件、名張毒ぶどう酒事件、狭山事件、袴田事件、尾田事件、布川事件、榎井村事件など――主な事件をアット・ランダムに数えあげるだけでも一〇以上にはなる。

つい最近も山本事件の山本久雄さんが二度めの再審請求を行った。これは六二年も前に起きた事件で、山本さんの養母が変死した事件である。

山本さんは、養母の首を絞めて殺したとして尊属殺人（親殺し）の罪に問われ、一九三〇年一月、広島地方裁判所から無期懲役の判決を受けた。山本さんは無実を主張し控訴、上告して争ったが認められず、服役した。一九四五年に仮出獄したあとも山本さんは無実を主張し、再審請求のための準備を進め、一九八三年九月、第一回めの請求を行った。死因を扼殺（首を絞めて殺す）とみた鑑定は間違いで事故死ないし病死である、というのが山本さんの再審請求の根拠であった。ところが、この請求は認められなかった。

しかし、山本さんは四月二四日、諦めることなく再び再審を請求した。九二歳になる山本さんは、記者会見で涙ながらに、拷問され白紙の自白調書にムリヤリ署名させられた、と無実を訴えた。

二　孤立状態にして圧力

誤判の存在を衝撃的なかたちで明るみに出したのは、免田事件、財田川事件、松山事件、島田事件の四つの死刑事件であった。

こともあろうに死刑判決が誤判であったという衝撃的事実は、なぜ誤判が生じるのかという深い疑問を生じさせる。この疑問に対する答えは、次のとおりである。

誤判の殆どは、裁判官が被告人の虚偽の自白を安易に信用したことから起こっている。とすれば、次の二つが問題となる。

①被告人はなぜ虚偽の自白をするのか。

②裁判官はなぜ自白が虚偽であることを見抜けないのか。

まず、①の点を考えてみよう。自分が死刑になるかもしれないのに、進んで嘘の自白をすることは、身代わり事件などのケースを除けば、ふつうはありえない。そのありえないことが起こるのは、捜査官がいろいろな手段、方法を駆使して、見込み通りのことを無理にいわせるからである。被告人は、捜査官に屈伏、迎合して、嘘と知りつつ捜査官の見込み通りのことを誘導的にしゃべらされてしまう。

捜査官はどんな手段、方法で被告人を屈伏させるのか。典型的なのは、別件で逮捕し、警察の留置場に長期間拘束し、弁護人にもできるだけ会せないで孤立状態に置き、精神的、肉体的圧力（なぐる、けるもふくめ）を加えながら取り調べる、というやり方である。

では、なぜ裁判官は自白の嘘、虚偽性を見抜けないのか。自白は信用できるものだ、という考え方が裁判官に強く持たれているからである。人間というものは自分に重大な不利をおよぼすことはめったに言わない。それなのに、死刑になるようなことを自白するのはほんとうのことだからに違いない、というわけである。しかし、この考え方には重要な点が抜けている。それは、捜査官がムリヤリ自白させようとした場合に、被告人がそれに屈することがよくある、という点である。この重要な点を裁判官は見逃しがちである。彼らのなかに根強くある捜査官の取調に対する信頼が、自白の嘘を見抜く力を奪ってしまうのである。

四　共に非民主的体質

そうだとすれば、誤判を防ぐためには、何よりもまず次のことが必要である。第一に、捜査のやり方、とくに取調のやり方を根本的に改めることである。たとえば、別件による逮捕を禁止する、強圧的な取調ができなくなるように、警察留置場での長期拘束を禁止し、弁護人との面会を自由化し、取調への弁護人の立会を認め、取調の状況をメモ、録音、ビデオに記録するなど、根本的な改革を行うことが必要である。

第二に、裁判官の捜査官への信頼や依存姿勢を改めさせ、被告人の人権保護の姿勢をとらせることである。

この二つのことはかなり以前からも指摘されてきた課題であるが、実現するのは困難な課題である。警察、検察、裁判所の非民主的な組織的構造、体質を変革しない限り、実現することが不可能に近いからである。しかし、誤判の悲劇を防ぐためには、これらの困難さを解きほぐし、克服しつつ、捜査の改善と裁判官の意識の変革とを実現しなければならない。

（時事教養一九九二年六月号）

［補記］福島地裁いわき支部の再審開始決定は、一九九五年五月一〇日、仙台高裁により取り消され、再審請求棄却となり、最高裁も特別抗告を棄却した（一九九九年三月九日）。そのため、斎藤さんは再審断念に追い込まれた。

私たちは少数派ではない

一九九三年

いま憲法は危機に立っている。しかも、これまでとは比べものにならないほどの危機に――。

自衛隊海外派兵や小選挙区制の動きをみる時つくづくとそう思う。

改めて指摘するまでもないことと思うが、この二つの動きは密接に関連している。「国際貢献」の美名のもとに世界各地の紛争に軍事力で介入し、「大国」としての権益と地位を手に入れようとし、そのために国内にある多様な意見を権力的な手段で切り捨て排除して一本化して行く――いま生じている事態をごく簡単にいえばこういうことになる。

このような憲法からの逸脱、違反は、現実を歪め捏造するまやかしの論法を混じえた論議のもとで進められている。

現実をリアルにみるならば、世界各地の紛争に軍事力で介入することは、いかに目的が正当であろうとも（実はそうでないことが殆どなのだが）、正しいことではない。軍事力の行使が紛争の妥当な解決策の発見を妨げ、紛争をこじらせ、より多くの犠牲者を生み出す結果となるからである。このことは、とらわれない目で世界各地の紛争の現実を直視すれば明らかなことである。

また、小選挙区制は、政治腐敗を防止することに役立つどころか、むしろ逆にそれを助長する結果となるだろう。この制度のもとでは多様な民意が強引に切り捨てられ、反対勢力が力を失い、相互補完的な勢力のみが現実的力を持つであろうからである。このことも、政治の現実をみればわかる。

ところが、現実を歪め、偽り、時には捏造さえする報道や議論がマスコミを通じて大量に流され、現実を正しく捉え批判する動きは黙殺される状況が生じている。このような状況のもとで、ともすれば私たちは分断され、孤立させられ、諦めさせられかねない。

しかし、憲法を守り活かそうと願っている人々は決して少数ではない。憲法は、人間らしく生きようとする者の願いを反映したものであり、ひとが平和に自由にそして人間らしく生きようとする限り心に響くものを持っているからである。

これまで憲法を守り支えてきたのは、人間らしい暮らしを求める私達の願いであり、これに基く道理の力であった。そうだとすれば、これからも憲法擁護の勢力が少数派となることはないであろう。

憲法の危機に当たり「私たちは少数派ではない」という確信を持ちたいと思う。

（宮城憲法会議一九九四年度総会議案書、一九九三年一〇月）

一九九四年

小選挙区制は百年の禍根を残す

去（一九九四）年一二月、宮城県内の研究者二三三人が、小選挙区比例代表並立制と政党への公費助成に反対する声明を出しました。

市民の方々から、「よく言ってくれた」「私も同じ気持ちだ」と反響がたくさんありました。いちばんびっくりし感動したのは、はじめはせいぜい三〇人くらいそろえばと考えていたのに、一週間ほどの短期間に県内だけで二三三人もの賛同者があったことです。

なによりうれしいことは、若い人が、きちんと議論をつくせばわかってくれるということです。東北大学では全学部の先生が声明に加わりましたから、学生は「あの先生がなぜ反対するのか」と関心を持ったり、まじめな論議がはじまっています。

この声明は全国の学者にも反響を呼び、全国の学部長クラスの憲法研究者の声明や、それに賛同する全国の法学者の声明が準備されています。私たちの投じたささやかな一石が波紋を広げたことは、「政治改革」への批判がいかに広い層に鬱積しているかを示しているといえます。

いろいろの先生がお骨折りに下さいましたが、私がこの声明に取り組んだ直接のきっかけは、去年ゼミの学生と、合宿で映画「きけわだつみの声」を見たことです。この映画は、一九五〇年（昭和二五年）、私が中学二年のときに見てたいへん感銘を受けました。

学徒出陣五〇年の年にもう一度見て、あらためて衝撃を受けたのは、召集された大学教授が教え子の学徒兵と戦場で会い、話し合うシーンでした。「なぜあのとき戦争反対の声を上げなかったのか。軍部の横暴を押さえるためになぜ頑張らなかったのか。それが残念でならない」と話し合う。そして二人とも死んでいきました。

時代も政治的局面も違いますが、直面している問題の本質は同じではないか。この民主主義と自由の危機に、声を上げずにいる。これでは「わだつみ」の世代の知識人の後悔をくりかえすことになるのではないか。こう思って愕然としました。

真理と真実を唯一のよりどころにし、人に教えている者が、なにが真実かを知っていながら、世間に向かって声を発しなくていいのかと思ったのです。

いま連立与党も財界もこぞって、しゃにむに「政治改革」法案を押し通そうとしている。政治腐敗防止をすりかえて、強引に小選挙区制を通そうとしていますが、その結果は二大政党制どころか、私は一大政党制に近いものになるとみています。これは、大きな流れとして、「強い政府」をつくろう、国際社会で強い立場に立てる「強い国家」をつくろうということだと思います。しかしその「強い国家」「強い政府」とは、日本の国民や世界の人びとのかかえているさまざまな問題を平和的に民主的に解決する方向とは違うものです。

そのことは、この法案の扱い方にも現れている。国会で論議すればするほど法案のおかしさ、疑問点が明るみに出て国民の反対も強まっていくので、問答無用でシャニムニ通そうというわけです。「強い政府」とは、国民の声を聞かない政府だということがここによく示されているといえるでしょう。

コメ輸入自由化の問題、消費税率のアップなどと小選挙区制とはワンセットになっていると思います。政府と違った意見、反対の意見をぶつけ合うことのできない国会にしようというのが小選挙区制のねらいだからです。消費税には反対だが政治改革はいいという人があったら、そうはいかないんだということをわかってもらいたいと思います。

　細川連立政権には、自民党政治を変えてくれるという期待を持った人がたくさんいた。期待を持ちたいという気持ちはわかります。しかし、一番大切なことは、どの政権が出そうとも小選挙区制はノーだということです。自民党が出せばダメ、連立政権ならいいというものではない、主権者にとって本質的な問題だということです。

　国会は国民の多様な意思を反映してこそ、憲法に定める「国権の最高機関」になりうるのであって、国民の多様な意見の大部分をはじめから国会という土俵に乗せないで切り捨てるしくみにし、強力な国家をつくるということになれば、私は百年の禍根を残すことになると思います。

　一九八〇年代に〃戦後の総決算〃がいわれて十数年、いよいよというところにさしかかったと思います。戦後四九年、私たちが営々として築き守ってきた憲法的理念を根底からくつがえす動きが、マスコミを抱き込み、ソフトで巧妙なかたちで強くなっている。

　これをやらせないために頑張らなくてはなりません。頑張ることが次の時代、二一世紀に、日本が民主主義の国家として活力を持って歩めるかどうかを決めると思います。

　若い弁護士たちから、研究者、弁護士、市民が一緒にディスカッションしようと申し入れがあり、二〇日、仙台で五〇〇人の市民を集めてシンポジウムをやろうと手分けしてがんばっています。「声明」をもとに集まるのですから、単なる意見交換に終わらせず、なんらかのアピールが出せればと思っています。


（赤旗一九九四年一月一六日）


［補記］「政治改革」法案は、一九九四年一月二九日国会を通過し成立した。本書二五九頁、二六五頁参照。

なお、本稿で触れている法学者の声明は、一月二〇日二五六名の賛同者を得て発表され、法律時報一九九四年三月号（一六〇頁）にも次のようなコメントと共に掲載された。

《一月二九日成立した「政治改革法」は、国民主権と議会制民主主義の観点からみるとき、多様な民意を切り捨てるなど、到底容認できない非民主的本質を持つものである。

　ところが、おおかたのマスコミは、政治学者や政治評論家を動員し、「政治改革ええじゃないか」といわんばかりのデマゴギー的手法を混じえた賛成論を大量に流し、批判論を黙殺した。

　このような異様な状況の中で、一月二〇日、二五六名の法学者が声明を発表し、反対の意思表示を行った。

　この声明は、学部長・学会役員などの経験のある公法学者を中心とする二七名が一月一四日に発表した反対声明に賛同する形で、全国七八大学の法学者が数日間でとりまとめて発表したものであり、参議院採決（二一日）の日の朝日新聞、赤旗、地方紙の朝刊で報道された。

残念ながら、「政治改革法」は、参議院否決後、前代未聞の強引極まる手法により成立した。

しかし、二五六名の全国の法学者の反対声明は、この声明の先立って発表された民科法律部会の声明（一九九三年一〇月六日）や憲法研究者有志五六名の声明（同年一二月一日）などとともに、ロマン・ローランのいう「万人のために万人に反対する」気概と知性を示したものとして、次の時代の良識ある民主的世論形成の礎石とはなり得るであろう。

そう信じ、歴史の記録に留めておくこととしたい。

（声明事務担当＝隅野隆徳・専修大、小田中聰樹・東北大）》

一九九四年

後を絶たぬ冤罪とその温床

一　またも再審無罪事件

一九九四年三月二二日、また一人の冤罪者が救われた。この日、高松高等裁判所は、四八年前に香川県の榎井村（現・琴平町）で発生した殺人事件（榎井村事件）の犯人として懲役一五年の有罪判決を受け服役した吉田勇さん（六六歳）に対し、再審（裁判のやり直し）の結果、無罪を言い渡したのである。

吉田さん有罪の主な証拠とされたのは、「共犯者」の自白であった（吉田さんは、捜査段階から終始一貫して身におぼえがないと殺人を否認していた）。ところが、この「共犯者」の自白は、吉田さんと同じように殺人事件とは全く関係のない友人を、警察が二か月近く身柄を拘束して追及し、吉田さんは自白していないのに、「吉田はお前と一緒にやったと自白しているぞ」などと嘘をいって精神的に混乱させ、むりやりいわせた、全く虚偽のものだったのである。

このようにして「共犯者」に仕立てあげられた友人は、

吉田さんが犯人だと信じ込まされていたのだが、第一審の裁判が始まり、吉田さんの無実の訴えを聞いて、警察にだまされていたことに気づき、自白を取り消し、無実を主張し始めた。

　高松高等裁判所の今回の無罪判決は、「共犯者」の自白が虚偽のもので信用できない、と明快に判断した。

二　死刑事件が四件無罪に

いったん有罪が確定した判決が破棄されて再審で無罪となるケースは、年間で十数件あるが、その大部分は交通事件の略式裁判（書面だけで裁判されたもの）のケースである。ところが、殺人や強盗殺人など重大な犯罪で死刑、無期、懲役一五年などの極めて重い刑を言い渡された事件で、再審無罪となるケースが十数年前から相次いで発生している。弘前、加藤、**免田**、**財田川**、**松山**、徳島、梅田、**島田**、そして今回の榎井村の事件などである。そのうち、死刑事件が四件もある（太字）。

　これらは殆どが、一九四〇年代後半から五〇年代前半にかけて発生した事件であり、戦後間もない混乱期の特異な現象という印象を与える。しかし、それは事実ではない。六〇年代以降も、現在にいたるまで冤罪・誤判事件は発生してきたし、いまも発生しているからである。このことを示すものとして、冤罪である疑いが極めて強いにもかかわらず不幸にして再審請求が認められていない六〇年代以降の事件（名張、狭山、袴田、布川の各事件など）や、冤罪の訴えにもかかわらず有罪判決が確定してしまった事件（ごく最近の例として、千葉の川嶋事件や四国の高松事件など）があることを指摘しておきたい。

三　強引な見込み捜査に原因

冤罪・誤判はいまでも発生している。このことは、法と裁判を信じようとしている者にとっては衝撃的なことではあるが、しっかりと見抜かなければならない現実である。そして、この現実を見抜いた者の目は、なぜ誤判が生じるのか、なぜ冤罪に泣く者が次々と出るのか、どうすれば誤判・冤罪を防ぐことができるのか、という点に向けられなければならない。

　冤罪・誤判事件を分析してみると、ほぼ共通してみられるパターンのあることに気づく。それはつぎのようなものである。

　重大な事件が発生したが、犯人や証拠がなかなかみつからず捜査が難航すると、捜査当局は怪しいと見込む者を何の証拠もなしに強引に逮捕し、暴力や脅しや偽計（トリック）などを混じえながら、夜遅くまで長時間取り調べる。

その取調は、アリバイなど無実を証明する証拠を被疑者が出さないかぎり、犯人だとみる強引な手法で自白を迫るやり方である。もし被疑者が取調に耐えきれず、捜査当局の誤った見込みにしたがってその場しのぎに嘘の自白をすると、これに沿って物証や証言などが固められていく。榎井村事件のように、どうしても被疑者が自白しない場合には、「共犯者」を仕立て上げて嘘の自白をさせたり、「目撃証人」らしい者をさがし出して、捜査見込みに沿う供述をさせる。

このようにして有罪証拠が固められ起訴されると、被告人が公判の際にいくら嘘の自白を否定し無罪を主張しても、裁判所はなかなか耳を傾けようとしない。それは、そもそも捜査当局の集めた証拠とこれに基く判断は正しいものだという予断が裁判所に強く働いているからである。

こうみてくると、冤罪、誤判の悲劇は、捜査当局の誤った見込みに沿う強引な捜査、証拠固めが、捜査当局内部でもチェックされず、検察当局や裁判所によっても殆どチェックされることなくむしろ逆に上塗《うわぬ》りされていくという刑事手続の糺問的なしくみ、構造によって生み出されていることがわかる。

四　刑事手続の改革が必要

そうだとすれば、このような刑事手続の糺問的なしくみ、構造そのものの抜本的改革こそ、冤罪・誤判の最も有効な防止策である。見込みに基く逮捕（その典型は別件逮捕）の禁止、逮捕した者を警察留置場に長期間収容する代用監獄制度の廃止、身柄拘束中の被疑者と弁護人との面会（接見）の全面的自由化、被疑者取調の法的規制（たとえば時間制限など）と弁護人立会の許容、捜査段階の国選弁護制度の新設、起訴の第三者的チェックシステムの新設、公判における当事者の訴訟活動（とりわけ弁護活動）の自由の最大限の保障、自白に関する証拠判断の厳格化、控訴審・上告審における事実認定チェックの厳密化、再審の活性化など、なすべき改革課題が山積している。

ところが、警察当局、検察当局、法務省、裁判所当局には、冤罪、誤判の防止に向けた改革意欲が必ずしも強くない。これほど再審無罪が続出しているにもかかわらず、である。

これに対し弁護士会は、捜査段階における弁護活動の強化にむけ、身柄を拘束された被疑者の求めに応じ手弁当で弁護活動を行う当番弁護士制度を実施するなど、刑事手続の改善・改革に強い意欲を示している。このような動きを契機に、刑事手続の抜本的改革が、少しでも前進することが強く望まれる。

（時事教養一九九四年五月号）

一九九四年

小選挙区制を廃止する歴史的責任

いま物凄いテンポでさまざまな「改革」が押し進められている。この一、二年をとってみるだけでも、PKO、米自由化、小選挙区制など、どれをとってみても何十年に一度あるかどうかという大問題が「改革」を表看板にして次々と処理されているが、問題はその中身、方向である。それは、平和、人権、民主主義、福祉などの充実、発展を願った先人が必死になって守り追求してきた基本的な憲法的価値や理念をこともなげに捨て去ろうとするものであり、深い憂慮の念を覚える。

しかも、その「改革」の進め方には、これまでにない特徴がみられる。第一は、マスコミを総動員して行われる徹底的な「情報操作」と「世論づくり」である。

第二は、「世論づくり」に、これはと思うジャーナリスト、評論家、果ては学者をも動員し、「冷戦終結に伴う五五年体制の崩壊」「国際貢献」などというあいまいな前提から、憲法的価値・総意の実質的廃棄を論証抜きで導き出す欺瞞的イデオロギーを大量に流布していることである。

第三は、これまで理念、民主の運動を担ってきた主体的勢力に分裂を持ち込み衰退させようとしていることである。

その結果、「改革」に異を唱え批判し抵抗する者が、異端者として黙殺され政治的に抹殺されかねない危険が生じ始めている。このことは、小選挙区制反対論者に対するいわれのない「守旧派」非難と批判封じのやり口のあれこれをみるだけで明らかであるといってよい。

小選挙区制の持つ少数意見排除の原理的、現実的メカニズムとその反民主性、国会空洞化の危険などについて検討し批判する良識的な声は、マスコミによって殆ど黙殺され、発表の場を与えられなかった。これとは逆に、小選挙区制の危険性に目をつぶり、その実現によって恰も政治の「改革」が実現するかのような錯覚を意図的に生ぜしめ煽ろうとする学者、評論家、ジャーナリストが連日のようにテレビや新聞に起用された。これらのひとびとは、政権レベル、政争レベルの権力抗争にのみ目を向け、小選挙区制を通すことにより特定の政治勢力の支援、擁護を図った。

その党利党略的、権謀術数的な言動は、およそ学者、評論家、ジャーナリストの節度を大きく破る異様なものであったといわなければならない。ところがその異様さが埋没し目立たないほどに、小選挙区制に向けての世論操作と反対意見封じ込めが徹底して行われたのである。

しかし、このように欺瞞的な手法で作り上げた世論は決して長続きするものではない。いま国民は、小選挙区制が政治を「改革」するどころか、逆に批判的少数意見の切捨てにより政治腐敗を一層深刻化させかねない危険を持つことを理解し始めている。余りにも遅すぎたきらいはあるが、この世論の変化に私たちは注目し、小選挙区制廃止に向けて態勢を整えなければならないと思う。

これは困難な仕事である。しかし、これをしとげなければ、憲法および戦後民主主義の擁護と発展に人生の最も大切な部分を注ぎ込んだ先人に対し顔向けできない憶いがする。それだけでない。これからの二一世紀を人間らしく生き抜いていこうとする若い人々に対して、私たちは禍の多い小選挙区制を残さない歴史的責任があると思う。

この運動に日民協（日本民主法律家協会）が粘りづよく取り組んでいくべきことを強く訴えたい。

（法と民主主義二八八号、一九九四年六月）

一九九四年

人権の砦は死んだか
神坂任官拒否を批判する

ご紹介いただきました小田中です。今日は新幹線に乗ってこちらの方へ参ったのですが、新幹線の中のニュースのテロップを見ておりましたら、神坂直樹さんが最高裁に異義申立をしたという記事が流れました。それを見て、新幹線のニュースになるほどに、市民の関心が高いのだなと思いました。

御承知のように、一九七〇年に最初の任官拒否が行われたのですが、それと殆どときを同じくして、裁判官の再任拒否という問題も起きました。裁判官の思想統制を狙うこれらの措置に対して私自身も憤りを感じまして、論文をかいたり声明を出したりして批判してきました。ところが任官拒否は、毎年のように続き、その後しばらく途絶えていると思っていましたら、今度神坂さんに対して行われました。私の心の中に怒りが込み上げておりましたところ、こういう集会があるから是非来て下さいという要請がありました。「ちょっと遠いなあ」とは思ったのですが、駆けつけた次第です。

私の考えについては、みなさんのお手元に配られているコピー、これは『世界』一九九四年六月号に書きましたもののコピーですが（「裁判官の市民的自由と任官拒否」）、これをお読みいただきましたらいいわけですが、せっかくの機会ですので手短かに述べてみたいと思います。

二　まず出発点となるのはなんと言っても、我々国民にとってどういう裁判官が望ましい裁判官であるかということです。このことを考える上では、日本国憲法が裁判官に何を期待しているのかということを考えなければなりません。憲法は、戦前の人権抑圧、それがまた民主主義を全く根絶やしにするような人権抑圧が戦争体制を作り出してきたことに対する深い反省に立って、人権保障の任務を裁判所に託したのです。ですから、当時初代最高裁判所長官である三渕忠彦さんは、訓示や挨拶の中で「裁判所というものは人権擁護の砦である」と述べています。こういう言葉は、今の最高裁長官からは間違っても述べられることはありません。正に時代の移り変わりというものを感じさせるわけですが、戦後間もない最高裁の出発当時、「人権擁護の砦」として日本の裁判所が期待されスタートしたということは、歴史的な事実です。
それにもかかわらず、日本の裁判所が「人権擁護の砦」としての機能をきちんと営んできたかと言えば、「そうではない」と言わざるを得ません。これまで人権の擁護を求める訴訟が次から次へと起こってきましたが、下級審の裁判所のレベルでは、一時期それに応える姿勢が一定程度ありましたけれども、しかし上に行けば行くほどその姿勢は弱くなり、結局のところは裁判所を全体としてみれば、人権擁護への期待は常に裏切られていたというのが偽らざる事実です。

それにも拘らず、我々国民は、裁判所というものを「人権擁護の砦」たらしめるという課題を捨て去るわけにはいきません。国民は日本国憲法の下で、裁判所が人権を守るということを約束事として、社会というものを築き、一生懸命働いて税金を払っているわけです。ですから、人権を守るために裁判所が一生懸命頑張って欲しいという願いを捨て去ることは、基本的人権を捨て去ることと等しいわけで、どういう人に裁判官になって頑張ってもらいたいかという課題を捨て去ることはできません。

そういう観点から、どういう人に裁判官になってもらいたいか、裁判官はどうあるべきかという期待と基準を、私なりにまとめてみれば次のようになります。なんと言っても、第一には、人権感覚です。第二には、豊かな社会性、市民性です。この人権感覚と社会性、市民性は裏腹の関係にあると思われます。そして、第三には、正義感と公正さです。そして第四には独立心です。

三　このような期待と言いますか、基準を立てた場合に、それでは、最高裁判所が今回、神坂さんの任官希望に対してとった措置というものはいったい正しいだろうか、ということを考えてみる必要があるように思います。

最高裁判所はなかなか理由を明らかにしないのでありますけれども、しかし、先程からのお話の中にも出て参りましたように、理由は二つあるようです。一つは、被疑者取調修習を拒否したということ、もう一つは箕面忠魂碑訴訟に原告補助参加人として参加したこと、この二つの理由です。

そのうちの被疑者取調修習の問題は、私自身が刑事訴訟法の専門家でありますので、取調修習の違法性を断言できます。実は私自身は、司法修習生の時代に取調修習をやりました。違法であるということを自覚しながらやったわけです。違法であるからやらないという選択肢も勿論あり得ましたが、当時の私なりの考え方に基いて取調修習をやりました。しかし、それを拒否することは、刑事訴訟法上違法な修習に手を汚さないという意味において立派な態度だと思いますし、そうすべきだったと自己批判せざるを得ません。しかも、重要なことは、取調修習をしなければ検察修習を十分にできないかと言えば、決してそうではありません。おそらく神坂さんもそういうお話をなさる機会があればお話になると思いますけれども、自分で直接取調しなくても、検察官の取調修習に立ち会うなどして、被疑者取調の実態がどういうものであり、どこに問題があるのかを学ぶことは十分に可能です。

そうしますと、拒否理由の焦点は、むしろ箕面忠魂碑訴訟の原告参加の点にあると思われます。一般論として、司法修習生が訴訟に参加することはあり得ることです。例えば、修習生といえども、離婚訴訟の当事者になったり、お金を貸したが、返してくれないといったような民事訴訟を起こすことはあり得ます。ですから一般論として、訴訟に参加すること自体は問題ないわけですが、おそらく最高裁は、忠魂碑訴訟というものの持っている政治的性格を問題にしたのだろうと思います。

しかし、ここで確認しておきたいのは、箕面忠魂碑訴訟は思想信条の問題、人権の問題であって政治問題では全くないことです。それを政治問題にしているのはむしろ行政側であって、我々にとっては人権問題であり、この訴訟にどういう態度をとるのかは市民の自由の問題です。司法修習生は市民的自由を完全に保障されています。従って、そのような訴訟に参加したことを法的なレベルで非難することはできません。これは裁判官の場合でも同様です。

裁判官の政治的・市民的な自由について、裁判所法は、裁判官の「積極的な政治運動」を禁止するにとどめているのでありまして、積極的でない政治運動を始めとして政治活動や人権擁護活動に参加するということを禁じていません。従って、最高裁といえども、裁判官や司法修習生が政治活動や人権活動をしていること自体を表に出して非難することはできません。法律の面からいえばそうであります。そこで、最高裁が持ち出してくるのがモラルです。裁判官のモラルとして政治的に中立でなければならない、政治的に中立でないと受け取られるような行動をしてはならない、という政治的中立性論です。

しかし、政治的中立性論というものが現実にどういう裁判官を生み出すか考えてみますと、それが誤りだということがよくわかります。私は今年の『世界』六月号の論文の中で、その問題点を三つに分けて述べておきました。第一に、政治的中立性論というのは、裁判官の思想信条の自由を奪うだけではなく、その根本にある良心の自由というものも抑圧してしまうことであります。第二は、良心の自由が奪われ衰弱していきますと、人権を守ろうという意欲とか気迫に欠けるようになることです。第三には、自主的な思考力を失うことです。なぜならば、政治的に中立でなければならないということは、絶えず他人の目を気にせよということです。他人の目を気にする裁判官は、自分の考えを自由に発展させることができず、いつの間にか自主的な思考力を失うことになり、最後には自分は市民社会の一員ではないかの如き感覚に陥ってしまいます。

政治的中立性論というものは、そういう悪しき効果を発揮します。従って、政治的中立性論が生み出す裁判官像はどういうものかといえば、それは人権感覚の乏しい、市民性のない、良心の弱い、そして自主的な思考力のない、市民社会から孤立した裁判官であり、私達の求める裁判官像とは全く異質で対立的なものです。私達は、裁判官に対して、市民社会の中で、市民と一緒に泣き、笑い、そしてある時には手を結び、ある時には批判し合う、そういう生き生きとした交流の中から、人権感覚を磨き、良心を強め、必要とあれば行政権力や政治権力や大企業に対し対立してでも人権を守る、という裁判官像を期待しているのです。

そういう意味において、私は、最高裁が神坂さんという優れた一人の青年法律家をシャットアウトしたことは我々国民にとっても裁判所にとっても大きな損失であるということを指摘しなければなりません。私からみれば、神坂さんが忠魂碑訴訟に個人的利害や打算を捨てて熱心に参加したということは、それ自体が何よりも、裁判官としての適格性を証明しているのです。

四　最後に、この任官拒否に対して、市民が抗議の声を上げ、その撤回を要求していくということの持っている意味について強調しておきたいと思います。これまでも五〇名の方が任官拒否されており、それぞれその時その時に抗議活動をして、随分盛り上がった時期もありますし、あまり盛り上がらなかった時期もあります。私の見るところでは、今年は神坂さんに対する支援の声というのが強いのではないか。

ジャーナリストもかなり関心を持ってこの問題に目を向けております。今日もかなりマスコミがみえているようです。マスコミが関心を持つということは、市民が関心を持っているからだと考えますと、今年の盛り上がりは、大変意義深いものがあると思います。それはなぜかといいますと、裁判所に対して、「市民の声を反映せよ」という声が広がってきていることの表れだからです。

「裁判所を市民のものに」という大きな流れの中で、この問題が我々にとって少しでも前進になるように解決されることを心から希望して、私の話を終えたいと思います。

（「神坂さんの任官拒否を考える市民の会」における講演、一九九四年六月四日）

［補記］神坂氏は任官拒否に対し、その直後、任官拒否取消を求める行政訴訟を起こしたが、東京地裁及び東京高裁によって却けられた。そこで一九九五年五月国家賠償請求訴訟を起こしたが、二〇〇〇年五月大阪地裁は「公正らしさ」に欠けるとの理由で請求を棄却。大阪高裁も二〇〇三年一〇月控訴棄却。二〇〇五年六月七日、最高裁も上告棄却・上告不受理を言い渡した。

一九九四年

政界再編の行きつくところ
国民の声反映しにくく

（新進党の結成で新たな段階を迎えた政界再編。一般には二大政党制に向かうといわれるが、衆院の小選挙区制反対の市民運動にも取り組んだ小田中聰樹・東北大法学部教授は、これから浮き彫りになってくる問題点を次のように指摘している。）

新進党結成で、政界は二極、あるいは二極プラス・アルファの構造に向かうだろうが、それを直ちに「二大政党制」ということはできない。政策論争を通じて政権交代が生じる真の二大政党制が日本で成立するとは考えにくいからだ。

これまで行われてきた「政界再編」とは、政策論争なき離合集散にすぎない。二つの勢力は政策の本質的な違いを打ち出すことができず、対立軸の不明確さを露呈している。一連の流れの中で、憲法をめぐる理念の対立も事実上失われてしまったいま、単質的な政治構造だけが残ったといえるだろう。

それぞれの小選挙区に着目すれば、二回、三回と選挙を重ねるにつれ、二極どころか一極構造になる恐れさえある。候補者の事前調整が徹底するだろうし、陳情は一人の現職議員に頼るしかなくなるため、利権が一点に集中し、議員の多選化が進む。選挙区の私物化、あるいは東北地方の自治体でもみられるようなオール与党体制が、各選挙区で現実化すると考えられるからだ。

そんな状態が進行すれば、有権者は、投票したい人がいない中での選択を強いられることになる。買いたい商品のない店で買い物を押しつけられるようなものだ。

しかし、単質的な政治構造ができても、国民は多様な意見を持っている。とくに軍備、原発、環境、教育、福祉などについての意見の対立は、依然として強くある。そういう国民と、それを反映できない制度とのギャップは深まっていく。

市民運動は盛んになるだろうが、それが国会に届かない不満が集積することになる。有権者の選挙離れが進み、良識的な層は投票に行かないという選択を取り始めるかもしれない。

今後の日本は、こういった「代表されない民意」が社会に充満し、政治的矛盾が拡大するだろう。だが、「代表されない民意」のエネルギーが一定のレベルに達したとき、それ自体が大きな力となる可能性を持っている。民主主義の観点からみれば、それを今後どう再結集していくかが重要な課題になるのではないか。

（朝日新聞（宮城版）一九九四年一二月九日、談話）

一九九五年

社会不安利用「読売」の「緊急事態」対処

軍備増強勢力に利用の危険性　「朝日」提言

「読売」が五月三日に発表した「総合安全保障政策大綱」は昨（一九九四）年一一月の同社の「憲法改正試案」をふまえたものですが、緊急事態にあたっての政府機能の強化や憲法裁判所における基本的人権の制限、あるいは自衛隊の国内および海外への出動の拡大など、総合的な内容になっています。とりわけ、基本的人権の大幅な制限を前提にした緊急事態への対処や、湾岸戦争型の海外軍事活動への協力まで視野にいれているのは、基本的人権の尊重をうたい、非軍事平和主義の徹底を明記した現在の憲法とはまったく正反対のものです。

「読売」がこうした提言を発表したのは、日米両国を中心にした世界支配秩序の形成にむけて、国内の政治的社会的支配体制の強化をはかろうとするところに狙いがあると思います。

「読売」の提言でとくに注目されるのは、テロや騒乱、原発事故などの災害が「緊急事態」として異常なまでに強調されていることです。私は、ここに「読売」の狡猾な意図を感じます。

一月以来、阪神大震災やオウム、サリン事件などが相次ぐなかで、国民の間には災害やテロにたいする強い社会的不安感があります。その一方で、日本にたいする外部からの武力攻撃については、切迫感や危機感はほとんどありません。日本への直接的な侵略の可能性が現実的でない以上、切迫感がないのは当然です。

しかし、アメリカの世界支配への日本の軍事協力、つまり日米の軍事力を基軸にしたアジアと世界の秩序を確立しようとすれば、警察力や軍事力の活用を中心とした国内体制の再編強化が必要になってきます。そこで、社会的不安感を最大限にあおって動員し、利用しようとしているのです。国民が、災害やテロに敏感にならざるをえなくなっている状況のもとで、その国民感情にフィットする形で「緊急事態」に対処する体制をつくろうとしているわけです。

とくに、今回の事態に便乗して、「読売」のように「緊急事態時の対策の強化を」とか「警察力の強化を」「自衛隊の活用を」などという動きが出ていることには、強い警戒が必要です。

災害に対処するうえでなによりも重要なのは消防力の強化であって、警察力や自衛隊の強化ではありません。また、サリン事件のような反社会的なテロ行為を取り締まるうえでも、警察力の強化や自衛隊の活用はかならずしも必要でなく、再発防止の保障にもならないと思います。今回のオウム問題でも、警察が地域住民や脱退を希望した信者の訴えに真剣に耳を傾け、あるいは坂本堤弁護士が行方不明になったときに敏速適切に対応していれば、もっと早期に防げたはずです。それをしなかった警察の非民主的な国民軽視の体質や姿勢こそが問題であり改革されるべきなのであって、警察力増強とか取り締まり法の整備はまったく論外です。

そもそもテロの最大のねらいは、人間相互が信頼関係で結ばれ、理性的に健全に自律している社会的土壌をくずし、暴力支配を強めることにあります。これにたいして警察力の強化や緊急即応体制の確立など権力的な介入・規制を強化することによって対処しようとするのは、国民の権力への依存・従属を強め、人間の信頼関係や社会の自律性という社会存立の基礎的な土壌をくずし、テロなどの暴力的、非理性的なものにたいし弱い社会をつくりだしてしまう危険があります。

また警察力の増強や自衛隊の出動により、かりにテロを防ぐことができたとしても、その代償として民主主義や人権が大幅に制限されるため、恐怖体制が成立する危険が大きいのです。

このようにみてくると、「読売」の提言は、一見、国民のことを考えているようでいながら、実は人びとの安全や生活を害する危険なものです。

＊

「朝日」も五月三日に「国際協力と憲法」と題する提言を出しました。「非軍事こそ共生の道」「軍事的でない国際貢献」「九条改正反対」など、そのかぎりでは共感できる内容をもっています。しかし、政府の自衛力論を批判しながら、結論的には政府の主張とほとんど変わらない「必要最小限度の自衛力」論の立場をとっている点には強い疑問を覚えます。現在の日本国憲法、とりわけ憲法第九条は、いっさいの戦争の放棄と戦力の不保持を定めており、「朝日」がいうような「自衛権に基づく自衛組織の保有を憲法は禁じていない」などと解釈する余地はありません。

しかも、「必要最小限度の自衛力」という状況対応型の自衛力論をとるかぎり、国際情勢のいかんによっては必然的に「必要最大限度の自衛力」にならざるをえません。このことは歴史と現実が証明しています。この意味で「朝日」の提言は一見現実的なようにみえて実は仮想的、空想的なところがあり、「必要最大限度の自衛力」にかぎりなく近い「自衛力」をめざす動きに利用される危険性がきわめて強いと思います。

「国際協力」についても、「非軍事」というスタンスを守るといいながら、軍事的活動色が避けがたいＰＫＯ（国連平和維持活動）への武装平和支援隊派遣をうたうなど一貫性がなく、今日の自衛隊の海外派兵を事実上追認しかねないものとなっています。

このように、「朝日」の提言は「非軍事」といいながら、重要な点で徹底さと一貫性と整合性とを欠いており、軍備を増強しようという勢力に政治的に利用される危険性をもっています。

いま本当に必要なのは、私たちが直面している危機の真実の実態を冷静に科学的に見抜き、理性をもって人間的連帯を強めながらその克服の方策を探しあてることです。

（赤旗一九九五年五月二五日）

一九九五年

理性的社会と破防法
違憲の悪法の濫用を許してはならない

オウム教団にたいし破防法（破壊活動防止法）を適用する動きがいよいよ大詰めを迎えようとしている。結末がどうなるかを今の時点で予測することは難しいが、いずれになるにせよこの法律が違憲の悪法であること、オウム教団への適用が拡大適用・濫用であることを確認しておくことは、人権と民主主義の将来にとってきわめて大切なことである。

一　可能な広い拡大解釈

周知のように破防法は、破壊的団体の規制、そのための調査権限、刑罰規定の補整の三つの部分から成り立っているが、ここでは団体規制の点を中心にみることにする。団体規制につき破防法は、「暴力主義的破壊活動」をおこなった「破壊的団体」の活動禁止や解散指定の権限を公安審査委員会に与えている。

ではどんなものを「暴力主義的破壊活動」としているか。①内乱罪・外患罪の実行・予備・陰謀・教唆・煽動、②その実行の正当性を主張した文書の印刷・頒布・公然掲示や通信・放送、③「政治上の主義、施策の推進・支持などの目的」（政治目的）をもつ騒乱・放火・殺人・強盗・爆発物使用の実行・予備・陰謀・教唆・煽動などである。

ここで注意しなければならないのは、破防法が内乱・外患・殺人などの実行・予備・陰謀・教唆のみならず、それらの単なる煽動や内乱・外患の正当性・必要性の主張など、広い拡大解釈が可能で現実的危険性の薄いタイプの言論活動をも「暴力主義的破壊活動」としている点である。これは明らかに表現の自由の侵害である。

ではこの「破壊的団体」に規制を加えるための条件はなにか。「継続又は反覆して将来さらに団体の活動として暴力主義的破壊活動を行う明らかなおそれがあると認めるに足りる十分な理由」があることである。立法当時の政府の説明によれば将来の「明らかなおそれ」とは単なる「可能性」のことだという。そうだとするとこの条件はあってなきが如きものである。

規制の処分として、破防法は、①集団示威運動、集団行進、公開集会の禁止、②機関誌紙の印刷・頒布の禁止、③「当該団体のためにする行為」の禁止、④さらには上記処分によっては将来の「明らかなおそれ」を有効に除去できないと認められるときの解散指定を定めている。

このように破防法は、拡大解釈の可能なあいまいな条件のもとに破壊的とみる団体の表現活動をはじめとする一切の活動を禁止し、さらには結社そのものをも否定するもので、表現・結社の自由を侵害する違憲の法律である。

二　憲法三一条と処分決定手続

この点に加えてもう一つ問題なのは、団体規制の処分決定手続の違憲性である。団体規制の処分は、公安調査庁長官の請求にもとづいて公安審査委員会が決定するが、この委員会は、内閣総理大臣が両議院の同意を得て任命する七名で構成される行政機関である。表現・結社の自由を制限・剥奪する重大な権限を、行政から独立した司法機関でなく行政機関に与えたことは、処分決定手続の公正さを強く疑わせる（決定にたいし裁判所に行政訴訟を起こして争うことができるが、内閣総理大臣の異義申立があれば執行を阻止できないため実益が薄い）。

しかも処分決定手続は、書類中心の秘密の職権的手続であり、団体側には証拠調請求権すらない。団体側は、請求前の段階で公安調査庁の係官のおこなう半公開（団体関係者五人と報道関係者のみが傍聴できる）の弁明聴取の際に意見をのべ証拠を提出できるが、それすら取り調べるかどうかは係官の自由裁量に委ねられている。このような手続は憲法三一条の要求する適正な手続とはいえず、違憲である。

三　濫用の悪例と禍根残すもの

このように破防法は違憲であり、違憲の法律の適用はそもそも許されないが、今回のオウム教団への適用については破防法上の適用条件があるかという、もう一つの問題がある。もともと破防法は政治団体を取り締まり、規制の対象とするもので、オウム教団のようなカルト教団の外装をまとう犯罪者集団を対象としていない。またオウム教団が内乱を企てたり「政治目的」でテロをおこなったとみることも無理である。将来の「おそれ」も具体的なかたちでは存在しないのではないか。

これらの疑問点を無視し「必要悪」だとして破防法適用に踏み切ることは、「違憲の法律の拡大適用・濫用」という悪例を残し、人権と民主主義の進展、ひいては理性的社会の維持・発展にとって大きな禍根となるであろう。

憲法と人権を守り理性的社会を維持し発展させることこそ、理性と人間性を捨てたテロ犯罪を防ぐ最良の方策である。この意味でも私たちには「違憲の法律の拡大適用・濫用」を阻止し、悪法廃止に向けての展望を切り拓く責任があると思う。

（赤旗一九九五年一〇月一五日）

［補記］オウム教団に対する破防法適用（解散指定）の請求につき、公安審査委員会は、一九九七年一月三一日、請求を棄却した。

一九九六年

危険な盗聴捜査の立法化

組織犯罪に対処する刑事立法が先月法制審議会に諮問され、刑事法部会の審議が始まっている。今回の諮問は、組織的犯罪の重罰化（刑の加重）、マネーロンダリング（資金洗浄）の処罰、盗聴（通信傍受）の新設など六項目に及んでいる。それらは暴力団や企業、さらにはオウムのような組織的犯罪に対処するためというが、全体として寄せ集めの観があり、果たして立法の必要性があるか、現行法で対処できないのか、法的に適切で適正といえるかとの疑問をぬぐえない。特に盗聴については重大な疑問を覚える。

盗聴はこれまで違法と考えられてきた。その主な根拠は、憲法の保障する通信の秘密やプライバシーを無差別的に侵害する危険な捜査方法であること、刑事訴訟法に明文の規定がないことであった。もっとも、以前から誘拐事件では逆探知が行われてきた。また最近は覚せい剤事件に限って検証令状を準用する形で盗聴令状を出す例が一部の下級審でみられる。逆探知については通話者の一方（被害者側）

の同意があることや現行犯であることなどを理由に認められているが、検証令状による盗聴については解釈論上かなり無理があるとの批判が強く、定着していない。

ところが今回の諮問により、法務省は盗聴の立法化に踏み切ろうとしているだけでなく、その範囲を一般の事件にも一気に押し広げようとしている。薬物事件や誘拐事件だけでなく、死刑・無期（内乱、外患、放火、殺人、強盗致死傷、強盗強姦、同致死）や逮捕監禁などの一般犯罪についても盗聴できるようにしているのである。この盗聴可能な犯罪のカタログは捜査の困難性を理由にして今後ますます拡大されていくだろう。盗聴は特殊な事件についての特殊な捜査方法ではなくなり、一般市民の身辺に忍び寄ってくる。

しかも法務省の案によれば、カタログ記載の犯罪の最中やその後だけでなく、犯罪がこれから行われると疑われる場合にも一定の条件のもとに盗聴できる。これは犯罪発生前の事前捜査を認めようとするものであり、事前捜査を認めない従来の捜査概念の枠組みを崩す、恐るべき権限拡大である。

さらに盗聴の対象となる通信内容が特定されない点も重大問題である。法務省の案は「犯罪の実行に関連する通信」に限定しようとするかのようである。しかし、犯罪に関連する通信かどうかは盗聴した後でなければわからない。その意味で盗聴という捜査方法は無差別的に行わなければ効果が上がらない。

だが、無差別的な盗聴を許すことは、犯罪に全く関係のない会話の自由やプライバシーを侵害するものであり、認められない。しかも憲法は、押収、捜索についてあらかじめ令状で物や場所を特定することを要求している。この特定性の憲法的要求は盗聴についてもあてはまる。

そうだとすると、特定性の憲法的要求をみたしつつ、捜査上有用で効果的な盗聴を立法化することは至難の業であり、不可能にさえみえる。ところが法務省は、令状記載の盗聴すべき通信（つまり犯罪の実行に関連する通信）か否かを判断し、ふるい分けるための予備的盗聴を認めることにより、この難問をクリアしようとしている。

しかし、予備的なものといえども盗聴にほかならず、それを憲法に適合的なものとして構成できるかという疑問にぶつからざるをえない。それに、もし盗聴が立法化されれば、犯罪に無関係な一般会話や暗号で犯罪関連の会話を行う犯罪テクニックが発達するだろうから、予備的ふるい分けも余り役に立たず、勢い無差別盗聴に向かうことになる。

このように盗聴の無差別性、不特定性は捜査方法としての有用性と不可分一体的な本質的特性であり、無差別的な一般探索的捜査を禁止する憲法との抵触を避け難い。しかも仮に抵触をできるだけ避けようとして制限的な条件をつけて立法したとしても、必ずや拡大解釈、拡大立法に至り、深刻な人権侵害を秘密裏に大量に生みだすだろう。
法制審議会の委員諸氏がこのような盗聴の危険性を十分に認識し、憲法論を踏まえて賢明かつ慎重に対処することを強く求めたい。

（朝日新聞一九九六年一一月一三日）

［補記］盗聴法（通信傍受法）は、一九九九年八月一二日、国会で強行採決により可決され成立した。

一九九六年

日本社会と民主主義
刑事法学・裁判法学の角度から

刑事法学と裁判法学の角度から日本社会と民主主義の問題を考えてみると、これ迄の基本的課題は、刑罰権（国家権力）を抑制し人民の権利と民主主義的運動を擁護することであった。具体的には、刑事法の治安法的部分の削除・縮減・治安立法の批判、刑事弾圧・誤判の批判、司法反動の批判などであった。その批判的作業に当り依拠したのは、罪刑法定主義、行為主義、憲法的（市民的）法益保護、消極的責任主義、少年の人格発達権、適正手続、当事者主義、無罪推定、警察消極原則、司法（権）独立などであり、日本刑法学固有の「遅れ」や担い手の力量不足などにも拘らずかなりの成果を上げてきたと思う。
では民主主義的刑事法学・裁判法学が現在直面している問題状況はどうか。労働公安事件が減少する一方で、暴力団や企業・官僚や新興宗教などによる犯罪が激増し、少年非行が深刻化し、夫婦間暴力なども問題化している。このような犯罪現象は、市民に深い憤りとともに不安を与え、その安全要求を強めている。この状況を捉え、治安当局は警察法を二度にわたり改正し取締体制を強化（中央集権化と地域監視体制強化）するとともに、取締権限の拡大を図り、麻薬二法、銃刀法改正、暴対法などの立法的措置を講じた。最近では盗聴を中心とする組織犯罪対策立法の動きや少年法改正の動き、さらには破防法活用の動きなども生じている。

市民の安全要求の強まりに即応する形で生じているこのような刑事法再編の動きは、客観的にみれば日米軍事同盟強化に即応する有事体制構築の一環をなすものであり、「小さい」国家（政府）、「大きい」警察・軍隊、「弱い」司法という国家戦略にそうものである。私たち民主主義刑事法学・裁判法学は、先づこの国家戦略と治安政策の総体を批判的に分析し、その狙いを明らかにしなければならない。この作業は、単に個々の立法や政策のイデオロギー批判のみでなく、治安機構の実態分析や市民の意識状況分析を踏まえたものでなければならない。その際に前述のような「古典的」諸原理・諸原則が理論的武器となるが、とりわけ民主主義における「刑法の謙抑性」の原理のもつ現代的意義は市民の安全要求との絡みで強調される必要があると考える。

そもそも民主主義とは、自由・平等・福祉（連帯）の実現に向けた市民の自覚的営みを保障・発展させるメカニズム（プロセス）の総体であり、このメカニズムないしプロセスにおいて自覚的営みを保障し発展させる人権は決定的に重要である。その意味で人権のもつ社会（連帯）的契機こそ人権と民主主義との相互規定的関係を生みだし、両者の乖離を克服する鍵となる。このような観点に立って市民の安全要求の問題を考えるとき、民主主義刑事法学・民主主義裁判法学は、民主主義社会における市民の自律的法秩序維持機能の発展という課題を直視し、この課題との関わりにおいて市民の安全要求の具体化の方策を考察し、刑法の果たすべき役割とその限界とを探るというプロセスを踏むことが必要である。

このプロセスを踏みつつ考えるとき、現在市民の安全要求を踏まえた形をとって行われている刑罰権・警察権の拡大・強化の動きに対しては、濫用と人権侵害の危険があることや有効・有用性に疑問があるという理由からだけでなく、市民の自律的法秩序維持機能の発展を阻害し衰弱させる危険があるとして批判的に対峙せざるを得ないことが多いであろう。そして、このような観点に立つ徹底的な批判的作業を抜きにした「改革」や「対案づくり」には、安易にコミットすべきでないと思う。

（民主主義科学者協会法律部会創立五〇周年記念学術シンポジウム「日本社会と民主主義」（一九九六年一〇月二〇日）における報告要旨、同部会「会報」一一九号、一九九六年一二月）

一九九八年

寺西懲戒裁判で問われているもの
自由のない裁判官に市民の自由が守れるか

寺西和史判事補に対する懲戒裁判が始まった。いま入った情報によれば、仙台高裁は弁護団側の公開要求を却け、非公開のまま六月一二日の第二回審問をもって打ち切る構えをみせているという。このような強権的な姿勢からみて、仙台高裁が早々と懲戒決定を下す公算が大きい。

いうまでもなくこの裁判の争点は「裁判官の市民的自由」である。とはいえ、寺西判事補が市民的自由に基づいて行ったのは、盗聴立法反対の市民集会のシンポジウムに講師として招かれ出席して発言しようとしたが、仙台地裁所長から事前に「積極的な政治運動」に当たるといわれ懲戒申立を警告されたため、当日は会場から講師を辞退する旨説明した、という行動にすぎない。

しかし、この程度のささやかな行動が「積極的な政治運動」に当たるとは私にはとても思えない。そもそも盗聴立法の法的問題を指摘することは政治運動ではない。しかも寺西判事補は所長の不当な事前警告にあい発言を控えたのである。

その意味では、寺西判事補は、市民的自由を行使しようとしたが不本意にも行使できなかった。にも拘らず懲戒裁判にかけられているというのが真相なのである。

このことを踏まえたうえで、私は二つのことを述べてみたい。

第一に、この懲戒裁判の真の争点は、「裁判官の市民的自由」であるだけでなく、私たち一般市民の「公正な裁判を受ける権利」だということである。なぜなら、「裁判官の市民的自由」は裁判官の良心の独立（憲法七六条）と不可分一体であり、両者あいまって一般市民の「公正な裁判を受ける権利」実現のための不可欠の条件をなすからである。

「自由のない裁判官に私たちの自由がまもれるの？」という「裁判官の市民的自由を考える市民集会」（六月一二日仙台）のビラは、ことの真髄を衝いているのである。

第二に、もしそうだとすれば、「市民のための司法改革」を追求する立場に立つ者は、この懲戒裁判の政治的背景や権力的本質を市民に広く明かにして裁判所を厳しく批判することを、自らの運動的課題とする責務があるということである。「市民のための司法」への改革運動が「ビジネス司法化」ではなく「人権司法化」を追求するのであれば、この懲戒裁判問題を軽視することはできない筈だからである。

その意味では、「市民のための司法改革」運動は、いま真価が問われていると思う。

（法と民主主義三三九号、一九九八年六月）

［補記］本書二七七頁参照。

一九九九年

官僚臭にみちた最高裁・寺西懲戒決定と法曹一元

一九九八年一二月一日、最高裁は、寺西和史裁判官に対する仙台高裁の懲戒決定を支持する抗告棄却決定を下した。

この決定は、一五名中一〇名の多数意見によるものだが、興味深いのはその全員が官僚的出自を持っていることである。六名が裁判官出身、二名が検察官出身、一名が行政官（内閣法制局長官）出身、一名が外交官の出身というわけである。

そのためもあってか、多数意見には事実認定の面でも法解釈の面でも、官僚特有の強引さと視野の狭さと偏りとを強く感じさせる。

例えば、多数意見は、寺西裁判官の集会発言が〝盗聴立法案は令状主義に照らし問題があり、その廃棄を求めることは正当だ〟という意見を集会参加者に伝え、廃棄運動を支援・推進する役割を果たしたものであり、積極的政治運動に当たる、という。

しかし、周知のように、寺西発言はパネリスト辞退に至る事情説明と、これに関連する法解釈上の意見表明とに過ぎず、盗聴立法問題については、それに必要な限りで間接的、仮定的な形でしか触れていない。それなのに多数意見は、集会の目的、寺西裁判官の以前の新聞投書、さらには寺西発言に関する集会参加者の予想なるものをもち出し、これを根拠に、憶測に憶測を重ね、前記のような事実認定を導き出している。

しかし、長年にわたる官僚的思考とその表現方法とを頑なに身につけている者でなければ、とてもこんな乱暴で強引な認定はできるものではない。

また多数意見は、中立公正論を根拠に、積極的政治運動とは組織的、計画的又は継続的な政治上の活動を能動的に行う行為であって、裁判官の独立・中立・公正を害するおそれのあるものだ、とする無限定的な解釈論を打ち出している。

しかし、この解釈論には、およそ思想・表現の自由、良心の自由の持つ意義・重要性についての深い考察がみられない。また裁判官の独立・公正、そして言葉の本当の意味での中立（訴訟当事者からの中立）にとって、思想・表現の自由、良心の自由がどんなに深く内的に連関し重要な役割を果たしているかについて考察を及ぼした形跡もない。

このような思考の狭さと偏りは、官僚制の下で長年にわたり独立・中立・公正な判断を下すことを阻害され、権力への従属性が体質化し属性化した者に特有のもののように私には思われる。

これに対し少数意見は、こもごもに、多数意見が「若年の裁判官が……自主、独立、積極的な気概を持つ裁判官に育つのを阻害する」結果になることへの危惧の念を表明している。

私も少数意見と同様に、今回の最高裁（多数意見）の決定により裁判官の精神的萎縮と良心の衰弱化とが一層進行するであろうことに対し深い危機感を覚える（世界本年二月号拙稿参照）。

ではどうすればこの動きに歯止めをかけ、裁判官をして、市民的自由に基づく「社会的良心」の存在たらしめることができるのだろうか。

裁判官層の市民的自覚の覚醒・強化と、これに基づく裁判官運動の再構築は、果たして現実的な契機、展望を持っているのだろうか。

このこととの関連で、法曹一元についてひとこと言及したい。この決定は、仮に法曹一元にその解決、展望を求めようとする場合でも、その給源を弁護士に限定し、かつ司法官僚制を改革しない限り、それが積極的意義をもつことを期待し難いことをよく示している。

事態は容易ならざる局面にあると思うが、司法民主化に向けた地道な運動の展開のなかで、必ずや打開、克服の現実的契機を探り当てることができるに違いない。この確信を広く共有したいと切に願う。

（法と民主主義三三五号、一九九九年一月）


［補記］本書二七五頁参照。

一九九九年

民主主義法学の気風

いま司法改革が大学改革とも相連動しつつ本格化しようとしている。この二つは、何れも民主主義法学が依って立つ基盤そのものに直接的に関わるものであり、私たちはその本質とねらい、そしてこれらが今後の日本の社会、民主主義、人権、そして憲法のあり方に及ぼす巨大な影響を分析し、国民の前にその成果を提示していかなければならないと思う。

新聞の報ずるところによれば、今春政府は司法制度審議会を設け、一三人の委員が二年をめどに報告書をまとめる予定を組んでいる。その主な検討項目は、法曹の質・量の強化（法曹人口増、新法曹養成制度、法曹一元など）、裁判の迅速化（司法取引制度導入など）、陪・参審制度の導入、法律扶助制度見直し、刑罰見直し（現行刑罰見直し、量刑範囲特定化、終身刑導入、時効制度見直しなど）、検察見直し（国会へのアカウンタビリティ明確化、起訴・不起訴の法定化、検察審査会充実など）、弁護士制度の見直し（アクセス容易化、大都市偏在解消、事務所の複数化、法人化など）、最高裁裁判官国民審査見直し、などだという（一月四日読売など）。

このような検討項目をざっとみるだけでも、この一〇年ほどの間に政財界や最高裁、法務省が一部の学者や弁護士層を巻き込みその協力をとりつけながら入念に策定してきた〝司法改革〟の巨大な全容が浮び上がってくる。それが〝逆改革〟たるゆえんは、司法を軍事、警察、大企業の補完装置化する点にある。この路線の下で、法曹は人権擁護精神はおろか、専門的能力も衰弱させせられ、刑事司法は迅速・重罰化、取引化のシステムと化し、弁護士は大事務所に系列化されていくことになろう。そして法曹一元や陪・参審は、戯画化され矮小化、歪曲されたものとなろう。

勿論、現実には複雑な矛盾的要因が潜んでおり、〝逆改革〟が一直線に進行する過程とは必ずしもならないであろう。そうであればこそ私たちは、主観主義的幻想を排し、司法改革のもつ現実的インプリケーションを批判的に分析し、それを国民の前に正しく提示する必要があるのである。

かつて政財界の司法改革のかけ声に唯々諾々として従った報道界にも、冷静な批判的な論調が出始めている（一月二九日朝日社説など）。

私たちは、民主主義、人権、平和、福祉といった基本的価値・理念のもつ歴史的、現実的正当性について理論的確信をもち、世論に訴えていく気風を失ってはならない。このような気風を失わない限り、民主主義法学が孤立化し、少数化することは決してないであろう。

（民主主義科学者協会法律部会・ホームページ掲載、一九九九年二月）

一九九九年

少年法を警察・検察による少年支配システムに変えてはならない

一　今までさまざまな角度から「改正」案の問題点を検討してきたが、その要点は、検察官関与および抗告権付与によって、少年審判の捜査および審判が糾問化する危険があることである。その結果、保護処分それ自体が恣意的で厳しいものになっていくことが予測される。

このように少年事件の処理手続が糾問化するということが「改正」案のもつ本質であり、現実的効果である。

この現実的効果は、検察官の関与する一部の事件についてだけ例外的に生ずるのではない。検察官関与について、全体としては批判的な考えをもちながらも、「重大事件で争いのある事件など一部の事件についてだけなら、弊害も少なく、むしろ利点もあるので、認めていいのではないか」という考え方がこれまで裁判官層にかなり広くあり、研究者層の一部にもこれに理解を示す動きがみられた。しかし、この「改正」案は、窃盗、恐喝、傷害など、少年事件のかなり広い範囲の事件につき、「争いがある」などの要件も抜きにして自由裁量的に検察官関与を認めようとするものである。このことだけでも検察官関与が一部事件についての例外的手当てにとどまるものでないことがわかる。さらに重大なことは、その効果・影響が検察官の関与する事件だけにとどまらないことである。それは、ほとんどの事件に直接・間接に及ぶ。しかも審判段階だけでなく捜査段階にも、いや捜査段階にこそ及んでいくのである。

例えば、窃盗事件や傷害事件など、少年事件としてはごくありふれた事件であっても、少年側が無実だとして争ったり、共犯関係や動機などについて警察や検察の見込みと違うことを強く主張したりすれば、警察や検察の心証、ひいては裁判官の心証を悪くしてしまい、検察官関与となることを覚悟せざるをえない。しかも検察官関与となれば、たとい審判で少年側の主張が通ったとしても抗告を申し立てられ、審判が長期化するのみならず、最悪の場合には刑事裁判送りとなる危険さえ覚悟しなければならない。そしておそらく警察当局は、このような危険を少年側にちらつかせ脅しながら、強引に自白を迫り、見込みどおりの捜査を遂行しようとするだろう。

このように、検察官関与は、少年事件のバイパス的な例外的処理システムであるにとどまらず、少年事件手続の全体構造を糾問的な警察・検察による少年支配システムに変えていくものなのである。このことを見落としてはならない。

二　このように考えてくると、今回の少年法「改正」案は、少年法の基本理念である保護主義を真っ向から打ち砕くような、危険極まるものだと考えざるをえない。

少年法にとって最も重要なことは、少年のもっている特性にふさわしい非行の処理・対処のしくみであることである。それは、少年のもっている人格的な可塑性・柔軟性、つまり社会的な教育的働きかけを受け入れてみずからを発展させていこうとする、そういう可塑性に富む少年の特性に見合った、柔軟な教育的、保護主義的なものでなければならない。このことこそ、少年法論議の原点でなければならない。

そして決して忘れてならないのは、少年非行が重大化すればするほど、この原点の重要性は増していくのであり、保護主義の理念を守っていく必要が増していくということである。こういう視点にたつとき、今回の少年法「改正」案を認めることはできない。

現行少年法は、保護主義の理念といい、調査官制度や保護主義的手続といい、大枠としてたいへん優れたものである。

そもそも少年にとって最も必要とされるのは、少年期という成長発達期の特殊性を科学的に把握する教育学、心理学、社会学、医学、そして法律学など、人間科学、社会科学の理論と経験とであり、少年法は、その成果を踏まえることができるような手続および処遇のあり方でなければならない。このことは、非行を認めている少年のケースでも、非行を否認している少年のケースでも変わりない。

その意味で、少年法の中心的な担い手は、裁判官でもなければ弁護士でもなければ、ましていわんや警察や検察でもない。それは、人間科学、社会科学の専門家たる調査官であり、科学的素養と豊かな社会経験と人間的洞察力をもつ付添人なのである。現行少年法の保護主義が世界に誇るべき優れた制度理念であるのは、この担い手を少年に保障する点にあるのである。

ところがこの優れた長所が、今「少年に厳罰を」という、科学的裏づけを欠くムード的「改正」論によりいとも簡単に否定されかねない危機にさらされている。この重大な事態に直面し、「改正」案に対する批判と運動を拡げていくことが何よりも重要な緊急課題であることを強調したい。

少年法を、警察・検察による少年支配システムに変えることを決して許してはならない。

（団藤重光ほか編『ちょっと待って少年法「改正」』日本評論社、一九九九年）

［補記］少年法改正は、二〇〇〇年一一月二八日、国会を通過、成立した。現在、政府はさらに少年法を改正しようとして、触法少年や虞犯少年の事件について警察官に調査権限を与えるとともに、触法少年事件の調査につき必要があるときは令状により押収、捜索等の強制捜査を行う権限をも与える法案を作り、二〇〇六年二月二四日、閣議決定した。

2000年—2005年

二〇〇〇年

巨大化した権限・組織にメスを

警察刷新会議の課題

警察は戦後一貫して権限と組織を強化してきた。捜査や情報活動の秘密を盾に人権侵害や腐敗への批判を受けつけようとしない。ここに一連の不祥事の根っこがある。ところが、刷新会議は、情報公開や監察・管理の強化には取り組むが、巨大化した権限と組織をどうするかという根本問題については議論していない。

とくに、ほとんどの不祥事が刑事警察で発覚しているせいか、警備公安警察への視点が欠けている。これは問題だ。警備公安は人員的にも予算的にもずっと大きく、警察の中核を形作っている。それなのに組織や活動は秘密とされている。共産党幹部宅盗聴事件で一端が明らかになったように、違法活動を組織的に行っている可能性さえある。この問題にメスを入れなければ、刷新とは言えない。

巨大化すれば権限乱用や腐敗が生じるのは避けがたい。しかも一部のキャリアが支配するのが警察組織だ。いかに正義の実現という理想に燃えて警察官になったとしても、次第に市民感覚を失っていくのは当然だろう。キャリア制度については今後話し合われるようだが、巨大化を放置して監察や管理を強化しても、問題は解決しない。

国民からは「公安委員会など廃止してしまえ」という声もある。しかしそうなると、今まで以上に政府が意のままに警察を動かすことになり危険だ。刷新会議は、この制度を否定せず、その中立性を堅持する方向で意見が一致しているようだ。これに加えて、公安委員の選出方法を民主化すべきだ。

総選挙がらみもあって、政府・与党から早く成案を出せとせかされるかも知れないが、拙速の小手先的改革ではいけない。根本問題に真っ正面から取り組み、広く意見を集め、抜本的に検討して欲しい。

(朝日新聞二〇〇〇年五月二日。談話)

[補記]警察刷新会議は、二〇〇〇年七月一三日緊急提言を取りまとめ、情報公開、警察署評議会、苦情申立制度を提案した。これを受ける形で同年一一月警察法の一部改正が行われたが、警備公安警察や公安委員会制度には改革のメスは当てられずに終った。

二〇〇一年

司法官僚制度の形成と強化の歴史

一　戦後司法改革の意義

(1)　明治憲法下の戦前司法制度は、一口で言えば独立性の極度に弱い天皇制司法であって、天皇制支配体制の一環を形成していました。

戦後の司法改革は、司法の基本理念を天皇制擁護から基本的人権保障、民主主義擁護へと転換させました。そして、この理念を貫くための制度原則として、裁判官の独立を強く保障しました。すべて裁判官はその良心にしたがい、独立して職権を行い、この憲法および法律にのみ拘束されるとする憲法七六条三項の規定は、裁判官の独立の根拠を、単なる国家的な権限の分配、あるいは権力の機能分担的な独自性を超えたものとしてとらえ、裁判官が市民社会の一員として持っている人間的な、市民的良心に基づく独立性によって基礎づけることを明らかにしています。

(2)　これに伴って裁判官は、職権上のみならず身分上も独立性を強く保障され、裁判官に関する人事権をはじめとする司法行政権は、実質的に裁判所、とりわけ裁判官会議の民主的運用、自治に委ねられることとされました。なお弁護士も、憲法上の制度として認知されて、司法の人権保障の一翼を担う存在としてその独立性を保障されることとなりました。

二　司法官僚制の形成と司法不活性化

(1)　このようにして戦後司法改革によって形成された戦後司法は、その理念においても原則においても優れたものでありましたが、制度上の不徹底性、不十分性、矛盾点をも持っておりました。その最も端的な例は法曹一元および陪審制の不採用であったと思います。

また裁判官に対する戦争責任追及がほとんど行われなかったこともあって、裁判所内の民主化の動きは弱く、戦前の司法上層部がほとんどそのまま居残って重要な部署に配置されました。

もっとも改革直後には新しい司法理念に共鳴し、司法の民主化を追求する機運が最高裁判所内外にもあったのです。よく引用されますが、三渕忠彦初代最高裁長官の訓示などはその例であります。しかしこの機運は一九五〇年代に入って急速に後退し、五〇年代中葉から裁判官会議の権限縮小や裁判官考課制度が実施に向かい、裁判官統制のシステムづくりが進行し始めました。

⑵　ところが一九六〇年代に入って、裁判官統制システムづくりの動きは大きな抵抗、障害に直面いたします。松川運動や六〇年安保闘争に代表されるような、平和、人権、民主主義、福祉を守り発展させる運動が司法の分野にも影響を及ぼし、憲法的価値の積極的な定着を目指す独立意識の強い自覚的層が裁判所内外で形成され始めたからです。

このことは裁判の面にも一定の変化を生ぜしめ、人権感覚、憲法感覚に富む優れた判決が下級審で続出し、上級審もこれを無視できず受容する動きを示しました。刑事、労働、福祉、公害などに関する判例の動きがそれであります。

⑶　この事態に直面して、政治的支配層および司法上層部は強い危機感を抱いたと思われます。一九六二年に設置された臨時司法制度調査会は、この危機感を反映し、司法官僚制の強化によってこの事態に対処しようとし、そのためのプランを策定しました。一九六四年の臨司意見書がそれであります。

この意見書の概要は、①法曹一元の棚上げ、②司法官僚制の制度的強化、③司法修習の管理強化、④弁護士規制の強化、⑤裁判機構および裁判手続きの合理化・効率化でありました。

⑷　これらの方策は一九七〇年代から八〇年代にかけ、抵抗や批判を排しながら、弁護士規制の強化を除いてはなし崩し的に実施に移されていきました。しかもそのうち最も激烈な対立的局面を形成したのは司法官僚制の強化でした。

司法官僚制強化は一九六九年の平賀書簡事件を契機とするかたちで始まり、一九七〇年の裁判官の政治的中立性に関する最高裁判所の公式見解、一九七一年の宮本裁判官再任拒否などの諸事件を通じて飛躍的に進展しました。裁判官の全生活、全思想への支配力を強めていったわけです。

それだけではなく一九七〇年代において最高裁は、自ら一九七三年全農林警職法事件をはじめとして次々に人権制限的な判決を打ち出し、下級審に対し、それへの追随、先取りを強いたのです。

さらに一九八〇年代には簡裁の統廃合で五七五庁が四三八庁に整理され、地家裁の支部も二四二支部が二〇三支部に統廃合されるなど、国民不在の司法合理化が強行されました。

このようにして戦後司法の人権擁護理念と独立原則とは形骸化し、司法の不活性状態が深刻化しました。裁判官は独立性と柔軟性を失い、裁判は人権保障力を減少・劣化しました。

三　今次司法改革の基調と司法官僚制

次に、今般の司法改革の基調と司法官僚制について述べたいと思います。

(1)　一九九〇年代に入って、司法の不活性状態に対し、まず日弁連が「市民にとって身近で利用しやすく納得のできる司法」への抜本的改革を求める動きに取り組み始めました。この動きは司法の物的・人的基盤の拡充による市民に身近な司法の実現に最重点を置き、そのための優先的な具体的方策を弁護士人口拡大に絞るとともに、司法官僚制改革を法曹一元実現を通じて達成しようとする方向へと向かいました。

(2)　日弁連のこの動きは、司法の人権保障性強化を目指し、司法官僚制克服を最優先的課題としてきたこれまでの方針の重点移動を予測させるものであったのですが、この動きを揶い上げるかのように、財界団体が司法改革構想を打ち出し始めました。その基本方向は、競争原理導入に基づく司法のビジネス化と民活的活性化であり、その具体策は弁護士人口の増大、ＡＤＲの拡充、民事裁判の効率・迅速化でありました。

この動きは、九〇年代に進行した政治改革、行政改革、規制緩和などのかたちを取った統治戦略にすばやく組み込まれていきました。たとえば一九九五年の規制緩和推進計画にこれが取り入れられたのがその例です。

また自民党も、このような財界団体、さらにはその背後にあるアメリカ政府にプッシュされながら、司法改革構想の策定に取り組み始め、財界流の改革構想を基本的に受け入れるとともに、司法の秩序維持機能の強化、とりわけ刑事司法の強化をも打ち出しました。一九九七年の「基本的指針」、一九九八年の「確かな指針」、そして二〇〇一年の「ビジョン」などがそれであります。

このようにして司法官僚制について一定の部分的修正を施しつつも、その基本的枠組みを維持し、民事司法のビジネス化、民活的活性化と、刑事司法の迅速処罰機能の強化とを図るという改革路線が形成されていきました。

(3)　一九九九年に設置された司法制度改革審議会は、内外に一定の矛盾・対立を抱えつつもこの路線を踏襲し、最終意見書にまとめ上げました。その概要について、本座談会のテーマに即しながら、特に三点述べておきたいと思います。

第一点としては、意見書の基調は、権力的秩序維持の強化、司法の国会・内閣統治補完機能の強化、つまり三権の一体化、司法権（裁判官）独立の相対化、司法のサービス業化、民活的活性化、警察司法化強化をねらうことにあり、その帰結は人権保障機能の後退であることです。

第二点として、意見書は、法曹一元を裁判官供給源の多様化にすり替えて止めを刺すとともに、裁判官の制度改革の課題、これは裁判官裁判統制システムの改革と言い換えてもいいと思いますが、これを裁判官の任命・人事制度の部分的修正に矮小化して、民意反映、透明化、客観化などの名目で部分的修正を加えるとともに、関連情報収集の拡大、細密化、評価システムの強化を持ち込んでいること、その一方で、裁判官会議の活性化や市民的自由と独立の保障については取り組もうとしていないことであります。

第三点としては、意見書は、これまで弊害を生んできた判検交流の制度化をも提示していることです。

四 「新しい」司法官僚制の矛盾？

このようにして見ていきますと、今回の司法改革は結局のところ、私の見るところでは司法官僚制の温存・再編成に向かうことが予測されます。裁判官給源の多様化、任命・人事制度の民意反映・透明化・客観化、裁判員制度の創設などもこの方向を妨げるものではあり得ないと私は見ます。

とすれば私たちの視点は、第一義的には司法官僚制の温存・再編成それ自体、およびこれを生み出している意見書の基調の批判に置かれるべきであると思います。

それとともに、改革後に形成される新しい司法官僚制が裁判所内外でいかなる矛盾を持つに至るか、その矛盾が人権と民主主義にとっていかなる意味を持ち得るかについても検討が及ばなければならないように思います。この点については本座談会第三部〔略〕のテーマである裁判官統制を打破する展望にもかかわると思いますので、そこで私の考えを述べてみたいと思います。

（座談会「官僚司法を語る——その現状と改革の方向」における報告。法と民主主義三六二号、二〇〇一年一〇月）

［補記］司法制度改革の結果、下級裁判所裁判官指名諮問委員会及び裁判官人事評価委員会が裁判所内部に外部者をも混じえる形で作られたが、裁判所民主化や裁判官の市民的自由・独立の強化による司法官僚制克服の契機は全く用意されていない。

弁護士のあり方
人権擁護の理念像
二〇〇二年

専修大学の小田中でございます。私が弁護士の問題について書いた論文「人権擁護か公益性か――司法制度改革審議会の弁護士像」（専修大学今村法律研究室報三五号）のコピーを資料の中に入れていただきましたので、それを参照しながら今日の報告を聞いていただければと思います。

今回の司法改革というものが、言ってみれば基本的人権擁護とは全く逆向きの方向がきっかけになって大きな政治課題になっていったという、その経過については、今さら詳しく述べることは必要がないほどに既に明らかになっていると思います。もちろん、それに対して国民の側から、あるいは市民の側から、そしてそれを踏まえる形で弁護士層の中から、さまざまな批判なり意見なり要求なりが出てきて、状況がさまざまに移り変わってきたこともまた明らかな事実であります。

そのせめぎ合いの結果として、私たちは司法制度改革審議会の最終意見書（二〇〇一年）というものを目の前に持っているわけです。その評価については、平山正剛先生（東京弁護士会）から詳しくお話がありましたが、私とかなり共通する部分もありますが、大きく違う部分もあるように思います。いずれにしましても、あるべき司法改革は、基本的人権の擁護と、その制度的な保障原理としての司法の独立、司法権の独立、裁判官の独立と、弁護士の独立、それらの強化をめざすべきものであり、基本的人権擁護の機能強化と独立性の強化が結局は我が国における民主主義の強化に繋がっていくという脈絡で司法改革がなされるべきであります。

現に我々が目の前にしている司法権ないしは司法というものは、このあるべき姿からはかなり大きく逸れており、それを憲法なり我々が要求する原則的な方向に持っていくことが改革課題であるべきであります。この点については、平山先生とそれほど相違はないようにも思います。また、二一世紀のあるべき社会というものを踏まえながら、司法改革のあるべき姿を追求すべきだという点にも、平山先生とそれほど大きな違いはないように思います。

問題は、今回のこの意見書が果たしてそういう方向に向いているだろうかということの評価にあるわけであります。私自身は、その点についてはいろいろな論文（その殆どは『司法改革の思想と論理』信山社〔二〇〇一年〕という本にまとめております）で、一貫して逆改革的な様相が強いのではないか、その基本方向は基本的人権擁護機能の弱体化に繋がる危険性を極めて強く持っており、あるべき改革とは逆方向なのではないか、ということを指摘してまいりました。しかし、残念なことに、そういう私の批判や危惧の念（特に学者の中にはそういう危惧の念がかなり強いのですけれども）は改革審議会には届きませんでした。非常に残念に思っている次第であります。

では、なぜこのように改革審議会の意見書を非常に厳しく評価するのか。短い時間では論証が大変不十分になると思いますけれども、私自身は意見書の総論部分に大きな問題があると思っております。また、各論部分にも大変に問題があると思います。その一つ一つをくわしくお話することはできませんが、例えば、意見書は冒頭の「改革の基本理念と方向」という部分で、自由と公正というものを目指して「法の支配」が行われなければならないというふうに言うのですが、意見書のいう法なるものが秩序と等置されている点にまず疑問を覚えます。果たして法＝秩序でしょうか。決してそうではない。これは単なる表現上のレトリカルな問題ではなくて、この意見書の考え方の本質を示している点で大問題だと思います。

また意見書は、司法は公共性の空間を支える柱だ、という位置づけを施しています。司法は権力による秩序維持形成を図ろうとする国会や内閣と並んで公共性の空間を支える柱だとするわけですから、ここでも司法を秩序形成の柱だとする考え方が公共性空間論の中に入り込んでいるのです。

また、意見書は法曹の役割として国民の「社会生活上の医師」という定義をしています。これは非常に一面的な定義、捉え方だと思います。「社会生活上の医師」という比喩が巧みかどうかではなくて、そこで主張されている役割論というものが本質的に権力対抗性を全く含み得ないようなものであるという点に疑問があるのです。

その上で問題としたいのは、意見書のねらいです。弁護士制度改革のところで、意見書はまず冒頭に基本的人権擁護、社会正義実現という弁護士法一条を掲げております。これは、基本的人権擁護と社会正義実現こそ弁護士の使命であるべきだという、弁護士層の従来からの意見を忠実に反映したものとして一応評価できると思います。しかし、重要なことは、その前のところで、「社会生活上の医師」たる法曹の一員として、という文章が入っていることです。つまり、この意見書の組み立ては、基本的人権擁護と社会正義実現という弁護士の理念論を取り入れたように見せながら、その上位に国民の「社会生活上の医師」たる法曹の一員として、という大きな枠を被せていることです。ここにこそ、意見書の持っている本当のねらいが込められているように思われます。

さらに細かく見てまいりますと、意見書のそのあとの弁護士論の各論部分にも「社会生活上の医師」という捉え方が大きく影を落としており、基調を形成しています。例えば、「頼もしい権利の護り手」という言葉。「基本的人権」ではなくて「権利」の護り手というのは自ずと違う意味を持ってくるでしょう。また、「社会的正義」ではなくて「信頼し得る正義の担い手」という言葉は、国家的正義をも含みこれに傾斜していくような、そういう正義論を取ろうとしていることを表わしています。

また、弁護士の社会的責任論として「公益性」なるものを強調しておりますが、ここで言う公益性というものが権力との親近性を持ち得る概念であることは説明するまでもありません。

これらの問題点に共通しているのは、弁護士像から権力への対抗性とか、権力への批判性とか、これまで「在野性」と呼ばれてきたものを抜いて弁護士論を展開しようとしていることです。もっとも「在野性」とか「基本的人権擁護性」というものが二一世紀の社会においては全く意味がなくなるというのであれば、それはひとつの立場なり見方でありましょう。しかし、二一世紀社会になっても依然として基本的人権の重要性は減退せず、その擁護を自己の固有の職業的な存在意義とする社会集団が必要とされるという立場に立つ限りにおいては、このような弁護士論には相当疑問があると言わざるを得ないと思います。なぜ「基本的人権擁護」ないしは「社会正義の担い手」という役割論を維持することができないのか、なぜそれを放棄するのかという問題に直面するからです。

ここで私は、なぜこの弁護士理念というものが、特殊に弁護士にとって今問題になるのかということを考えてみる必要があるように思います。もともと弁護士は多様な職責、職務を持っていますが、それはこれからますます拡大する傾向にあります。これは先ほどの札幌弁護士会報告にある通りです。

問題は、そういうふうに多様化すればするほど職務内容なり活動内容なりを通貫し、弁護士が弁護士として固有の社会的存在意義を発揮できるような、そういう理念像なり役割論なりが必要になってきていることです。つまり多様性を統一する理念が今ほど求められているときはないのです。

その理念像が持つべき条件が幾つかあると思います。一つは、その理念像が歴史的な根拠と社会的な基盤に支えられ、その結果として普遍性と持続性とを持つことです。もう一つ重要なのは、統一性と強靱性とを持つことです。例えば時の権力や一時的な時流などに流されず、これに対抗して自己を貫徹できるほどに強力な統一性と強靱性とを持たなければならないと思います。

以上のような条件に即して考えてみますと、これまで弁護士法一条で規定化されてきた基本的人権擁護及び社会正義実現という弁護士理念は極めてすぐれたものだと考えられます。

基本的人権擁護と社会正義の実現という弁護士理念というものは、見事な統一性を持っています。弁護士の追求すべき価値は、国家正義ではなくて社会正義でなければならない。そう捉えてこそ、基本的人権擁護という役割と追求価値との統一性が生じてくるわけです。基本的人権擁護と社会正義実現という二つの異なった理念があるのではなくて、実は基本的人権擁護ということこそが社会正義の実現なのだというふうに統一的に捉えられなければならない。この統一性こそ、ほかの社会集団にはない特色であり使命なのです。

公益性という表現を用いた場合はそうはなりません。公益性を担うべき社会集団は弁護士だけではありません。社会的な重要性を持っている社会集団は、すべて公益性を自己の存在意義を担う理念として主張できるからです。しかし、弁護士が担うべき公益性は、基本的人権擁護というものに特化すべきものなのです。歴史的にみて、基本的人権擁護というものを自己の固有の存在意義としている集団はほかにはあり得なかったし、また今後もあり得ないだろうと私は考えます。

時間もありませんので最後に一つだけ言いたいのは、基本的人権擁護の理念を堅持すること、豊富にすること、これこそが二一世紀に弁護士層が弁護士として社会的に尊重されつつ存在し得る唯一の道だろうということであります。

（札幌弁護士会主催シンポジウム「弁護士のあり方」（二〇〇一年一一月三〇日）における報告、札幌弁護士会報二〇〇二年四月号）

二〇〇二年

有事立法や司法改革との関連で

横浜事件再審請求の現代的意義を考える

私は現在、専修大学で刑事訴訟法の研究・教育をしており、治安維持法の問題にも深い関心を持っております。三〇歳代に共著で『日本政治裁判史録』(第一法規)を出版し、その中に三・一五、四・一六事件、人民戦線事件などさまざまな治安維持法事件を研究して書いたことがあり、その関係もあって横浜事件についても関心をずっと持ってきました。今回、第三次請求に当たりお手伝いをしたいと思い、『法律時報』(二〇〇二年五月号)が特集を組んだので、論文を書きました。今日はこの論文に書いたことを中心にお話をさせて頂きたいと思います。

一　横浜事件が問うもの

横浜事件が我々に問うているものは何か、と問題提起をするなら、二点あるのではないかと思っております。一点は有事立法との関連、もう一点は司法改革との関わりです。

現在、国会で有事立法の法案が出され、巨大な戦争国家、戦争体制づくりの計画が明らかになってきました。戦争体験者にはわかりきっていることですが、有事立法というものは戦争が始まった時、あるいは戦争が間近に迫った時だけに発動される法律ではなくて、常に私達の身の回りに戦争の論理、軍事の論理、有事の論理を持ち込んで、人間の営み、人権、民主主義、平和、福祉を発展させようとする営みを日常的に締めつける体制を作り上げていくものであります。私はそれを有事の日常化だと表現しています。

今回の有事立法の中に「社会秩序の維持」という項目があります。これは社会秩序の維持のための法律を整備するということですが、これは戦争に反対する、あるいは戦争協力を拒否するような動きがでてきた場合には、「社会秩序の維持」という名のもとにそれを締めつけ、踏みつぶしていくということであります。

治安維持法は、一九二五年にできましたが、それから戦争が始まる一九四一年までの間に、日本は挙国一致の戦争体制に突入していきます。つまり大正デモクラシー、そしてマルキシズムが盛んだった時期に治安維持法は出来、そしてたった一五年間で、戦争体制を作り上げたわけです。そしてそれを可能にしたのが、治安維持法という法律です。

そうしてみると、治安維持法によってフレームアップされ、拷問による多くの犠牲者を出した横浜事件は、実は過去の事件ではなくて、これからの日本の社会でも起こり得る事件だということに気がつくわけであります。

治安維持法は稀代の悪法である、と憲法学者の美濃部達吉さんはかつて批判しました。その悪法性というものが実は戦争遂行体制と深く関わり、大きな役割を果たしたという歴史を今の時点で確認する必要があり、これに批判を加えていく必要があると思っております。それが第一点です。

第二点は司法改革との関わりです。このような悪法に対し、日本の警察、検事、裁判官は運用に積極的に協力しました。とくに極端な形で運用したのが特高警察です。そして裁判所は、悪法から決して国民を守らず、むしろ悪法性を拡大した形で適用していったのであります。

ところで、現在大きな掛け声の下に司法改革というものが押し進められようとしております。それとともに重要なのは、一九九〇年代から進行した支配システムの変化です。例えば、政治改革の名のもとに小選挙区制を作られ国会が空洞化した。行政改革という名のもとに、行政が民営化され、財界の間接的な支配がどんどんつよまっている。

その中で、警察や自衛隊はリストラされず増えています。ですから日本は、有事への国家作りの名の下に人々のあらゆる営みを監視し、抑圧し、規制し戦争協力へと持っていくシステム作りをやってきており、司法も例外ではないのです。いま刑事司法について迅速、効率化の掛け声の下に、民事でも二年以内に裁判をという流れが作られ、刑事でも一回か二回で結審という例が増えています。裁判らしい裁判をしないで有罪を言い渡し執行猶予でお茶を濁す。この光景は、ポツダム宣言の受諾直後にそういうズサンな処理を行った当時の裁判所の姿とダブってくるものがあります。

そういうことも含めて、裁判所が裁判所たるためには、また司法が人権を守るためには、何が大切かを考えるうえで、治安維持法と横浜事件とは深い教訓を私達に示していると思います。

二　横浜事件三つの特徴

この事件の特徴は、第一は、拷問によるフレームアップ事件であったこと。第二は、敗戦後のどさくさの中にあって裁判らしい裁判が行われなかったこと。第三は、その後事件記録が司法部の手によって焼却されフレームアップの犯罪の痕跡が隠蔽されてしまったということ。この三つであります。

まずフレームアップの元凶は特高警察ですが、それを正当化したのが治安維持法という天下の悪法です。治安維持法は、作られた後、どんどん改悪されております。まず一九二八年に改悪がなされます。「目的遂行行為」を罰するとして処罰範囲を大幅に拡大しました。そして、一九三六年には予防拘禁制度を作り、一九四一年にはさらに処罰範囲を大幅に拡大しました。

その結果、治安維持法は、国体変革、天皇制批判、私有財産制度否認、資本主義批判、そしてそれのみならずあらゆる思想的な営みを処罰する思想処罰法となったのであり、平和を願い戦争遂行というものに対する批判をも抑圧したのです。

その検挙範囲も、初めは学生の研究サークルの検挙から始まり、共産党の中枢へと及び、その壊滅に成功しますとその周辺部分に移っていき、人民戦線事件や、あるいは宗教弾圧、そうして最後に行ったのがジャーナリストの活動、研究会活動を弾圧する横浜事件でした。

当時の司法省の統計ですと、この法律によって約七万人が検挙されております。統計は一九四三年の四月までですから、敗戦直前までなら八万という数字になると思います。しかし、実際に治安維持法で「くさい飯」を食わされたという人達はもっともっと多いでしょう。潜在的な数を含めると、一〇万以上の人達がこの治安維持法によって、いわば弾圧され、検挙された、というのが実態だろうと思う。

特徴的なことはそれだけでなくて、治安維持法は、ポツダム宣言の受諾によって実質上効力を失ったわけですが、それにもかかわらず横浜事件のように敗戦後に被告人に有罪判決が下されたケースがあります。横浜事件では有罪を言い渡されたというだけでなく、敗戦後に判決を言い渡されている人が多いのです。これは無効な法律に基づく無効な判決というべきであり、この点で横浜事件は大きな特徴を持っているのであります。

では、何故ポツダム宣言の受諾によって治安維持法は失効したのか。そもそもポツダム宣言が日本に対して要求したのは無条件降伏です。そして「日本国国民ヲ欺瞞シ之ヲシテ世界征服ノ挙ニ出ヅルノ過誤ヲ犯サシメタル者ノ権力及勢力」の除去を要求しています。さらに戦争遂行能力破砕の確証があるまでは日本を占領すると表明したうえで、「日本国政府ハ日本国国民ノ間ニ於ケル民主主義的傾向ノ復活強化ニ対スル一切ノ障礙ヲ除去スベシ」とし、民主主義的傾向の復活・強化を日本政府に義務として課しています。

それと同時に、「言論、宗教及思想ノ自由並ニ基本的人権ノ尊重ハ確立セラルベシ」と宣言し、そのうえでさらに、「前記諸目的ガ達成セラレ且日本国国民ノ自由ニ表明セル意思ニ従ヒ平和的傾向ヲ有シ且責任アル政府ガ樹立セラルルニ於テハ」占領を終える、と言っているのです。

これに対し日本政府は、当時の支配層の一番の関心事であった国体、天皇制が存続できるかを連合国に問い合わせました。アメリカから返って来た答えは、「降伏ノ時ヨリ天皇及ビ日本国政府ノ国家統治ノ大権ハ」占領軍の制限の下に置かれ、「最終ノ日本国政府ノ形態ハポツダム宣言ニ従ヒ日本国国民ノ自由ニ表明セル意思ニ依リ決定」する、というものでした。要するに国体、天皇制、日本の最終的な統治形態等は日本国国民の自由な意思に委ねるということを連合国の意思として明らかにしたわけです。明治憲法を完全に打ち砕くというのが連合国の意思でした。

私が非常に重要だと思うのは、それを天皇を中心とした日本の当時の支配層が受け入れたということです。連合国が要求したというだけでなくて、日本の支配層はその要求を受け入れ、天皇自らが天皇主権を放棄したと考えざるを得ないということです。これによって明治憲法は大きく変化し、天皇制は相対化されるわけです。世論の自由な批判にさらされ、絶対的な天皇主権は瓦解し崩壊したのであります。

三　正当な処罰機能を喪失した治安維持法

そのような明治憲法及び天皇制の根本的な変更が治安維持法に影響しないわけがありません。治安維持法が守る国体とは、天皇制です。それがポツダム宣言の受諾によって存立の基礎がなくなってしまい、治安維持法は存立根拠を失ったと考えられます。

もっとも、事柄はそんなふうに進んだわけではありません。あたかも明治憲法が戦後も続いているかのごとき仮想的な現実が作られ、まさに明治憲法から日本国憲法が連続的に生まれたような、そういうプロセスを取りました。それだけではなくて、治安維持法についても、日本の支配層はこれをなかなか廃止しようとせず、むしろ当時の内務大臣は逆に取り締まりを強化していく動きさえみせたのです。しかし、アメリカを中心とする占領軍は、一〇月四日治安維持法の廃止を指令しました。それによって、治安維持法で刑の執行を受けていた人達は監獄から解放されました。一〇月一五日には治安維持法が正式に廃止され、また横浜事件についても細川嘉六さんについては免訴が言い渡されます。

このようにして治安維持法は一〇月一五日までは完全に効力を持っていたかの如く日本では扱われたのでありますが、実は一〇月一五日に初めて廃止され失効したのではなく、八月一四日の受諾の時点ないし八月一五日の時点において既にその効力を失ったというべきなのであります。

この点について、横浜事件弁護団は第一次再審請求から主張していましたが、第三次請求においてはこれを本格的な争点として主張し、裁判所に判断を求めました。裁判所は、憲法学者の意見が聞きたいということで、京都大学の大石真さんに鑑定を依頼しました。

五月二七日付の大石鑑定書は、弁護団や私が考えていたのとほぼ同じであります。要するに、ポツダム宣言の受諾によって、明治憲法の天皇主権は大きな変化をきたし、君主主義は放棄されたのであり、これに伴い治安維持法の諸規定は効力を失ったと解すべきだと言っています。

このようにして、弁護団の主張は鑑定書に反映され、横浜事件の再審が実現することを願ってきた者にとっては、ひとつの大きな成果を上げたと思います。この鑑定書に対して検察側は反論して対抗するでありましょうが、その結論を動かすことは裁判所としては難しいのではないかと考えます。

もっとも、大石鑑定にも問題があります。第一に、治安維持法が悪法であったということの認識が全くないことです。第二としては、ポツダム宣言にこめられている民主主義と平和と人権を求めることの正当性についての認識がないことです。

三　再審を開始せよ

さて、問題はその次であります。もし治安維持法がポツダム宣言受諾によって失効になったのだとすれば、横浜地方裁判所は八月一五日以後は裁判を打ち切り、免訴にすべきだったのではないか。仮に免訴までいかなくても無罪という道があったかもしれません。いずれにしても処罰せずという結論が裁判所の取るべき処置だったのではないか。ところが、日本の裁判所はこのことに気がつかず、慌てて有罪判決を言い渡しました。これは誤判であり、裁判の体を成さない、どさくさ処理です。これは裁判所の失態だったと思います。それだけでなく、その直後裁判の記録が焼却されてしまいました。

誤判の救済手段は再審です。日本の刑事訴訟法は、免訴をしなかった誤りの場合も再審を開いて免訴を言い渡すべしという規定を置いています。私はこの規定が横浜事件再審請求にストレートに適用されていいのではないかと考えます。

ただ、これについては学者の間でも異論があります。どういう異論かと言いますと、そもそも再審は法律問題についての誤りを正す制度ではなくて、事実認定を誤った場合に救済する手続です。ところが、ポツダム宣言受諾によって治安維持法が失効したかどうかというのは法律問題であり、この点について裁判所が判断を誤ったことについての救済の手続として再審を使うのは筋違いだ、というのです。

再審以外の救済ということになれば、非常上告ということになります。しかし、非常上告というのは救済の手段としては限界があります。なぜなら検事総長のみが非常上告を申し立てることができるとされていて、被告人の救済のシステムとはなっていないからです。ですから、非常上告ということになりますと、横浜事件の場合には救済されない可能性が大きいわけです。しかし、それはおかしい、ということも含めて、再審で救済できる、むしろ救済すべきであるという主張を私は法律論として展開しました。

おそらく横浜地方裁判所が憲法学者に鑑定を求めたのは、これは再審で救済すべき問題だという考え方が伏線としてあったからではないか。

問題はその先にもあって、再審を開いた時に、いったいどういう手続で再審公判手続を進め、どういう判決をすべきかという問題です。横浜事件の再審は、天下の悪法である治安維持法の犯罪性を明らかにする、拷問でフレームアップをした人達の責任を明らかにする、かつ戦後における刑事訴訟法におけるどさくさの処理、これについての裁判所の責任も追及する、そういうふうに事件の本質と実態に見合う再審公判の手続と判決が構成されるべきだろうと思います。

今までの閉塞状況に比べれば、展望は明るいのですが、しかし、検察側は総反撃を加えてくると思います。そういう意味で横浜事件の再審の闘いはようやく入口に入りかけたというくらいの所ではないかと思います。いよいよ土俵に上りかけたというのでしょうか。これからがまさに全力を挙げて取り組むべき本番だと思います。

(「横浜事件の再審開始を!市民集会」(二〇〇二年七月一三日)における講演要旨、横浜事件再審ネットニュース二〇〇二年一〇月号)

[補記] 横浜事件再審第三次請求に対し、横浜地方裁判所(裁判長矢村宏)は、二〇〇三年四月一五日、ポツダム宣言受諾に伴う治安維持法失効を理由に免訴とすべき理由があるとして再審開始を決定し、即時抗告審の東京高等裁判所(裁判長中川武隆)も二〇〇五年三月一〇日、この結論を認めた。但し、その理由は、特高警察による拷問により虚偽自白が行われたものであって無罪とすべき理由がある、とするものだった。ところが再審公判に当たった横浜地方裁判所(裁判長松尾昭一)は、確定判決後に治安維持法が廃止され被告人らが大赦を受けたことを理由に免訴を言い渡した。目下、被告人側は無罪判決を求め控訴中。

二〇〇二年

私は忘れない
本間重紀さんの死を悼んで

本間重紀さんが亡くなったとのしらせを受けたとき、覚悟していたとはいえ、悲しみと力の抜ける思いで、しばらく声が出なかった。

その一ケ月ほど前、私は本間さんの声を電話で聞いたばかりだった。酸素吸入をしておられる状態で、苦しそうな声だった。本間さんは「法の科学」特別増刊『だれのための司法改革か』(二〇〇一年三月)の出版を伝える私に対してしっかりと応え、とても喜んでくださった。しかし、その声はそれ迄になく低く苦しげだった。病状がよくないことを本間さんは冷静に説明して下さった。

いま思えば、それは渾身の力を振り絞って告げてくださったお別れの言葉だったのだ。そのときは励まそうとする私のほうが涙声になってしまい、受話器を置いてからも涙が止まらなかった。さぞ生き続けたいだろう。さぞ元気を取り戻してもっと研究したいだろう。さぞ御家族と団らんの刻をたっぷりと持ちたいだろう。なにしろまだお若いのだから、と。

憶えば、本間さんは随分若い頃からの民科の場を通じての知り合いだった。戦時統制経済の分析の蓄積を踏まえた現状分析の鋭さと歴史眼の確かさとに、私はいつも感心し啓発された。実は私も学生時代には経済学部に身を置き、戦時農業政策分析を主なテーマとしてゼミ論を書いたことがあった。そうであるだけに、本間さんの研究はとても身近に感じられたのだった。

だが、本間さんとのつき合いが深まったのは、九〇年代、規制緩和とその一環としての司法改革への批判活動を通じてだった。

ほかの機会にも述べたことだが(法と民主主義三六三号)、規制緩和という名の社会システム、社会構造の破壊と再編の動きが本格化し始めていた一九九五年、仙台で日民協(日本民主法律家協会)の東北支部を中心に、金融機関、商工会、農協、生協、労働組合、教員、弁護士、研究者など、様々な分野の人々が集まり、規制緩和について討議し批判的に対応する途を探り当てようとする継続的なフォーラムを立ち上げた。それは数年、一〇回余に及び、一昨〔二〇〇〇〕年、暮の伊東光晴氏の市民向け講演会で締め括られた。

このような取り組みは、全国的にみても先駆的なものだったと思う。何しろ九〇年代半ばの頃は、新自由主義のイデオロギー的毒素があらゆる分野にどっと押し寄せ、自由、市場、競争、自己責任などという響きののいいキャッチフレーズでひとびとを思考停止状態に陥れ始めていたのである。

そんな風潮のなかで、逸早くその危険な本質と現実的効果とを見抜き批判に立ち上がったのが本間さんだった。東奔西走しているその本間さんに、私たちフォーラム関係者は御指導をおねがいした。頼りになる学者は何しろ本間さんしか当時いなかったのだ。本間さんは快く承諾して下さり、遠路はるばる仙台まで身を運び、フォーラムに出席して下さった。それは一回に止まらず、四、五回に及んだ。報告や討議を聞いて問題点を整理し総括して下さる本間さんのお話は、いつも明晰で、しかも卓抜な表現を混じえた説得的なものであり、眼からうろこの落ちる思いを味わせられた。

そして忘れ難いのはフォーラムが終わった後の酒だった。本間さんは実においしそうに飲む人だったが、いつの間にか静かになり、眠り込んでいる。その姿が今も鮮やかに目に浮かぶ。

また、本間さんは、規制緩和の一環として始まった司法改革の動きについても、その狙い、本質を素早く見抜き、批判に立ち上がって下さった。これはとても有り難く、頼もしい限りだった。

周知のようにこの動きは、一九九四年の経済同友会の司法改革提言を契機として始まったのだが、他の新自由主義的改革の場合と同じ様に、自由、市場、競争、そして加えて「法の支配」などの美辞で飾られていた。しかし、その本質が司法のビジネス化であり、権力的秩序強化であり、三権一体化であり、司法の独立性の解体と基本的人権擁護力能の剥奪であることは明らかだと私には思えた。

だが、この狙いと本質についての認識は、そのイデオロギー的粉飾のせいもあってなかなか共有するところとならず、多くの弁護士が、そして学者さえもがこれに巻き込まれていく動きをみせた。

私は仙台でのフォーラムのお蔭もあって、司法改革の本質を比較的容易に見抜き、批判的に対応することができたのだが、批判の輪はなかなか拡がらなかった。それどころか逆に市民的改革の動きとして評価し、積極的にこれにコミットする動きが強くなっていった。

このような状況下で、本間さんは持前の優れた分析力と論証力で今回の司法改革の動きを財界主導の「規制緩和型司法改革」と規定し批判を展開して下さった。本間さんのこのような論陣が、戒能道厚さんや久保田穣さんのそれと共に、どんなに批判の質を高め批判層を拡げたかわからない。

それだけではない。本間さんは、一九九九年三月の民科（民主主義科学者協会法律部会）理事会において、民科として司法改革の批判的検討に取り組むべきことを提言し、自ら事務局長役として司法特別研究会発足に尽力して下さった。本間さんの作った研究プランは見事なものであり、私たちはそれに従って一〇回余に及ぶ研究会を積み重ね、その成果を世に問うことができた。これはひとえに本間さんのお蔭である。

だが、本間さんはその頃すでに病魔に冒され、代わって広渡清吾さんが研究会のとりまとめをしてくださったのだが、本間さんは研究会のことをいつも気にかけて下さり、一時軽快して退院しておられるときは、いやときとしては入院中でも民科の学会、司法改革市民会議、日民協司法制度研究集会などに出席し、必ず的確な発言をして下さった。その気力にみちた凛然たる姿は、永く私たちの胸に残って消えないだろう。

私は忘れない。本間重紀という誠実な法学者が民主主義と人権のため最後の最後迄死力をつくして学問的営みを続け、庶民のため闘い、生き抜いたことを。

そして私は誇りたい。本間重紀という稀有の研究者が民科の仲間であったことを。

（本間重紀先生追悼文集『大地――陽ハマタノボル』、二〇〇二年六月）

［補記］本間重紀氏（静岡大学教授）を追悼する論文集として、丹宗暁信・小田中聰樹編『構造改革批判と法の視点』（花伝社、二〇〇四年）が編まれた。

二〇〇五年

手から手へ
『希望としての憲法』出版に籠める思い

去年の秋、私は『希望としての憲法』という本を出版した。出版社の花伝社から一〇〇〇冊あまりの新本がドサッと送られてきたときは、覚悟していたとはいえ、溜息が出た。

花伝社の柴田章さんの的確で素早い編集に力を得て、憲法擁護の一助にもと力んで作ってはみたものの、専門から離れた、やや独りよがりの気味のある本を読んでくれる人を、自分の力で一〇〇〇人も見出すことが果たしてできるだろうか、正直のところ見当がつかなかった。

ところが、宮城の憲法運動を担っている人達が、早速に一〇冊、二〇冊、五〇冊と引き取って色々な集まりに持ち込んで売ってくださった。この動きに励まされ、私も妻の助けを借りながら、友人や知人や教え子たちにせっせと本を送り、頒布をお願いした。周りの人びと、ことに若い人たちの手に渡ってほしい、という思いからだった。

幸いにもこの思いは伝わり、その輪がたくさんの人びとの手を経て拡がっていったとみえ、二ケ月もしないで一〇〇〇冊の本が我が家から姿を消した。そしてその代わりに感想を記した手紙や電話が次々に届いた。

恩師の元最高裁判事は、深夜わざわざ電話を下さり、今途中まで読んだがとても元気づけられたと、私を励ましてくださった。神奈川のある友人は、他のひとにも読んでもらいたくて『希望としての憲法』を持って師走の街を歩いている、と書いてくれた。東京のある高名な弁護士の方は、お孫さんにも読ませたいとたくさん注文して下さった。

遠く四国の精神医学者の方も、周りの知人に勧めたいと沢山買い取って下さり、こうすることで憲法運動に加わりたい、と書いて下さった。関西の若い研究者は、ゼミでこの本の感想を交換し合う形で憲法問題を討論した経験を伝えてくれた。また、大銀行のトップを務めた旧い学友も、少なからず感動したと書き記してくれた。

その一つひとつに私は強く感動し、私たちの間に広く深く根を張っている憲法への思いに改めて目を見張る思いがした。

かつて私は東京都立大学で三十歳代の一〇年間を過ごしたが、そこの組合の機関紙は「手から手へ」という素敵な名前だった。

手から手へ――私は沢山の手紙を読みながら、旧い職場のこの組合機関紙の名前が胸に浮かんできてならなかった。そして当時の組合運動や市民運動に漲っていた情熱と温もりのある手が、今も、いや、今こそ必要とされているのだ、と思われてならなかった。

そして、憲法に希望を託する私の本は、とてもささやかなものではあるが、「手から手へ」と渡っていきながら、人びとの胸の奥底に燃えている護憲の意思を結び合わせていく一本の糸、無数の糸の中の一本の糸になるなら、こんなに嬉しいことはない、と思った。

（法と民主主義三九五号、二〇〇五年一月号）

二〇〇五年

憲法改悪の動きの中での言論弾圧事件の狙い

いま私たちのまわりでは、大きな出来事が次から次へと押し寄せています。もっとも大きな動きは改憲の動きですが、新自由主義に基づき、格差を意図的につくっていく経済政策、リストラ、不況、あるいは失業者など、大きな犠牲者を次から次へと生み出している動きもまた大きな出来事です。さらに、犯罪や非行、あるいは「テロ」なども含めて、治安の問題も社会問題として私たちの前に起きています。その一つひとつがどういう意味で、私たちにとって人権と民主主義、さらには憲法に関わっているのか。私たちは大いに学習し認識を深めていく必要があります。

日本は今「岐路」に立たされています。現実的にみれば、改憲問題は、戦争と貧困か、平和と福祉か、という選択なのです。戦争と貧困、平和と福祉はそれぞれワンセットです。そういう選択を日本はいま迫られつつあります。かつて日本が中国を侵略し、一気に太平洋戦争の泥沼へと走った一九三〇年代に直面した「岐路」と同じような状況が、改憲という形で、私たちの前につきつけられているのではないでしょうか。

このような「岐路」にあって、言論弾圧事件、これとたたかう裁判闘争はどういう意味をもつのかといえば、そもそも日本が進むべき道を判断するにあたっては、人間の理性的・良心的選択がなされなければなりませんが、それを保障するのは言論の自由しかありません。だとすれば、選択を理性的なものにならしめるためには、言論の自由が大変重要な意味をもってくる。ですから、私たちが言論弾圧とたたかうことは、まさに「岐路」にあって、私たちの理性と良心にもとづいて正しい道を選択する自由を守るたたかいという意味をもつのです。

言論の自由なくして民主主義もなければ平和も福祉もありません。こういう問題が私たちに突きつけられているのではないでしょうか。このことこそまさに言論弾圧裁判闘争がもっている現実的課題です。

一　改憲作業の現状

いま憲法改悪の動きが、具体的に進められています。衆参両院において、憲法調査会が改憲を方向付ける報告書を提出しました。さらに自民党が改憲要綱をつくり、読売新聞も改憲試案を出しています。これらの改憲勢力の動きの背後には、財界やアメリカなど、様々な動きがあり、まさに日本の支配層は総力を上げて憲法「改正」を政治的な課題に仕立て上げ、二〇〇五年に勝負をかけようとしています。そういう動きと同時に、いわばその波頭の役割を果たすのが国民投票法案で、今度の国会に出して議論もなしに一気に法律化することを狙ってくると予測されています。

二　改憲構想とその狙い

改憲勢力の狙いを自民党の改憲構想を中心に見ていきますと、基本はやはり「戦争する国」「戦争できる国」「戦争できる社会」「戦争できる人間」、つまり「必要ならばいつでも戦争できる国家、社会、人間への改造」ということです。

そのために一番重要な課題となっているのが、国家のために自発的に奉仕、貢献、服従すべき存在へと国民を作り変えることです。国民は国家あってのものであり、国家は公益を担う。したがって公益を軸にした社会的繋がり、つまり公益中心の社会、公益中心の国民、そういうものへと国民のあり方、考え方を改造していこう、あるいは法律関係、社会関係を切り替えていこうというのです。

ここで重要なのは、「公益」という概念です。「公益」の捉え方には二つあり、ひとつは個人、あるいは社会を中心とした公益。もうひとつは国家を中心とした公益です。戦後、私たちが憲法のもとで追求し大事にしてきた公益とは、個人の人権、人権の総体としての社会の利益であり、その実現のため人と人とが協力する人間的、社会的連帯を組んできました。今日集まっている皆さんは、その人間的、社会的連帯のよき見本です。

ところが改憲勢力は、国家のために戦争する社会や人間集団を作り出すため、国家の利益を公益の中心に据え、戦争する国家と戦争勢力の利益を公益に仕立てあげ、これをあたかも人間の最高の義務として奉仕すべき対象であるかのごとく絶対視する方向に、法律関係、国民の意識を切り替えていこうとしています。ここに、改憲勢力の国家像、社会像、人間像の基本があります。

この点を軸としながら、改憲勢力が具体的にどういう風に憲法を変えていこうとしているのかを見てみましょう。

権力に対する抵抗性を奪う

まず改憲勢力は、主権者である国民意識を権力者意識へと組み替え、歪めていこうとしています。つまり国民が持っている「主権者意識」を「統治者意識」にすり替え、権力者意識を注入していこうとしているのです。そして「国民が国政に参加するのは統治者としてであり、統治者が権力を批判するのはおかしい」という論法で、権力に対する国民の抵抗力を奪っていこうとしています。つまり「主権者意識」を「統治者意識」にゆがめ、国民と国家権力との一体性を強調する。その結果として、国民は権力批判をすることができなくなり、「愛国心」を強要されていくことになるわけです。

戦争できる国家装置づくり

そして改憲勢力は、軍事力による国家自衛権を憲法で明文化しようとしています。これが九条「改正」論の中心課題です。

同時に、集団的自衛権をも憲法に明文化して盛り込もうとしています。集団的自衛権の本質とは実は自衛ではなく、共同攻撃態勢です。アメリカがどこかと戦争をしたら、日本もアメリカと一緒になって戦う軍事同盟というところに本質があります。しかもその実体は、極めて攻撃的、凶暴なものです。現にアナン国連事務総長でさえ最近、場合によっては国連の先制攻撃権を認めるという趣旨の報告書を出しています。もともと自衛というのは、相手側に攻撃されなければ反撃できないはずですが、相手にやられる前に攻撃してしまう先制攻撃が、集団的自衛の名においてできるというのです。このことは、まさに集団的自衛権の持つ危うさ、攻撃性、凶悪性を示しています。

さらに、戦争をしたときに憲法の人権条項をほとんどすべて停止し、国会を中心とした議会制民主主義もストップできる、国家緊急権というものを盛り込もうとしています。緊急の事態、つまり戦争が起これば、憲法の〝ない〟状態にすることができる、というのが国家緊急権の基本的な考え方です。そして国民に国防義務を負わせ、いったんことがあれば、徴兵、徴用の義務へと具体化していこうとしています。

人権制限の強化

その用意のために、平時においても、公益による人権の制限を今以上にはっきりさせようとしています。

また自民党の改憲要綱や、衆参両院の報告書は、「新しい人権」を盛り込むことを記述しています。環境権、情報アクセス権、プライバシーの権利、被害者の権利といったような権利を「新しい人権」として憲法に取り入れていこうというのです。

しかしこの「新しい人権」は、全国各地で何十年にもわたって展開された裁判闘争や住民運動を通じて、ほぼ社会的にも法的にも確立している権利です。これをいまさら憲法に入れようとする動きには実はカラクリがあって、「公益に反しない限り」という制限を盛り込むことに本当の狙いがあるのです。これでは私たちがたたかいの中で獲得した権利よりもずっと後退したものになりかねません。

生存権の形骸化

また、「自由で活力に満ちた社会を築く」という言葉を憲法に盛り込もうとしています。つまり自由競争主義です。弱いものは排除されてもやむを得ない、弱いものは「落ちこぼれ」として振り落とされ不利益を被ってもしょうがない、というのです。それを憲法条項に盛り込もうというのですから、たとい生存権の条項が形の上で残ったとしても、骨を抜かれた生存権になってしまう危険が非常に強いわけです。

それだけではなく、国民に社会的費用を負担すべき責務を負わせ、教育・家庭・環境等についても守り充実していく責務を負わせる責務条項を入れようとしています。これが何を意味するのかといえば、教育、家庭、環境、福祉は国民の自己責任でやる、という意味合いなのです。私たちがこれまで戦後五〇年以上かけてたたかって獲得してきた生存権の土台が、崩されようとしているのです。

違憲審査権の弱体化

司法の面では、違憲審査権を独占的にもつ憲法裁判所をつくろうという動きがあります。一般の裁判官から憲法的思考を奪い、憲法的判断をできないようにすることがその狙いです。立川の防衛庁官舎ビラまき事件で、第一審の裁判官は、表現の自由は憲法上重要であり、ビラまきのための「住居侵入」という犯罪は、表現の自由から見てその違法性は否定されるべきだという、憲法論を真正面から踏まえた議論を展開して無罪にしました。しかし、もし憲法裁判所ができると、そういう判断ができなくなります。これは裁判闘争を展開する私たちにとって大変重大な問題です。

その他にも、内閣総理大臣の権限をどんどん強くしていく仕組みづくりや、憲法改悪が簡単にできるように「改正」手続きの要件を軽くしていこうという動きも重大です。

三　憲法の「非憲法化」

これらを総括すると、「憲法を非憲法化していく」ということになります。憲法の名前は残るけれども、その骨を全部抜いて、国家のための国民、国家あっての国民に切り替えていく道具にする。国民を自由に操ることができるような国家、社会をつくっていく道具にしていこうというのです。

しかし私たちの理解では、憲法は、まったく逆であるべきです。人民が国家権力を縛り、義務付け、自由・平和・民主主義の実現を国家の義務とさせること、これが憲法の任務であるべきであり、現在の憲法はこういう考え方に基づいてつくられているのです。ところがわれわれが改憲によって手にするかもしれない「憲法」は、憲法の名前は持っているけれども、肝心要の背骨を抜かれ、毒をもられた「憲法」になると思います。その意味で憲法は「非憲法化」されていく、というのが改憲がもたらす危機の実体だと思います。

四　改憲勢力の孤立化傾向

このような改憲勢力、支配勢力の動きは決して支持を得ていません。これは最近の世論調査でもはっきりしています。時事通信社が四月一七日に行った世論調査の結果では、「自衛隊を軍隊と位置づけ、戦力保持を明記することに賛成」と答えた人は二八％、つまり三割弱なのです。これに対して「憲法は現行どおりでよい」が四一・七％だということです。これらの数字から読み取れるのは、九条「改正」を中心とした憲法改悪に賛成しているのは二割台だということです。どの新聞の世論調査でも同様の傾向です。自民党は、国会選挙では得票率三割を占める政党ですが、その自民党支持者ですら、憲法を「改正」することには、相当躊躇しているというのが実態なのです。

他方において、頼りにならない政党も多く、民主党や公明党は、ある意味で「日和見政党」で、世論の動向を窺っているのです。

ですから私の見方では、今後の衆参両院の憲法調査会を舞台とした鳴り物入りの憲法「改正」の作業は、大きく躓き頓挫しつつあると思います。九条「改正」を狙う動きをとことん支持するのは国民世論のせいぜい二割にすぎません。もし国民投票をやって彼らが負けたら、もう二度と憲法「改正」はできなくなります。ですから恐くて国民投票に打って出られない。そういう追い詰められた状況に、彼らは至っていると思います。だからこそ日和見を決め込んでいるのです。

しかもこのような改憲の動きは、国際的にも孤立化傾向を深めています。日本に対する警戒心が非常に強いことが、この一週間の中国や韓国の動きではっきりしました。憲法「改正」をするのではないか。そしてアジアで侵略をするのではないか。こうした恐怖が経済的な進出と合わせて、アジアの人たちに恐怖感を与えています。

また冷戦構造からつづいてきたアメリカ依存の枠組み、アメリカとの軍事同盟に依存するという世界の枠組みが、近頃あらゆるところでがらがらと崩れ出しています。アジアでも、ジャカルタでアジア・アフリカ首脳会議が開かれました。これは大きな事件です。一九五〇年にバンドン会議で取り決めた「平和一〇原則」を復活し、その精神でいこうとする流れが、アジアでいま生まれているのです。ヨーロッパでも、EUがアメリカとの軛を断ち切って、イラク戦争に対しても独自性を示しています。

このように見てくると、九条を「改正」してアメリカとの軍事同盟を強め、軍事力をバックにして日本の政治的、経済的な力を世界に見せつけようという流れは、国際的に見るとその基盤が崩れつつあるのです。

しかし、だからといって日本の改憲勢力がこれであきらめるはずはないのです。なぜならば、改憲勢力は、アメリカ依存の考え方や、政治的、経済的、外交的仕組みから脱却した日本を構想できないためです。ですから、なんとかして「戦争のできる」国家・社会の体制にして、アメリカとの軍事同盟を強化し、世界にその力を見せつけたいと考えている。そのために様々な策略を展開しているのです。その中心は第一に思想工作、言論・情報工作です。

五　改憲実現への策略

言論工作はいま色々な形で行われています。自衛隊も情報戦と称して、イラク戦争の際に、国民をいかにして戦争賛成へと巻き込んでいくか、ということをマニュアル化し、実施していると言われています。

言論規制としては、NHKに対する政治的干渉がその例です。ビラ配りや公務員の表現活動への弾圧、「君が代」強制の批判への弾圧なども言論規制です。とくに「君が代」「日の丸」を中心とした教育統制は、現場にものすごい勢いで押し寄せています。

そして法案化が狙われている国民投票法案も、言論規制の一翼を担うようにつくられつつあります。国民投票法案にはいくつもの問題がありますが、とくに改憲反対運動の自由を許さない仕組みになっていることは重大です。自民党などが用意している法案の中に、「国民投票運動に関する規制」という条項があり、公務員および教育者の地位利用による国民投票運動を禁止しています。そうすると、私も改憲反対の話はできないことになります。また予想投票の公表の禁止。新聞紙または雑誌の虚偽報道の禁止。新聞紙または雑誌の不法利用等の制限。そうなると新聞も雑誌も改憲の問題についてうっかりしたことを書けなくなってしまう。これはまさに改憲反対運動の言論弾圧の法律なのです。

こういうことも織り交ぜての言論規制が行われようとしています。しかも、言論規制だけでうまくいかないときは、改憲勢力はわざと「危機」をつくり出すのではないか、と私は予想しています。テロリストによる「危機」とか外国勢力による「危機」を意図的につくりだし、それに対応するという名目で、クーデターのように強引に国会に憲法改正案を出して一気に通し、戒厳令下のような状態で国民投票に持ち込んでいく危険がある。

私たちは一九三〇年代に二・二六事件という経験をしましたし、ナチス・ドイツにおいては共産党が国会に放火したということをでっち上げて、一気にヒットラーが全権を握っていきました。最近の日本の例でいえば、一九六三年に自衛隊の中で「三矢作戦」というクーデターまがいの作戦計画がつくられたことがあります。外国勢力による日本の侵略を想定し、その緊急的な事態を利用して、国会が二週間の間に一〇〇近い法律をつくって、一気に戦争態勢に入っていく、という戦争計画を自衛隊が密かにたてたのでした。これは幸いにも暴露され、国会で追及されて一応廃棄された形になりましたが、そういうことも含めて、クーデター的な手法にも、私たちは警戒しなければなりません。

このように考えてくると、改憲勢力の動きは、我々の予想を超えるものがあり得ることを想定しておかなければならないと思います。

六　「異端者」作り人権抑圧

改憲のためには言論規制も含めて、色々な改憲反対運動を規制しなければなりません。デモをはじめ、あらゆる人権を規制しなければ改憲は実現できないし、また人権を抑圧するために改憲しようとするのです。

この人権を抑圧するメカニズムは、普通のやり方ではなかなかできません。そこで考え出されている一つの仕掛けが、意図的に「異端者」をつくっていくことです。犯罪を犯したり、非行を犯したりするような人々はもちろんのこと、競争に負けた「負け組」、路上生活をしなければならなくなった人々をも「異端者」扱いしていく。社会の役に立たないもの、有害であるものを意図的に「異端者」としてまずつくり出し、それと同時に政治的な「異端者」をつくるのです。

例えば、「憲法改正に反対するような者は愛国心のない非国民だ」という形での「異端者」づくりをマスコミなどを通じてどんどんやっていく。それに「社会の敵」というレッテルを貼った上で、それをどうやって抑え込んでいくのかという形で問題を立てる。そして、「異端者」に人権はない、そういう者の人権は侵害してもかまわない、という形で人権制限をどんどん拡大していこうとするのです。この動きに対し、犯罪に関係なく、特定の政党にも関係のない人たち、あるいは社会的な運動をやっていないような人たちは、自分には関係ないと思っているわけですが、実はいつ「異端者」に仕立て上げられて転落するか分からない。こういう恐怖の仕組みがつくられていくのです。

こういう形でいま人権制限がどんどんすすめられているのです。「異端者」をつくり「異端者」に意図的に集中的な攻撃を加えることによって、「異端者」のみならず、すべての国民の人権を制限してゆく、というのが今彼らが仕組んでいる罠なのです。

そう考えますと、言論弾圧が持つ今日的な意味というのは明確です。言ってみれば政治的な「異端者」狩りとしての刑事弾圧なのです。そういうレッテルを貼る仕掛けなのです。このようにして、最近の言論弾圧は仕組まれていると私は思います。

このようなやり方は、一九三〇年代に治安維持法に基づいて「異端者」狩りをやって、ついには国民全体を物言えない民にしてしまった、あの歴史的事実を思い出させます。

しかし、今はあのころとは決定的な違いがあるということも同時に摑んでおかなければなりません。今の「異端者」狩りという罠には弱点があります。色々な点で憲法に合わない矛盾を抱えており、今の憲法では、これが弱点にならざるを得ないということです。つまり憲法がその弱点をつくるのであります。したがって私たちはまずこの罠を憲法に依拠しながら取り払わなければならない。それに陥らないようにしなければなりません。その基本はなんといっても「異端者＝社会の敵」という図式を、社会的連帯をもってうち破っていくことです。

最後に裁判闘争の歴史的課題性について簡単に述べたいと思います。まず第一に、言論・思想の自由を守り、刑事弾圧を許さないたたかいは、それ自体が憲法に依拠しながら憲法を守るたたかいなのです。憲法に依拠するということは、人権、連帯、民主、そして何よりも平和を守るということであります。

第二に、この闘争には勝利の展望があるということです。さきほども言いましたように、憲法を「改正」しようとする勢力は二割台、あるいは実は二割より少ないかもしれないのです。我々はそういう二割の勢力に負けるはずがないのです。必ず勝利できるのです。

第三に、ではその鍵はどこにあるか。私たちが十分にこの改憲の動きを批判し、改憲に抵抗する国民的世論や国民の人権意識に依拠し、裁判闘争を展開することができるかどうかということにかかっています。

そのためにも、護憲、平和、人権、民主、生存を追求する私たちの営みは、「少数派」でもなければ「異端者」でもなく、「歴史的にも社会的にも正当性を担う多数派である」という自信を持つべきです。二割の勢力に負けるわけにはいきません。一生懸命頑張りましょう。

（第一五回裁判勝利をめざす全国交流集会〔二〇〇五年四月二四日〕における講演要旨、救援新聞一四七二号）

二〇〇五年

平和憲法の柱を否定

一　自民党新憲法第一次案が狙うもの

今度の総選挙の本当の争点は、郵政民営化ではない。それも争点の一つではあるが、改憲問題と生活問題（増税や中小企業つぶし、年金空洞化問題などをはじめとして）こそ真の争点である。

二　国民の目そらす郵政民営化問題

ところが、自民党は郵政民営化問題だけが争点であるかのように演出している。しかしこれはあくまで演出であって、本当の争点から国民の目をそらさせ、批判をそらすとともに、その一方でマニフェストのなかに本当の政策的狙いを書き込んで、国民の賛否を問うているかのような体裁をとり繕っている。

例えば、改憲問題について自民党マニフェストは今年の一一月一五日までに自民党憲法草案をつくり、またその実現と国民投票法の早期制定をめざすことをも公約しているのである。

郵政民営化法案で見せた小泉首相のあざとい権力的手法から見れば、もし自民党が勝てば改憲マニフェストが国民に承認されたと称してその実現に向け、ヒトラーまがいのクーデター的なやり方で一気に改憲を実現しようとするだろう。

三　改憲の焦点は三つに絞られた

では、自民党をはじめとする改憲勢力は憲法をどう変えようとしているのか。八月一日に自民党が発表した新憲法起草委員会の第一次案によれば、改憲の焦点が三つに絞られている。①九条の改悪、②人権制限の強化、③改憲の簡単化――の三つである。その中身をもう少し詳しく見てみよう。

まず、第一にこれまで平和憲法の柱となってきた「平和的生存権」（平和のうちに生存する権利）（前文）、「戦争放棄」（九条一項）、「戦力不保持」（九条二項）、「交戦権否認」（同）の四つをことごとく削って否定し、「自衛軍」という名の軍隊を持つことにしている。しかも、この自衛軍は、日本の防衛だけでなく、国際協調活動、つまりアメリカのための海外軍事活動や「テロ」抑え込みの任務も与えられる。

第二に、このような広い範囲の軍事活動にとって妨げとなるような国民の活動や行動、権利や生活そのものを自由に広く制限できるようにするため、「公益及び公の秩序」に反しない限りでのみ国民の権利や活動を認めることとしている。

第三に、もっと自由に憲法を改悪できるようにするため、衆参各院の「過半数」の賛成で国民投票に移れるようにしようとしている。

改憲勢力の狙いははっきりしている。政権を握っている権力者層の思うように、いつでも自由に戦争できる国家に日本をつくりかえること、戦争に協力する社会や国民をつくり出すこと、そのために国民の人権と自由を強く縛ることである。

では、日本の権力者層は、もし改憲に成功したら戦争しようと本気で考えているのだろうか。

日本を侵略するため、軍事攻撃する国があると権力者層が本気で考えているとは私は思わない。現に最近、政府が作った新防衛計画大綱にも防衛白書にも、侵略の可能性は低下していると明言されているのである。

四　改憲の真の目的、米の戦争に加担

しかし、その一方で権力者層は、アメリカに追随し、一体となって「アメリカの戦争」に加担、協力して戦争することは本気で計画し、実行しようとしていると私は思う。ここに改憲の真の目的がある。

そして、このような日本の軍事行動や戦争は、アジアや世界の各地に惨禍と混乱、不安をもたらし、日本やアジア、世界の人びとに再び「血の犠牲」を生み出すであろう。アジアで二〇〇〇万人、国内で三〇〇万人以上の戦争犠牲者を生み出したと言われる日本の「歴史」は、改憲後の「現実」となる危険が大きいのである。

平和憲法こそ私たち人類を戦争と破滅から救う「希望への道」を用意している。私たちはこのことを深く理解しなければならない。世論調査によれば、九条改憲に賛成しているのは二割程度に過ぎない。本当はたった二割程度の支持しかない改憲勢力を政治的多数派としないよう、私たちは賢明に判断し行動しなければならないと思う。

（全国商工新聞二〇〇五年九月一二日）

二〇〇五年

ビラ配り弾圧を許してはならない

「ビラ」というとすぐに私の胸に浮かんでくるのは、私が初めて社会的なメッセージをこめて作って配った一九五四年夏の経験である。その年の三月、アメリカのビキニ水爆実験により第五福竜丸の乗組員が被爆した。これをきっかけとして、杉並区の住民が始めた原水爆禁止署名運動は、またたく間に全国に拡がり、その年の八月には署名数は二〇〇〇万を突破し、ついには原水爆禁止署名運動全国協議会が結成された。

当時、私は大学に入学したばかりだったが、この運動に深く共鳴し、夏休みの帰郷先の盛岡で学友や地元の知人と一緒にビラを作り、街頭で配り、署名を集めた。そのビラは、ガリ版刷りの見栄えのしないビラだったが、市民の方々はそれを丁寧に受け取り、多くの方々が署名して下さった。そこには共感と連帯感の交流があり、私の心を熱くした。

その後も、私は、あるいは学生として、あるいは社会人として、憶えきれないほどのビラを配り、数えきれないほどのビラを受け取った。その中でも今も心に深く残っているのは、六〇年安保デモの際に非運の死（虐殺？）をとげた樺美智子さんを悼み、その日の深夜急いで書き上げ早朝に職場附近で配った「私たちは弾劾する」と題するビラである。

一枚一枚のビラには、マスコミを通して流されてくる情報やメッセージとは違った、なまなましい事実や懸命な息づかいがこめられており、読む者を一人の人間としてその事実、その息づかいに直面させ考えさせる不思議な力を持っているように思う。

＊

ビラを配る自由、ビラを読む自由――この自由こそ、言論による意見交流を可能にし、連帯感の漲る民主的社会の形式、発展を可能にする基本的な権利であって、この自由を制限、弾圧することは、社会から民主主義的活力を奪うものである。

ところが、最近、この自由を警察・検察当局が侵害し弾圧して憚らない動きがたて続けに起こっている。しかも、この動きは、立川イラク反戦ビラ配り事件につき無罪判決が出た後も続いている（葛飾ビラ配り事件、杉並ビラ配り事件など）。

一体なぜ警察・検察当局は、こんなにもビラ配りを敵視し犯罪視して弾圧しようとするのであろうか。私は、この言論弾圧は、戦争国家体制づくり、平和憲法改悪の策動と深くつながった動きだと思う。端的にいえば、戦争国家づくり、平和憲法改悪に反対する言論を封じ込め、社会的異端化して抑圧することこそ、ビラ配り弾圧の狙いなのである。そしてそのために、警察・検察当局は、全国の至るところで日常的にくり拡げられているビラ配布行為の中から、弾圧対象を選び出し、その実態を執拗かつ綿密に調べ上げたうえで検挙するというやり方を組織的にとっているのである。

このような言論抑圧のやり方は、平和憲法改悪への反対運動が草の根運動的形態をとって、文字通り一枚一枚のビラの配布・手渡しを通じて浸透、拡大している現在、特殊に重要な弾圧手段となっている。

周知のように、現在政治権力層は、今回の総選挙の結果を利用して自公民三党による改憲連合を作り上げ、一気に改憲を実現しようとしており、その当面の焦点を国民投票法制定に置いている。この法律の主眼は、争点ずらし（改正項目別賛否投票方式の回避）と、改憲論議（反対運動）の規制とにある。

要するに、政治権力層は、できるだけあいまいな形で改憲一任をとりつけようとし、改憲反対言論を規制、抑圧しようとしているのである。この方向で国民投票法が立法化された場合、改憲に反対するビラは容赦なく禁止、抑圧、弾圧されることになろう。今起こっているビラ配布弾圧は、その先触れに外ならない。

＊

私たちは、政治権力層の改憲シナリオにそったビラ配り弾圧を許してはならない。

戦前から粘り強く展開されてきた反戦・平和の営みは、第二次大戦の悲劇的体験や、ベトナム反戦、イラク反戦のうねりを経て、今も国民の中に強く根づいている。憲法九条を変え、集団的自衛権を容認し、アメリカの軍事同盟国としてその軍事戦略の一翼を担うことに賛成しているのは、ほんの一握りの人々であり、各種世論調査でもせいぜい二割ていどにすぎない。

私たちはこの事実に強い自信を持たなければならない。そして、平和、民主主義、人権、福祉を国民に保障する平和憲法を守り抜こうとする意思を広く周りのひとびとに伝えるビラを、声を、発していかなければならない。

この営みは、平和を願う現在の私たちの良心の発現であるだけでなく、その叫びを発する機会を持たないまま戦争の犠牲となった過去のひとびと、そしてこれから平和な世界に生まれ幸せな生活を営む権利を持つべき未来のひとびとの声を代弁し伝える営みでもある。

このような良心の営みを弾圧することを、私たちは決して許してはならない。

（ビラ配布の自由を守る会ニュース六、七、九号以下、二〇〇五年一〇月〜二〇〇六年三月）

「法と権力」研究私史
一九六〇—二〇〇五

はじめに

今日は年末のお忙しい中、私の話を聞きに来てくださり、心から感謝します。恒例ということでお引き受けしたものの、大野（平吉）先生や隅野（隆徳）先生など、大先輩にも来ていただき緊張しますが、今までのことを振り返るというスタイルでざっくばらんにお話したいと思います。

今日は「法と権力」という大層な題を付けて、しかも「一九六〇〜二〇〇五」という副題を付けてみたのですが、私は法というものを主として、権力と、人民と言いますか人々の権利や生活利益との矛盾・対立・葛藤の制度的、イデオロギー的現象形態として捉えるという考え方を若い頃から持ち続けてきたので、こういう題を敢えて付けました。それにしても大層な題ですが、これは私の個人的な趣味のようなものです。なお、今日の題と殆ど同じ題の『法と権力一九七〇年—二〇〇五年』（現代人文社）という本（本書）を近く刊行する予定ですが、これはその時々に書いた時評的な小稿を集めたものです。

一九六〇年から二〇〇五年というのは、私が自覚的に法というものと向き合ったのが一九六〇年であり、それから今まで四五年。私から見た一九六〇年から二〇〇五年までということで、それ以上の格別の意味があるわけではありません。また時期区分を何年代、何年代と一〇年刻みでしていますが、これも全く便宜的なものです。しかし、一〇年刻みで区切ってみますと、意外にそれぞれの時代の情勢が私の仕事に反映していたなという、そういう感慨を持った次第です。私がやってきた分野、取り組んだ主な研究対象はレジュメに書きましたが、今回レジュメを作りながら改めて「ああこういうことをやってきたのか」という感想を持ちました。初めから自覚的、計画的にこういうことをやろうと思ってやってきたわけではなく、夢中でやってきたことを整理してみるとこうなったということです。

今日の話は時間も限られていますので飛び飛びになりますが、みなさんに資料としてお配りしたものは、一つは著作目録です。これには、随想的なものを除いて、私の書いたものがほとんど載っています。もっともこれは一九九九年にこちらに赴任するまでのものです。その後のものは、「一九九九から二〇〇五まで」という題の三枚のペーパーにしました。これも私の趣味ですが、私にとっては、本当に小さいものでも大きな長いものでも等価値であり、むしろ短いものにこそ本音を書いているものですから、私は著作目録を作るときに発表の形式やジャンル別に分けることはせず、全く機械的に発表順に並べるというスタイルをとってきました。東北大学時代にお世話になってからの数年間のものも、機械的に発表順に並べています。但し、著書については、ゴシックの太文字で表わしています。こういうものは読みにくいだろうとは思いますが、先程のような考え方で作ったものですのでご了承ください。

前史——経済学から法律学へ

さっそくですが、六〇年代から始めます。私は一九三五年に盛岡で生まれ、主に盛岡で育ち、東大の経済学部に入ったときに上京しました。その間の大きな出来事として、われわれの世代に共通することですが、一九四五年に敗戦を迎えました。ちょうどその年は、出征していた父が、傷病兵、結核で帰ってまいりまして、まもなく敗戦。しかも敗戦を迎えたのが母の実家の田舎だったので、敗戦というものを複雑な形で体験しました。空襲に逃げ惑うなどという直接的な戦争体験はないのですが、父の一年間の出征は私にとっては非常に大きな出来事であり、私の人生観を決定するルーツ的な体験と言えばこのことでなかっただろうかと、今になってそう思います。

新制中学、新制高校に入り、『あたらしい憲法のはなし』や『民主主義』という教科書を使った教育やいろいろな本とか話を通して、戦後民主主義の息吹や思想やカルチャーをたっぷりと身につけました。隅野さんは私より一年上の道を歩んでいらしたわけですが、この頃の一年は、たった一年と言っても相当体験に違いのある時代です。時代の動きのスピードが速いので、一年しか違わないからといって体験が共通しているかと言うと必ずしもそうでもないのです。それはともかく、先程も言いましたように戦後民主主義のカルチャーというものがもしもあったとすれば、私の場合はそれをたっぷりと肯定的に受け止め、その恩恵をこうむりました。

しかし、一九五〇年ごろから朝鮮戦争が始まり、逆コースの時代になるわけです。この逆コースというのは、私にとっては非常に大きな体験でした。何しろ再軍備や共産党弾圧が強行されましたので。これは思想的にショックでしたし、また家庭的な面でも問題でした。というと何か意味あり気に聞こえますが、父が思想的な問題も絡んで経済的に苦境に立ったため、要するに貧乏を味わったということです。このように逆コースというものがまともに私の生活を直撃しました。しかしそういう中で、いやそういう中だからこそ中学から高等学校時代にかけて、私は戦後カルチャーと言うか、平和カルチャー、民主主義カルチャーに浸かり、それを肯定的に受け止めて血とし肉とすることができたと思います。

私は経済学を勉強しようと東大の文Iに入りました。当時の文Iというのは法律と経済が一緒だったのですが、私は法律には全く興味を持たず、経済一筋でした。当時の東大経済学部はマルクス主義経済学全盛の時代でしたから、マル経をたっぷりと勉強しましたし、またそれが目的で行ったのです。例えば『資本論』も何回読んだか分からないほど読んで、その論理とか思想とか、あるいは歴史分析の方法、そういうものを学びました。しかし、それだけではなくて、当時歴史学界では石母田正『歴史と民族の発見』に代表されるような「国民の歴史学」の潮流があって、私はそれにも熱中しました。私はどちらかというと雑食タイプなものですから、経済学を中心としながらも様々な本を読みましたが、ゼミとしては安藤良雄先生の現代日本経済史のゼミを選び、戦争経済論の勉強をしました。その中でも特に米価政策、一九三〇年代から始まる朝鮮米を中心とする戦時米価政策の問題をゼミ論で取り上げて報告しました。それだけではなく、歴史学における時代区分論争などを始め、歴史学上のさまざまな問題も勉強しました。山田盛太郎、大河内一男、土屋喬雄、隅谷三喜男などのマル経の大家の講義も印象的でした。

一九六〇年代の法と権力

私は、戦時米価政策史研究の延長として、農業協同組合に勤めることにしました。一九五八年のことです。そこで三年間勤めましたが、ご存知のような六〇年安保闘争があり、また松川、三池といった日本の三大闘争があの時期に集中して起こり、私は労働組合員、社会人、農協職員として、深い関心を持ち、デモや集会に参加したりしました。ですから今でも安保闘争というと、国会デモの思い出がすぐに頭に浮かび、あの辺を歩くとざわめくような複雑な気持になります。そういう中で私は、それまでは経済一辺倒で、例えばレーニンの『ロシアにおける資本主義の発達』を読んではデモに行くみたいな話だったのですが、安保闘争にせよ松川運動にせよ三池争議にせよ、基本的人権を武器にしながら闘う運動が日本の社会に根を下ろしつつあることを実感したのです。

そこで私は、改めて人権というイデオロギーを勉強しその守り手として活動してみたい、弁護士になりたい、そう思って職場を辞めて東大の法学部に学士入学しました。一年ほど解釈論を勉強しましたが、当時は小林（直樹）先生が憲法で、団藤（重光）先生が刑法、平野（龍一）先生が刑訴法というふうに、先生方の充実した講義がありました。

私は一年ほど夢中で勉強して解釈論はだいたい頭に入ったかなと思い、今思えば生意気な話なのですが、大学院に受験しました。そしたら、たった一年足らずしか法律学を勉強してない私を団藤先生と平野先生が受け入れてくださったのです。そこで私は刑訴法を選択しました。なぜ刑訴法かというと、団藤、平野両先生の理論に魅力があったからですが、それ以上に高校時代から松川事件の支援らしきことをした体験があったので、刑訴法を選択しました。私はもともと弁護士になるつもりで勉強を始めたので司法試験の勉強も続け、大学院に入って間もなく合格しました。

しかし、せっかく大学院に入ったのでもう少し勉強しようと思い、司法研修所に行くのを一年遅らし、平野先生からテーマを示唆され、ドイツの一九二〇年代刑訴法改正作業の分析をしました。これは今思えば非常に良いテーマ、良い研究対象を頂戴したと思います。一九二〇年代、ワイマール時代にゴールドシュミットという行政法の学者が作った刑訴法改正草案がありますが、ドイツ刑訴法史の中でも大変リベラルな内容を持つ記念碑的な草案です。これは結局挫折するのですが、その挫折過程を、当時のドイツの文献をワッハ文庫から拾い集めて構成し、マスター論文として書きました。

そういうことは私にとっては大変楽しかったのですが、なにしろ初志が実務家になることでしたから、その後、司法研修所で二年間修習しました。青法協（青年法律家協会）に入ったのはこの頃です。修習が終わる頃、東京都立大学からお誘いを受けました。私はずいぶん迷ったのですが、実務家にとっても理論家は重要であるという、自由法曹団の有名な弁護士の説得めいたお話もあって、「ああそういうものか」と、とりあえず研究者の道を歩んでみようかと考えた次第です。都立大学では家永（登）さんなど、非常に優秀な学生に出会いました。

大学に行って間もなく、私はあることがきっかけで、大正刑事訴訟法と私が呼んでいる旧刑訴法の制定過程の分析に取り組み始めました。私は最初からそういう課題を抱えて都立大学に行ったわけではなく、当初はむしろドイツ刑訴法の歴史的な研究を続けながら、解釈論をやってみようと思い準備し始めていたのですが、あるとき民法の清水誠さんから「小田中君、聴取書問題ってどういうものか」と聞かれたのです。当時はちょうど岩波現代法講座が出始めたころで、清水さんや利谷（利義）さんや江藤（价泰）さんたちがあの講座にいろいろなものを書く準備をしておれました。その過程で、清水さんは、聴取書問題が日本の刑事司法の歴史の中で非常に重要な問題としてあったことに気付かれ、それを私に訊ねられたのです。ところが私は答えられなかった。全然知らなかったのです。日本の刑訴法の歴史を知らなかったのです。私は非常にショックを受けて、「ドイツもいいが、やはり日本の歴史の研究も必要だ」と思ったのでした。当時の都立大学には沼田（稲次郎）先生もおられ、魅力的な方法論で労働法を研究しておられるなど、一種のカルチャーというか、気風というか、学風というか、独特の民主主義的なパトスが満ちており、そういう空気に刺戟されながら、日本の刑訴法というものを明治、大正、昭和の歴史の中に位置づけてみたいと考えたのです。そこで日本の旧刑訴法の成立過程の分析に何年間か取り組みました。その結果が『刑事訴訟法の歴史的分析』（日本評論社、一九七六年）という本にまとめた論文になるわけです。

その中で私が歴史的分析の結果として打ち出した概念をご披露しておきますと、日本の刑事司法の構造的特質は、「糾問主義的検察官司法」というべきものではないかということです。これは大正刑訴法の制定過程の分析から導き出した概念で、その後の私の研究のいわば通奏低音になっていきます。幸いなことにこの概念は学界でも一定程度評価され、「日本の刑事司法は糾問主義的検察官司法である」というテーゼの形で今でも通用しているように思います。

そういう研究と同時に、一九六〇年代、私は日本政治裁判史の研究をしました。六〇年代末ごろ、第一法規出版から『日本政治裁判史録』（第一法規、一九六八年～一九七〇年）という五冊の本が出ていますが、これは共同研究で、我妻（栄）先生、辻（清明）先生、団藤先生、林（茂）先生という先生方が中心となって研究会をつくられ、明治維新後の有名な歴史的な裁判事件をとり上げて啓蒙的な歴史書として日本政治裁判史を書いてみようということで企画が始まりました。しかし、だんだん構想が大きくなり、研究書風なものになったのです。私は主に、古いところでは松代一揆とか足尾鉱毒事件とか足尾銅山暴動事件とか、そういう類の社会運動史的なものを扱わせてもらいました。そういうこともあって、いきおい私は三・一五、四・一六、人民戦線事件など、治安維持法事件に関心を向けるようになり、執筆しました。その後も治安政策の歴史的分析及び現状分析にも取り組み、その成果の一部を『治安政策と法の展開過程』（法律文化社、一九八二年）にまとめました。

一九七〇年代の法と権力

そんなふうにして一九六〇年代は刑訴法の歴史分析と治

安維持法研究とに取り組んで過ぎるわけですが、一九七〇年代に入ると、日米共同声明が出てくる、ベトナム戦争に反対する反戦運動も盛んになる、沖縄返還協定の問題も出てくる、大学では大学紛争が始まる、そんな激動の時代となりました。

私はそういう一九七〇年代の前半を都立大学にいて、学内外のいろいろな研究活動に参加しました。私は民主主義科学者協会法律部会、「民科」に所属していましたが、その安保研究会に参加したり、歴史家の下山三郎さんの統治構造研究会に参加したり、日本民主法律家協会という法律家団体の司法制度研究集会に参加したり、あるいは冤罪事件を研究する仁保事件法学者研究会に参加したり、一気に忙しい思いを味わうことになりました。

しかし、なんと言っても当時一番精力を注いだのは司法問題です。当時「司法反動」と私たちは呼んでいましたが、より中立的に言えば「司法権独立の危機」という問題が起こりました。一九六九年の平賀書簡事件に始まり、福島（重雄）裁判官に対する忌避事件、石田和外最高裁長官の発言、さらには最高裁公式見解、つまり「裁判官は政治的に中立でなければならない」という公式見解の発表。そういう一連の「青法協攻撃」の動きが起こり、ついに宮本（康昭）裁判官が再任拒否されるという事件が起こりました。こういう動きの中で、私は司法問題とその背後にある司法政策に理論的な関心を抱いただけでなく、批判運動にも積極的に参加しました。例えば、一九七一年四月一三日に、宮本裁判官の再任拒否に対しては、実に七一五名（最終数）の法律学者が批判声明を出しました。これはいまだかつてない記録的数字で、この記録は破られていないと思います。全国の法学者の殆どの方が、法学者の名において宮本再任拒否を批判したのです。また、「司法の独立と民主主義を守る国民連絡会議」を始めさまざまな運動団体が作られました。東京では数十名の法学者が集まって司法問題法学者懇話会を一〇回にわたり開き、『法律時報』などに論文の形でその成果を発表しました。私も、こういう運動や研究会に参加して声明のとりまとめの下働きをしたりしました。そして、そもそもこの問題の理論的な焦点がどこにあるのかといえば、それは裁判官の独立と市民的自由の問題であり、裁判官の独立と裁判官の市民的自由との関係をどう捉えるべきかという点にこそこの問題の理論的な鍵があると考え、論文を書いたりしゃべったりしました。それらは、『現代司法の構造と思想（正・続）』（日本評論社、一九七三、一九八一年）という二冊の本にまとめています。

そういう司法問題と並んでもう一つの大問題は、警察活動の拡大と刑事裁判の変化です。当時の学生運動や街頭運動に対して、警察は検問を始めとして取締りを強化し、東京地裁を中心として裁判所も非常に厳しい強権的姿勢で臨みました。これらの問題についても、専門上黙っているわけにはいかず、批判する論文を書いたりしました。それと同時に、一九七〇年代のそういう動きを生み出しているのは司法政策と治安政策とであって、これらは全体の統治政策の一環だと考えて、全般的な分析を行いました。そして『治安と人権』（法律文化社、一九七四年）という本、これは吉川経夫先生との共著ですが、これにまとめました。

もう一方において、この頃、冤罪事件が表面化してきます。メーデー、松川、さらには八海や仁保を始めとして、さまざまな冤罪事件が問題化しました。それらの冤罪事件は最後には救済され決着がつくのですが、そこに至る過程はなかなか大変でした。その中でも仁保事件については憲法学者の鈴木安蔵先生の熱心な呼びかけに応え、法学者が共同で最高裁に意見書を出すなど、一所懸命取り組みました。それだけでなく、誤判が確定し、再審の訴えが通らないという状況が普遍的にありましたので、そういう問題にも取り組まざるを得ませんでした。しかし、初めから知識があったわけでもなければ理論的な武装があったわけでもなくて、本当に手探りで再審、冤罪の問題をやりました。

忘れもしませんが、一九七一年に札幌で白鳥事件のシンポジウムが救援運動の一環として開かれましたが、そこに学者として来て協力してほしいという強い要請を受けて参加しました。それが、私が再審に取り組んだ最初だったのですが、まもなく日弁連も再審問題に本格的に取り組み始めました。そして日本刑法学会も、一九七三年に学会テーマとして再審制度をとりあげました。これと前後して、私は、ドイツの再審の新しい動きをシューネマンという学者の論文を通じて吸収することができました。シューネマンという人は私よりちょっと上の方ですが、その頃「再審と〝疑わしきは被告人の利益に〟の原則」という大論文をドイツの雑誌に発表しました。それを、都立大学の大学院生だった大出（良知）君と二人で急いで抄訳し、大要を『法と民主主義』という雑誌に載せ、学会でも頒布しました。これは、再審にも「疑わしきは被告人の利益に」という原則が適用されるべきだという大きな流れを作るきっかけの一つになったように思います。私にとっては忘れられないことです。

そして一九七四年に光藤（景皎）さんや庭山（英雄）さんと相談して一緒に再審制度研究会を作りました。鴨良弼先生にお願いして代表になっていただき、全国の刑訴学者二〇人ほどで再審制度を本格的に研究しようということで作ったのです。この研究会はまだ続いています。もうすでに三〇年以上経ち、会の名前はいろいろと変わっていますが、四〇～五〇名ほどの刑訴学者が集まって今でも誤判問題、再審問題を研究し、またこの角度から刑事手続を理論的に分析、批判する作業を続けています。この研究会の共同作業の成果の一つが鴨良弼編『刑事再審の研究』(成文堂、一九八〇年)です。私個人も、『誤判救済と再審』(日本評論社、一九八二年)や『冤罪はこうして作られる』(講談社、一九九三年)などをまとめました。

さらに、七〇年代半ばには、刑法に関する立法問題も起きます。公害犯罪を取り締まるために公害罪を新設しようとする動きです。これに異論を唱えることはなかなか難しかったのですが、私は公害罪立法には反対でした。この点は民科の学会でもずいぶん議論したのですが、公害罪という法律を作ることはむしろ公害対策を後退させ、対策の欠陥を覆い隠すイチジクの葉となるというのが私の考えでした。これが正しかったかどうかは分からないのですが、公害罪法(人の健康に係る公害犯罪の処罰に関する法律)は結果的にはたいした役割を果たしていません。

また一九七四年には小野清一郎先生が中心となって作られた改正刑法草案が問題化しました。この草案は相当に国家主義的なもので、これに対して強い反対、批判の運動が起こりました。刑法学者でその先頭に立たれたのは平野龍一先生ですが、私は平野先生の動きとはまたちょっと違ったサイドから、改正刑法草案の国家主義的な性格を、弾圧法的性格の強化という観点で批判するという役割を果たしました。その結果、この草案は結局潰れたのですが、それで良かったのではないかと今でも思っています。

以上のようなさまざまな動きの中で、刑訴法の理論的な問題として私がとくに関心を持ったのはデュー・プロセス論です。これは六〇年代から田宮裕さんによって提唱され、刑訴法学界を席捲した理論です。私もこれに深く影響され、賛成だったのですが、田宮さんがデュー・プロセス尊重論とセットにして提唱された刑事手続純化論や裁判官による法創造論については手放しでは賛成できませんでした。そこでその点を批判したり補正したりする作業をしました。

私がその頃に到達した一つの問題意識は、裁判闘争というものが非常に重要であり、これをどう理論化するかということでした。無罪判決請求権というものこそ刑訴法理論の中核に据えるべきではないか。検察官の有罪判決請求権や実体判決請求権ではなく、被告人の無罪判決請求権こそ刑訴法の理論的な核心に据えられるべきではないか。

そう考えている矢先、七〇年代の終わり頃に、急に「弁護人抜き裁判」特例法案というものが法務省を中心として作られ、国会に提出されました。これは、過激派学生事件の公判などにおいて被告人と弁護人とが結託して裁判妨害的活動を行う例が生じているので、たとい必要的弁護事件であっても弁護人抜きで裁判ができるようにする、というものでした。同種の問題を抱える西ドイツでは先行的に立法され実施されていました。しかし、日本では「弁護人抜き裁判」特例法を立法化するのは行き過ぎではないか、関係者の解決努力を待つべきではないかという批判を私は強く行い、松尾浩也先生や多くの有力な憲法学者もそういう考え方に賛同してくださり、共同研究という形で「弁護人抜き裁判」特例法案についての反対意見書をまとめ発表したりしました。これも廃案となって潰れました。

そんなふうな七〇年代の動きの中で私が考えたのは、現状分析は現状分析として、その前提となる日本の刑事訴訟法の歴史的な根っこをもう少しきちんとつかんでおかなければいけないのではないかということでした。例えば訴訟合理化・効率化・迅速化というものは被告人の人権の制限になる。私はそういうふうに批判してきたのですが、合理化・効率化・迅速化といったもの、これは日本の現行刑訴法の中に、「糾問主義的検察官司法」の構造と一体的に結びつく枠組みとして埋め込まれているのではないか。そういう問題意識を持って、私は東京大学社会科学研究所の戦後改革研究会に参加して現行刑訴法の制定過程の研究を進めました。制定作業に関与された団藤先生の手元にあった貴重なまの資料を拝借して、先生手書きのメモを解読したりしながらやりました。その作業を通じて私は、日本の現行刑訴法には戦前からの「糾問主義的検察官司法」という構造が形態変化を遂げつつより一層合理化された形で温存されていること、形態変化をもたらした要因は日本国憲法であるが、もう一つの重要な要因として昭和前期の戦時刑事手続構築の構想があるのではないかということ、この相矛盾する二つの要因の対立・衝突の中で現行刑訴法が形成されたことを突きとめました。その分析結果は『現代刑事訴訟法論』(勁草書房、一九七七年)に収めてあります。

そうなりますと、大正刑訴法と現行刑訴法との間、つまり大正末から昭和二〇年ぐらいまでの間の分析が必要だということになるわけです。そこでその分析を、東北大学に移ってから、東大社研のファシズム研究会に参加し、戦時刑事手続の形成・展開という視点からやりました。この仕事は『刑事訴訟法の史的構造』(有斐閣、一九八六年)に収めてありますが、私にとって面白い仕事でした。昭和の初めから敗戦に至るまでの歴史的、社会的展開過程の中で、刑事訴訟法、刑事司法というものがどのような変遷を遂げたか。しかし結局は旧刑訴法の全面改正には本格的には踏み込まないままに戦後を迎えたのは何故か。戦前、戦中、戦後の間に存在する連続と断絶との相互関係はいかなるものか。そういう点も含め、私は大正刑訴法から始まって、戦前昭和、戦時昭和、そして戦後という一連の歴史を持つものとして日本の刑事訴訟法の特質・特徴をつかまえることができたように思ったのでした。

一九八〇年代の法と権力

八〇年代に入ると、重要な動きとしては、まず改憲の動きがあります。日米軍事同盟化に即応する改憲作業のルーツは実は八〇年代にあるのです。私は憲法が専門ではありませんが、『労働法律旬報』という雑誌の編集者の方に勧められて当時の憲法改正の動きを分析しました。当初は、そこから統治政策、治安政策、司法政策と順次降りて分析する心積もりで作業を始めたのですが、結局は途中で挫折して改憲の分析だけ、それも途中で終わったのですが、今回改めてそれを読み返してみると、中曽根改憲の動きに日本が引きずり込まれなかったことは幸いだったとの感を改めて強く持ちました。

しかし、やがて「スパイ防止法」制定の動きが出てきました。「国家機密法」とも言われました。八〇年代初頭から中葉にかけてのことです。私は国家機密法についても法案を批判する論文をずいぶん書きましたが、幸いにもこれも潰れました。それはそれとして、そのモデルになっている戦前の国防保安法（一九四一年）の批判的分析が必要だと考え、その制定過程及び運用・実態の分析を行い、三つほど論文を書きました。これも本にするつもりでいたのですが、まだ本にしないままに終わっています。この研究を通して私が到達した結論は、「スパイ防止・処罰の発想を捨てよ」というものでした。このことこそが、国防保安法という悪法から引き出すべき歴史的教訓ではないかと思うのです。

八〇年代には、それと同時に代用監獄の存廃問題が起きたり、再審の動きが活発になっていきます。本来廃止すべき代用監獄制度を逆に恒久化しようとする留置施設法案が国会に提出されましたが、強く批判され廃案となり、結局は潰れました。再審については、徳島、免田を始めとして次から次へと再審が開始されました。その過程で、例えば開始決定後の実体的確定力と執行力との関係をどう捉えるかといったような難しい問題が、再審開始決定確定後の死刑囚の身柄に関連して解明すべき問題として提起され、私も論文をいくつか書きました。私の結論は、誤判には実体的確定力も執行力もないというものでした。

このように八〇年代もあれやこれやと忙しく過ぎるのですが、それと同時に刑訴法のいくつかの解釈論的基本問題を考える機会もあって、それを『刑事訴訟と人権の理論』(成文堂、一九八三年）にまとめました。そしてドイツとアメリカでの在外研究後、教科書を書こうと準備し始めたのですが、他に関心が移ってしまい中断してしまいました。

なぜそうなったかという言い訳になりますが、刑訴法理論における一つの傾向が気になり、これに批判を加えることが必要だと考え、それに精力を注いだからです。その傾向とは、精密司法論です。これは七〇年代中葉に松尾浩也先生が主張され始め、一九七九年の教科書で体系化されて、一九八〇年代に入り精緻化されたものです。これは平野刑訴法学を根本的に大きく修正するものであり、松尾先生にとっても大変な作業だったと思います。なにしろ平野刑訴法学を越えるのは至難の業であり、皆苦労するのですが、それはともかく、松尾先生の到達点は精密司法論でした。日本の刑事司法は、精密な捜査に支えられた精密な公訴と精密な事実認定とに特色があり、「精密司法」であるというのです。この主張には、現実がそうであるという現状認識と同時に、精密司法という「岩盤」を崩すことはできないという情勢分析と、精密司法の抜本的改革に代え「微調整」を加えつつこれを維持すべしとする戦略論とがセットされています。

ところでこの精密司法なるものの実体は一体何かといえば、松尾先生は、精密な捜査、精密な起訴、精密な事実認定、高い有罪率（九九・九％）のことであり、アメリカ流のラフ・ジャスティスとは違う、とされます。しかし、よく考えてみると、これは日本の刑事司法の表の像ではあるのですが、この像を裏から見れば、いやむしろ私にはこっちのほうが表だと思われるのですが、警察や検察を中軸とする権力に立脚し依存する権力司法なのです。人権侵害と冤罪とを構造的に作り出す司法なのです。これまで私も含め多くの刑訴法の研究者は、冤罪とか人権侵害とかそういう面を重視し刑事司法を批判してきたわけですが、これを無視してひっくり返してみると、確かに精密さとか有罪率九九・九％という面が浮き出てくることになります。そして、それを岩盤的なものだとみるのも、このメカニズムを維持し再生産し強化しようとしている治安政策的なマニピュレーションを抜きにしてみる限り、情勢分析の一種としてそう間違っていないと思います。しかし、それを抜本的に改革することはできない、小修正でいくしかないというところにまで話が展開していくとなると、「ちょっと待ってください」という気持になる。私は松尾先生の精密司法論に深い疑問を抱きました。私がそれまで考えてきたこととは、どうしても合わないからです。合わないというのは、精密司法論では日本刑事司法万歳論めいたものになってしまい、人権侵害とか冤罪という「糾問主義的検察官司法」が抱える構造的宿弊が覆い隠されてしまう危険があるからです。私はそのような危機感を持って精密司法論批判にかなりのエネルギーを割き、それを『現代司法と刑事訴訟の改革課題』（日本評論社、一九九五年）にまとめました。

一九九〇年代の法と権力

九〇年代に入ると、ご存知のように小選挙区制を始めとする政治改革があったり、行政改革があったり、湾岸戦争があったり、オウムのテロがあったりでしたが、それと併行して警察活動、とりわけ生活安全警察が強化されていきました。こういう動きを含め、治安政策の全体的動きをどう捉えるかということが問題になるわけですが、私は「市民的治安法」という概念、これは私のやや思いつき的な概念なのですが、そういう概念を使って治安政策を分析する試みをしました。そして、いろいろな個々的事象の分析もやりました。それらは『人身の自由の存在構造』（信山社、一九九九年）に収めています。

オウムのテロにどう対処するか。とくにオウムに対する破防法適用をどう考えるか。盗聴法に対してどう対応するか。次から次へといろいろな問題が起きました。いずれも刑訴法研究者にとっては大変重要な問題なので、大きなエネルギーを割かざるを得ませんでした。私は思想・表現の自由を守る視点から破防法の拡大適用に反対するという立場を取りました。結果的には団体解散指定までには至りませんでした。盗聴立法についても、私は秘密、無差別の盗聴は憲法違反であるという論陣を張り、論文を書いたり本を出したりもしましたが（奥平康弘・小田中聰樹監修『盗聴法の総合的研究』（日本評論社、二〇〇一年）、残念ながら盗聴法は成立してしまいました。しかし、私は今でも盗聴立法はすべきではなかったと思っています。そしてあの盗聴立法を許してしまったことが、日本の社会にとって大きな岐路になったと考えています。盗聴法については、今後も若い人たちがその廃止に向けて取り組んでほしいと思います。

そうこうしているうちに司法改革の動きが出てきました。司法改革の動きは一九九〇年代の半ば頃から始まりました。初めは財界団体とか日弁連とかが、市民的なセンスで市民にとって身近で使い易い「市民のための司法」改革にするんだ、というふれこみで動き始めるわけです。しかし、それが、いわゆる新自由主義的な改革の一環であって、「統治権力層のための改革」（改悪）であることは、私には初めから見えていました。司法改革をそういう目で見ると、司法から人権擁護力能を奪い、独立性も奪うものであって、

「市民のための司法改革」というスローガンはイチジクの葉にすぎない。市民の司法参加と宣伝される裁判員制度も、実は国民総動員のしかけであって、民主主義や人権保障とは異質なものである。私の考え方の基本は、一口でいえばこういうものでした。

私がそういうふうに考えるに至ったのは早い時期からですが、それは一九九〇年代の半ば頃から規制緩和についての研究会を仙台で数年間続けたからです。いわゆる新自由主義についての危機意識が、経済学者にも法律学者にも余り持たれていなかった時期でしたが、私にはピンとくるものがあり、そういう研究会を日民協（日本民主法律家協会）東北支部を中心に立ち上げて、新自由主義の思想や政策をつぶさに勉強しました。労働力政策はもちろんのこと、金融政策、土地政策、農業政策を始め教育政策に至るまで、殆ど全領域を勉強しました。司法改革についてもです。ですから、当時のふれこみでは、司法改革というのは行政による事前規制の緩和によって生ずる弊害を事後的にチェックし「法の支配」を実現するためのものだというのですが、それは全くのデマゴギーであり、司法を弱体化し「弱肉強食」をノーチェック状態にするしかけを補強する企みであるとみていました。ですから、司法改革は結局は司法の独自の存在意義を弱めその解体に赴くという論陣を張ったのです。

二〇〇〇年代の法と権力

私のこの主張は、期待したようにはすぐには理解されず、二〇〇〇年代に入りました。九・一一テロやイラク出兵、そして「弱肉強食」の規制緩和政策の進展に伴う社会荒廃の深刻化、その結果としての犯罪の「悪質化」と「多様化」という状況を憂いながら、私はますます司法改革への批判を強めましたが、それへの反撥や批判も強くなるという状況も生じたように思う。そんな中で書いたものが「学者の姿勢」（法律時報二〇〇一年一月号）というお手元に配った論評です。司法改革についてはその他にも論文を沢山書き、本にまとめました（『司法改革の思想と論理』日本評論社、二〇〇一年）。

私にとって心強かったのは、民科の司法特別研究会が同じ関心や視角に立って司法改革の批判的検討を行ったこと（法の科学三〇号）、弁護士層に司法改革批判がかなり拡がっていったことです。いずれにしても、私も含めて批判者がかなり危惧したことは、現実においては「改革の実現態」として出現していると思います。司法改革は決してプラスの改革ではない。それどころか、戦後司法の民主的側面を否定する逆行的な改革です。戦後司法の中核をなす司法の独立とか人権擁護にとってはマイナスの、後ろ向きの改革です。市民的な偽装をとっているので後ろ向きには一見見えないけれども、大変危うい司法制度ができたというのが現実なのです。裁判員制度についても、刑事手続についても、一見改革に見えるところにすら危険な毒が盛られています（この表現はちょっときついかもしれませんが）。例えば今回の改革で新設された被疑者国選弁護制度は一見いい制度に見えるけれども、その担い手、受け皿として作られた日本司法支援センターという機関は法務省の官営機関なのです。これでは人権擁護のため必須不可欠な刑事弁護の独立を期待し得るはずがないのです。

というように見てきますと、これから刑事司法がどういう方向に向いていくのか心配です。例えば誤判問題一つをとってみても、その克服に向かっているとはいい難く、むしろ誤判の原因を究明し救済する作業が今までよりも困難になるとさえ思われます。そういうことも含めて司法改革について、私は否定的な評価を深めています（「司法改革はなにを狙いとしたのか、それを実現したのか――司法改革の歴史的位相と本質」法の科学三六号掲載予定）。

しかし、そんな中でも、最近嬉しいことは、名張事件と布川事件が再審開始に向かっていることです。これらは私も長い間取り組んできた事件です。それから横浜事件も再審公判が始まり、来年（二〇〇六年）の二月九日には再審判決が出ることになっています。もっとも、その一方で誤判救済に否定的な傾向も強くなっております。例えば、再審の活性化を生んだ最高裁白鳥決定を骨抜きにするような限定的再評価説が裁判官の理論家と言われる人たちの間で拡がっています。私はそれに賛成できないものですから、専修大学法学研究所の紀要二八号に批判を書かせてもらいました。しかし、そういう否定的傾向をはね返す形で、名張事件でも布川事件でも横浜事件でも再審開始決定が出ました。戦後六〇年が培った民主主義司法にはまだ底力があるな、という感じを強く持つ次第です。

なお、主として二〇〇〇年代に執筆した論稿を中心とする論文集『刑事訴訟法の変動と憲法的思考』（日本評論社）を近く刊行する予定です。

おわりに

以上、早口でやや独りよがりの話をしてまいりましたが、二〇〇〇年代には、「弱肉強食」の構造改革による社会荒廃の進行、改憲による戦争国家体制づくり（国民総動員体制づくり）、テロ対策名目の国民監視の拡大などの動きが相互に複雑に絡み合い、刑事手続は強権化への一途をたどるでしょう。

この危険な動きについて、どういう思想と理論と実践とをもって対応すべきかは、極めて難しい問題ですが、私なりの考え方は最終講義で述べたいと思います。ただ、これまで述べてきたこととの関連でここで一言述べておきたいことは、司法改革の危険な毒素はすぐには回らないだろうということです。小選挙区制の毒がすぐには回らなかったのと同じように、一〇年二〇年かかってようやく回るでしょう。その時、私は、元気で生きているかどうか分からないのですが、できればそれを見届けたい。いや、本当は見届けたくないですね。小田中の予測は当たらなかった、小田中の杞憂であったと言われたほうが日本の司法にとっては良いわけですから。そうであるにつけ、私たちは司法の「再改革」に向け全力で取り組まなければならないし、権力的な刑事立法や弾圧や誤判を許さない理論的、実践的な営みも孜々として続けていかなければならないと考えます。

振り返ってみれば、私がやってきたことは、まるで火事場の消火・救助活動のようなもので、悪法と思う立法を食い止めようとしたり、人権侵害や誤判で苦しんでいる人を救助しようとしたりしてきました。勿論この大仕事は一人の力ではできないわけで、ここにいらっしゃる先生方も含め大勢の方の力があってのことです。しかし、とにもかくにもその力の一つにはなることはできたのではないか。このあと人権擁護の新しい建物を建てるのは若い方々の仕事です。

「法と権力」という題でこれまでの私の足どりを話してきましたが、体も余り壊さずにここまで研究を続けられたのは幸せなことでした。これからも、これまで通り研究を続けると同時に、一人の市民として、あるいは一人の人間として、できるだけのことをやっていきたいと思っています。

先程も言いましたように、私は一九四五年、一〇歳のときに敗戦を迎え、戦後の民主主義とか平和とか人権とか福祉とかの恩恵を受けて今まで生きてくることができました。いま私は、戦後の優れた平和・人権・民主・福祉の憲法がなければ自分の存在はなかった、人間として存在し得なかっただろうと実感しています。ですから、私には平和憲法を守る人間的義務があると思っています。一昨年出した『希望としての憲法』(花伝社)にも書き記したように、私は憲法学者ではありませんが、憲法に育てられ、憲法とともに研究者人生を生きてきたので、これからも人間の立場で憲法を守る作業に今まで以上に力を尽くしていきたいと考える次第です。

＊二〇〇五年一二月二〇日専修大学法学研究所研究会における報告に若干の修正・補筆を施した。

(専修大学法学研究所所報三二号、二〇〇六年三月)

エピローグ

最後の最終講義

一月一〇日、専修大学で最終講義をした。私は三〇年前に東京都立大学で、そして七年前に東北大学でも最終講義をしたので、これが三度めで最後ということになる。

この日は普段とは違い大勢の学生が聴いてくれ、また卒業生や知人・友人・同僚、そして家族も駆けつけてくれた。勢い、力みが入り、東北大学時代の教え子から、「七年前より元気になりましたね」と冷やかされる始末だった。

その話の中身は、この春に出版する予定の著書『刑事訴訟法の変動と憲法的思考』（日本評論社）の末尾にのせたいと思っているが、要するに、いま犯罪の「悪質化」に対応する形で警察・検察・裁判所の権限が拡大される傾向が強まっているが、これはかえって人間同士の連帯感や信頼を弱め、社会の自立性を衰退させ、犯罪の「悪質化」を助長・拡大するという悪循環を生みかねないこと、この悲劇的事態を防ぐため私たちはもっと根源的レベルで社会の荒廃化を押し止める営みに取り組まなければならないこと、「人身の自由」（刑事手続き上の人権）はこの営みを保障・助長・促進する役割を果たすものであり、この意義を正しく捉える営みの中にこそ人間社会の「展望」があること——そんな趣旨だった。

そして最後に私は、学生たちに、チョムスキーの著書（『覇権か生存か』〔集英社〕）の中にある「世界は変えられる」というフレーズを引用しつつ、絶望的現実とは異なる「もう一つの現実」が存在すること、その現実は民衆の人権と生活とを求める運動の中に確かに存在することを指摘し、彼らに希望を託した。

この最終講義には隅野隆徳君も聴きに来てくれた。そして憲法学者の立場から新しさが感じられたと感想を述べてくれた。とても嬉しかった。また学生たちも強く反応してくれたように思う。

それだけでなく、同僚の英文学者は、「歴史が人間をつかまえる」ということを考えさせられた、という感想を洩らしてくれた。その真意を確かめていないし、いろんな風に意味づけできるとは思うが、私はその言葉に感激した。

私たちが若かった頃、歴史には発展法則があり、その実現ないし推進に向けて貢献すべきだ、という考え方が広く受け入れられており、私もそう考えた。しかし、この考え方は、マルキシズムの後退と共に力を失い、今では余り言われなくなっている。私も、この考え方は人間の主体性の意義を矮小化し、法則のいう発展方向なるものを硬直的、ドグマ的に捉える傾向が強かった点で、批判を免れないと思う。

とはいえ、歴史というものは、時間という巨大な批判のフィルターを通過した思索と実践の堆積物であり、本質的に発展性を持つということは否定できないだろう。だからこそ、理性的存在であろうとする限り、人間は謙虚に歴史の批判を仰ごうとする姿勢を持してきたのである。

そういう脈絡で「歴史が人間をつかまえる」という言葉の意味を考えるとき、現実に絶望せず、若い人々に「もう一つの現実」に向けた希望を託する立場を表明し続け、最終講義でもそれを繰り返した私には、その言葉が「歴史を貫く人間の理性の力の持つリアリティーを信じよう」という私の心情的メッセージと同義のように思えてならなかった。そして、このメッセージを聴き分けてくれたように思い、感激したのである。

それはともかく、私は昨年の一二月頃から最終講義の準備も兼ねて、これ迄四〇年の間に書いたり話したりしてきたことを振り返り、整理する作業に没頭した。そしてつくづくと感じたのは、大小とり混ぜれば千は優に越すであろう論稿や講演録は、テーマも内容も形式も随分と違っているのに、その発想において何と似通っていることか、ということだった。いってみれば、前述のようなメッセージを四〇年間発し続けてきたことになるのであり、嘆息に近い感慨に耽らざるを得なかった。

しかし、考えてみれば、ベートーベンにせよ、シューベルトにせよ、ブラームスにせよ、そしてショパンにせよ、その作品は多様で多彩だが、じっと耳を澄ましてみると、実はその底に流れる「メロディー」は驚く程似通っている。大芸術家にして然りなのである。いや、大芸術家だからこそ然りなのかもしれないが、我田引水めいた言い方をすれば、もともとひとはそのひと固有の「メロディー」を持って生まれ、その「メロディー」を歌うために生きるのかもしれない。

それにしても、よくも長い間歌い続けてきたものだ。

（一九五四年入学東京大学文科一類九Bクラス
雑誌 KAMERADEN 三号、二〇〇六年三月）

◎著者プロフィール

小田中聰樹（おだなか・としき）

1935年盛岡生まれ。1958年東京大学経済学部卒業。1958年全国販売農業協同組合連合会勤務（1961年まで）。1966年第18期司法研修所修了。東京都立大学（1966年～1976年）、東北大学（1976年～1999年）、専修大学（1999年～2006年）にて研究・教育に携わる。

《主な著書》
『現代司法の思想と構造（正・続）』（日本評論社、1973年・1981年）
『刑事訴訟法の歴史的分析』（日本評論社、 1976年）
『現代刑事訴訟法論』（勁草書房、1977年）
『刑事訴訟法と人権の理論』（成文堂、1983年）
『刑事訴訟法の史的構造』（有斐閣、1986年）
『冤罪はこうして作られる』（講談社、1993年）
『現代司法と刑事訴訟の改革課題』（日本評論社、1995年）
『人身の自由の存在構造』（信山社、1999年）
『五十年振りの手紙』（現代人文社、1999年）
『司法改革の思想と論理』（信山社、2001年）
『希望としての憲法』（花伝社、2004年）
『刑事訴訟法の変動と憲法的思考』（日本評論社、近刊）など

法と権力
1970年—2005年

2006年4月25日　第1版第1刷

著　者　小田中聰樹
発行人　成澤壽信
発行所　株式会社 現代人文社
〒160-0016　東京都新宿区信濃町20　佐藤ビル201
振替　00130-3-52366
電話　03-5379-0307（代表）　FAX　03-5379-5388
E-Mail　daihyo@genjin.jp（代表）　hanbai@genjin.jp（販売）
Web　http://www.genjin.jp
発売所　株式会社 大学図書
印刷所　株式会社 シナノ
装　丁　清水良洋・渡邊雄哉（Push-up）

検印省略　Printed in Japan
ISBN4-87798-291-4　C0036